DR. OETKER

WINTER KÜCHE

VON A–Z

DR. OETKER

WINTER KÜCHE

VON A–Z

Dr. Oetker Verlag

Abkürzungen

EL	=	Esslöffel
TL	=	Teelöffel
Msp.	=	Messerspitze
Pck.	=	Packung/Päckchen
g	=	Gramm
kg	=	Kilogramm
ml	=	Milliliter
l	=	Liter
evtl.	=	eventuell
geh.	=	gehäuft
gem.	=	gemahlen
ger.	=	gerieben
gestr.	=	gestrichen
TK	=	Tiefkühlprodukt
°C	=	Grad Celsius
Ø	=	Durchmesser

Kalorien-/Nährwertangaben

E	=	Eiweiß
F	=	Fett
Kh	=	Kohlenhydrate
kJ	=	Kilojoule
kcal	=	Kilokalorien
BE	=	Broteinheiten

Bei den Nährwertangaben in den Rezepten handelt es sich um auf- bzw. abgerundete ganze Werte. Aufgrund von ständigen Rohstoffschwankungen und/oder Rezepturveränderungen bei Lebensmitteln kann es zu Abweichungen kommen. Die Nährwertangaben dienen daher lediglich Ihrer Orientierung und eignen sich nur bedingt für die Berechnung eines Diätplans, zum Beispiel bei Krankheiten wie Diabetes.
Bei krankheitsbedingten Diäten richten Sie sich daher bitte nach den Anweisungen Ihres Diätassistenten bzw. Ihres Arztes.

Allgemeine Hinweise zu den Rezepten

Lesen Sie bitte vor der Zubereitung – besser noch vor dem Einkauf – das Rezept einmal vollständig durch. Oft werden Arbeitsabläufe oder -zusammenhänge dann klarer.

Zutatenliste

Die Zutaten sind in der Reihenfolge ihrer Verarbeitung aufgeführt.

Arbeitsschritte

Die Arbeitsschritte sind einzeln hervorgehoben, in der Reihenfolge, in der sie von uns ausprobiert wurden.

Zubereitungszeiten

Die Zubereitungszeit ist ein Anhaltswert für die Dauer der Vorbereitung und die eigentliche Zubereitung. Längere Wartezeiten wie Kühl- oder Abkühlzeiten, Auftau- und Durchziehzeiten sind, sofern parallel keine weitere Tätigkeit erfolgt, nicht in der Zubereitungszeit enthalten. Die Garzeiten werden in der Regel gesondert ausgewiesen.

Backofeneinstellung und Garzeiten

Die in den Rezepten angegebenen Garzeiten sind Richtwerte, die je nach individueller Hitzeleistung Ihres Backofens über- oder unterschritten werden können.
Die Temperaturangaben in diesem Buch beziehen sich auf Elektrobacköfen. Die Temperatureinstellungsmöglichkeiten für Gasbacköfen variieren je nach Hersteller, sodass wir keine allgemeingültigen Angaben machen können. Bitte beachten Sie deshalb bei der Einstellung des Backofens die Gebrauchsanleitung des Herstellers. Ein Backofenthermometer eignet sich dabei gut, um die Backofentemperatur im Blick zu haben.

Vorwort

Wenn im Winter die Marktstände typisches Wintergemüse und -obst wie verschiedene Kohlarten, Pilze und Rüben, Maronen, gesunde Zitrusfrüchte und Ananas präsentieren, hat man wieder Appetit auf kräftiges Essen.

Hier haben wir für den täglichen Genuss eine Vielzahl von Rezepten zusammengestellt, von pikanten Ofengerichten, deftigen Eintöpfen, kräftigen Fleisch- und Geflügelgerichten, raffinierten Beilagen bis zu Salaten und Desserts für alle Gelegenheiten und geschmackliche Vorlieben.

Sie können aus einer reichen Palette von Klassikern wie Gans mit Rotkohl, Kasseler, Sauerkraut, Grünkohleintopf bis zu neueren Kreationen, von Apple Crumble, Pak Choi bis zu Lebkuchen-Mousse, wählen. So sind Sie gerüstet für die kühlere Zeit des Jahres mit festlichen Gerichten und wärmender Alltagsküche.

Alle Rezepte wurden von uns ausprobiert und sind so beschrieben, dass sie leicht nachzukochen sind.

Wir wünschen Ihnen guten Appetit!

Ananas-Mandarinen-Salat mit Passionsfruchtsauce und Blätterteigstangen I

Wunderbar saftig

4 Portionen

Pro Portion: E: 5 g, F: 11 g, Kh: 50 g, kJ: 1423, kcal: 341, BE: 4,0

Für die Blätterteigstangen:

100 g Blätterteig (aus dem Kühlregal)
1 Eigelb
1 EL geschälte Sesamsamen
1 EL Zucker

Für den Salat:

500 g Ananas-Fruchtfleisch (aus dem Kühlregal)
4 Mandarinen

Für die Fruchtsauce:

5–6 frische Minzeblättchen
4 Passionsfrüchte (je etwa 50 g)
75 g heller Zuckerrübensirup (ersatzweise flüssiger Honig oder Ahornsirup)
2 EL Limettensaft
2 EL Butter

Zubereitungszeit: 30 Minuten

1. Den Backofen vorheizen.
Ober-/Unterhitze: etwa 220 °C
Heißluft: etwa 200 °C

2. Den Blätterteig auf der Arbeitsfläche ausbreiten und in etwa 12 gleich breite Streifen schneiden. Das Eigelb verschlagen und die Streifen damit bestreichen. Die Teigstreifen mehrmals mit einer Gabel einstechen, mit Sesam und Zucker bestreuen. Die Streifen mit etwas Abstand auf ein Backblech (30 x 40 cm, mit Backpapier belegt) legen.

3. Das Backblech in den vorgeheizten Backofen schieben. Die Blätterteigstangen **etwa 10 Minuten backen.** Dann das Backblech auf einen Kuchenrost stellen und die Blätterteigstangen abkühlen lassen.

4. Inzwischen das Ananas-Fruchtfleisch zuerst in Scheiben und dann in Stücke schneiden. Mandarinen schälen und in Stücke (Segmente) teilen.

5. Für die Fruchtsauce die Minzeblättchen abspülen, trocken tupfen und klein schneiden. Passionsfrüchte halbieren. Das Fruchtfleisch herauslösen, mit Zuckerrübensirup, Limettensaft und Minze verrühren.

6. Butter in einer Pfanne zerlassen. Die Ananasstücke darin unter Rühren etwa 3 Minuten dünsten und noch heiß mit den Mandarinen und der Fruchtsauce mischen. Salat mit den Blätterteigstangen servieren.

Apfelmus I

Klassisch

4 Portionen

Pro Portion: E: 0 g, F: 1 g, Kh: 31 g, kJ: 579, kcal: 138, BE: 2,5

750 g säuerliche Äpfel, z. B. Boskop oder Elstar
etwa 5 EL Wasser
etwa 50 g Zucker
1 Pck. Dr. Oetker Vanillin-Zucker oder gem. Zimt

Zubereitungszeit: 25 Minuten

1. Äpfel schälen, vierteln, entkernen und in kleine Stücke schneiden. Die Apfelstücke mit Wasser in einem Topf zum Kochen bringen und zugedeckt bei schwacher Hitze etwa 15 Minuten kochen, dabei ab und zu umrühren. Evtl. noch etwas Wasser hinzugeben.

2. Die Apfelmasse nach Belieben pürieren. Apfelmus mit Zucker und Vanillin-Zucker oder Zimt abschmecken.

Tipps: Zusätzlich 1–2 Stück Sternanis oder Gewürznelken mitkochen. Apfelmus als Dessert pur oder mit steif geschlagener Sahne geschichtet in einem Glas servieren. Mit gemahlenem Zimt bestreuen und mit Zimtstangen garnieren.

Abwandlung: Für **Apfelkompott**, die stückige Variante des Apfelmuses, die geschälten, entkernten Äpfel grob zerkleinern, mit dem Wasser wie oben angegeben etwa 10 Minuten kochen, nicht pürieren, mit Zucker und Gewürzen abschmecken.

Apple Crumble mit Vanille-Sahne-Sauce I

Für Kinder

4 Portionen

Pro Portion: E: 12 g, F: 41 g, Kh: 102 g, kJ: 3513, kcal: 839, BE: 8,5

1 kg Äpfel, z. B. Elstar oder Golden Delicious
Saft von
1 Zitrone
2 Pck. Dr. Oetker Bourbon-Vanille-Zucker
½–1 EL Zucker
½ TL gem. Zimt
60 g Rosinen

Für den Streuselteig:

150 g Weizenmehl
60 g Zucker
1 Pck. Dr. Oetker Vanillin-Zucker
½ TL gem. Zimt
100 g Butter (zimmerwarm)

30 g gehobelte Mandeln

Für die Vanille-Sahne-Sauce:

500 ml Milch
1 Pck. Saucenpulver Vanille-Geschmack zum Kochen
25 g Zucker
100 g Schlagsahne (mind. 30 % Fett)

Zubereitungszeit: 35 Minuten
Backzeit: etwa 45 Minuten

1. Den Backofen vorheizen.
Ober-/Unterhitze: etwa 200 °C
Heißluft: etwa 180 °C

2. Äpfel schälen, halbieren, entkernen, achteln und quer in dünne Scheiben schneiden. Apfelscheiben mit Zitronensaft, Vanille-Zucker, Zucker, Zimt und Rosinen mischen und in eine flache Auflaufform (gefettet) geben.

3. Für den Streuselteig Mehl in eine Rührschüssel geben, Zucker, Vanillin-Zucker, Zimt und Butter hinzugeben. Die Zutaten mit einem Mixer (Rührstäbe) zu Streuseln von gewünschter Größe verarbeiten. Die Streusel gleichmäßig auf den Apfelscheiben verteilen und mit Mandeln bestreuen.

4. Die Form auf dem Rost in den vorgeheizten Backofen schieben. Apple Crumble **etwa 45 Minuten backen.**

5. Für die Vanille-Sahne-Sauce in der Zwischenzeit 3 Esslöffel von der Milch abnehmen, mit Saucenpulver und Zucker verrühren. Restliche Milch in einem Topf zum Kochen bringen. Angerührtes Saucenpulver in die von der Kochstelle genommene Milch rühren und unter Rühren aufkochen lassen. Die Sauce im kalten Wasserbad unter gelegentlichem Umrühren erkalten lassen. Sahne steif schlagen und unterheben.

6. Apple Crumble warm oder kalt mit der Sauce servieren.

Arabischer Gemüseeintopf mit Hähnchenfleisch | Exotisch

4 Portionen

Pro Portion: E: 40 g, F: 7 g, Kh: 40 g, kJ: 1606, kcal: 383, BE: 3,0

2	*Hähnchenbrustfilets (ohne Haut, etwa 290 g)*
2	*kleine Hähnchenkeulen (ohne Haut, etwa 290 g)*
1 l	*Gemüsebrühe*
350 g	*Steckrübe*
400 g	*Möhren*
450 g	*Zucchini*
4	*Knoblauchzehen*
1 Bund	*glatte Petersilie*
265 g	*abgetropfte Kichererbsen (aus der Dose)*
80 g	*Couscous*
400 ml	*Wasser*
	Salz
	gem. Pfeffer
1–2 EL	*Limettensaft*

Zubereitungszeit: 50 Minuten
Garzeit: etwa 30 Minuten

1. Die Hähnchenfilets und -keulen mit Küchenpapier abtupfen. Das Fleisch von den Keulen schneiden und mit den Filets in Stücke schneiden.

2. Die Gemüsebrühe in einem großen Topf zum Kochen bringen. Die Hähnchenfleischstücke hinzugeben, wieder zum Kochen bringen und etwa 10 Minuten kochen lassen.

3. In der Zwischenzeit Steckrübe und Möhren putzen, schälen, abspülen, abtropfen lassen und in mundgerechte Stücke schneiden.

4. Die Steckrüben- und Möhrenstücke zum Fleisch in den Topf geben, wieder zum Kochen bringen und weitere etwa 10 Minuten kochen.

5. Die Zucchini abspülen, abtrocknen und die Enden abschneiden. Zucchini ebenfalls in mundgerechte Stücke schneiden. Knoblauch abziehen, in Scheiben schneiden. Petersilie abspülen und trocken tupfen. Die Blättchen von den Stängeln zupfen. Einige Blättchen zum Garnieren beiseitelegen.

6. Die Zucchinistücke, Knoblauchscheiben, Kichererbsen und Petersilienblättchen in den Topf geben und wieder zum Kochen bringen. Den Eintopf in weiteren etwa 10 Minuten fertig garen.

7. In der Zwischenzeit Couscous mit Wasser nach Packungsanleitung zubereiten, zuletzt in den Eintopf geben und unterrühren.

8. Den Eintopf mit Salz, Pfeffer und Limettensaft abschmecken, mit den beiseitegelegten Petersilienblättchen garniert servieren.

Beilage: Ofenwarmes Zwiebelbaguette.

Tipps: Statt Hähnchenfleisch schmeckt auch Putenfleisch. Den Couscous können Sie auch durch Bulgur (nach Packungsanleitung zubereitet) ersetzen. Einige Korianderblättchen aromatisieren den Gemüseeintopf noch.

Backobstkompott mit Klößen

Mit Alkohol

8 Portionen

Pro Portion: E: 11 g, F: 16 g, Kh: 73 g, kJ: 2228, kcal: 532, BE: 6,0

Für das Kompott:

500 g gemischtes Backobst
250 ml Wasser
250 ml Rotwein
1 Stange Zimt
40 g Zucker
20 g Speisestärke
2 EL Wasser

Für die Klöße:

125 g Weizenmehl
375 ml Milch (3,5 % Fett)
100 g Butter
2 Brötchen (Semmeln)
4 Eigelb (Größe M)
40 g Hartweizengrieß
4 Eiweiß (Größe M)
Salz

60 g Zucker
1 TL gem. Zimt
einige Zitronenmelisseblättchen

Zubereitungszeit: 50 Minuten, ohne Einweichzeit

1. Für das Kompott Backobst in eine Schale geben, mit kaltem Wasser übergießen und etwa 1 Stunde einweichen.

2. Das Backobst mit der Einweichflüssigkeit, Rotwein, Zimtstange und Zucker in einem Topf zum Kochen bringen. Das Backobst zugedeckt bei schwacher Hitze in etwa 15 Minuten weich kochen. Speisestärke mit Wasser anrühren, in das Kompott rühren und unter Rühren nochmals kurz aufkochen lassen. Das Backobstkompott abkühlen lassen. Danach die Zimtstange entfernen.

3. In der Zwischenzeit für die Klöße Mehl mit Milch und 20 g der Butter in einem kleinen Topf verrühren, bei schwacher Hitze unter ständigem Rühren zu einem Kloß abbrennen und etwas ausdampfen lassen.

4. Brötchen in kleine Würfel schneiden. Die restliche Butter in einer Pfanne zerlassen, Brötchenwürfel darin von allen Seiten goldgelb rösten. Eigelb mit einem Mixer (Knethaken) nach und nach unter den Mehlkloß rühren, Brötchenwürfel und Grieß untermischen.

5. Eiweiß steif schlagen, unter den Kloßteig heben. In einem Topf reichlich Wasser zum Kochen bringen, Salz hinzugeben. Mit einem kalt abgespülten Esslöffel etwa 16 Klöße abstechen. Die Klöße 5–8 Minuten in dem Salzwasser gar ziehen lassen. (Das Wasser darf nicht sprudelnd kochen!) Die Klöße zwischendurch wenden, dann mit einem Schaumlöffel herausnehmen und abtropfen lassen.

6. Zucker mit Zimt vermischen. Klöße portionsweise auf dem Kompott anrichten und mit Zimt-Zucker bestreuen. Mit abgespülten und trocken getupften Melisseblättchen garnieren.

Badischer Rehrücken | Mit Alkohol

4 Portionen

Pro Portion: E: 67 g, F: 33 g, Kh: 36 g, kJ: 3196, kcal: 764, BE: 3,0

1 Rehrücken (mit Knochen, etwa 1,6 kg)
Salz
gem. Pfeffer
75 g durchwachsener Speck, in Scheiben
1 Zwiebel
50 g Knollensellerie
100 g Möhren
5 Wacholderbeeren
125 ml trockener Rotwein
2–3 Birnen, z. B. Williams Christ
200 ml lieblicher Weißwein
Saft von
1 Zitrone
200 ml trockener Rotwein
250 g Schlagsahne
180 g Preiselbeerkompott (aus dem Glas)
evtl. dunkler Saucenbinder

Zubereitungszeit: 30 Minuten
Bratzeit: 35–50 Minuten

1. Den Backofen vorheizen.
Ober-/Unterhitze: etwa 200 °C
Heißluft: etwa 180 °C

2. Den Rehrücken mit Küchenpapier abtupfen und evtl. enthäuten. Rehrücken mit Salz und Pfeffer einreiben. Rehrücken in einen mit Wasser ausgespülten Bräter legen und mit Speckscheiben belegen.

3. Die Zwiebel abziehen und fein würfeln. Sellerie und Möhren putzen, schälen, abspülen, abtropfen lassen und würfeln. Das Gemüse zum Rehrücken in den Bräter geben. Den Bräter ohne Deckel auf dem Rost in den vorgeheizten Backofen schieben. Den Rehrücken **35–50 Minuten braten.** Sobald der Bratensatz bräunt, Wacholderbeeren und Rotwein hinzugeben.

4. In der Zwischenzeit Birnen abspülen, abtrocknen, halbieren und entkernen (am besten mit einem Kugelausstecher). Die Birnenhälften mit Weißwein und Zitronensaft zum Kochen bringen und zugedeckt etwa 10 Minuten bei mittlerer Hitze dünsten. Birnen mit einer Schaumkelle herausnehmen und abkühlen lassen.

5. Das gegarte Fleisch aus dem Bräter nehmen und zugedeckt etwa 10 Minuten ruhen lassen, damit sich der Fleischsaft setzt. Den Bratensatz mit Rotwein loskochen, mit dem Gemüse durch ein Sieb streichen, zum Kochen bringen, die Sahne unterrühren. 2 Esslöffel Preiselbeerkompott hinzugeben, wieder zum Kochen bringen und 3–5 Minuten sprudelnd kochen. Evtl. ausgetretenen Fleischsaft von dem ruhenden Fleisch in die Sauce rühren. Die Sauce nach Belieben mit Saucenbinder andicken und nochmals mit den Gewürzen abschmecken.

6. Die Speckscheiben vom Rehrücken entfernen. Das Fleisch vom Knochengerüst lösen, in Scheiben schneiden und wieder auf das Knochengerüst legen. Rehrücken auf einer vorgewärmten Platte anrichten. Die Birnenhälften mit restlichem Preiselbeerkompott füllen und um den Rehrücken legen. Die Sauce getrennt dazureichen.

Beilage: Spätzle und Rotkohl.

Bayerische Creme, gestürzt I

Klassisch (im Foto unten)
4–5 Portionen

Pro Portion: E: 7 g, F: 20 g, Kh: 15 g, kJ: 1138, kcal: 272, BE: 1,5

1 Vanilleschote
250 ml Milch (3,5 % Fett)
6 Blatt weiße Gelatine
3 Eigelb (Größe M)
50 g Zucker
200 g Schlagsahne (mind. 30 % Fett)

Zubereitungszeit: 40 Minuten, ohne Kühlzeit

1. Vanilleschote mit einem Messer der Länge nach aufschneiden und das Mark mit dem Messerrücken herausschaben. Vanillemark mit Milch in einem Topf zum Kochen bringen. Gelatine nach Packungsanleitung einweichen.

2. Eigelb mit Zucker in einer Edelstahlschüssel mit einem Schneebesen verrühren. Die heiße Milch unter Rühren hinzugießen. Alles im heißen Wasserbad bei mittlerer Hitze unter ständigem Schlagen erhitzen, bis die Masse leicht dicklich und weiß ist. Wasser und die Eigelb-Milch-Masse dürfen nicht kochen, da die Masse sonst gerinnt. Den Topf von der Kochstelle nehmen.

3. Die Gelatine gut ausdrücken, in die noch heiße Eigelb-Milch-Masse geben und unter Rühren auflösen. Die Masse anschließend durch ein feines Sieb geben und abkühlen lassen, dabei gelegentlich umrühren.

4. Sahne steif schlagen. Sobald die Masse zu gelieren beginnt, die Sahne unterheben. Die Creme in 4–5 mit kaltem Wasser ausgespülte Portionsförmchen oder Tassen (150–200 ml Inhalt) füllen und im Kühlschrank etwa 3 Stunden fest werden lassen.

5. Zum Servieren die Bayerische Creme mit einem spitzen Messer vom Rand lösen. Die Förmchen kurz in heißes Wasser stellen und die Creme auf Dessertteller stürzen.

Tipps: Die Bayerische Creme mit steif geschlagener Schlagsahne und Früchten, Fruchtpüree oder Schokoladensauce anrichten. Wenn Sie von der Bayerischen Creme Nocken abstechen möchten, verwenden Sie nur 3 Blatt Gelatine.

Rezeptvarianten: **Bayerische Cappuccino-Creme**. Zusätzlich 5 Teelöffel Instant-Espressopulver zusammen mit der Gelatine in der Eigelb-Milch-Masse auflösen und wie im Rezept beschrieben zubereiten. Die Creme in Cappuccinotassen füllen und in den Kühlschrank stellen. Vor dem Servieren 125 g Schlagsahne steif schlagen, als Haube auf die Creme geben und mit Kakaopulver bestäuben. **Bayerische Orangencreme.** Zusätzlich 3 Esslöffel Orangenlikör unter die Eigelb-Milch-Masse rühren und wie im Rezept beschrieben zubereiten. Die Creme mit Orangenfilets (von 2–3 Orangen) in Glasschälchen oder Gläser einschichten und in den Kühlschrank stellen. **Bayerische Schokoladencreme** (im Foto oben). Zusätzlich 150 g Zartbitter-Schokolade hacken, vor der Gelatinezugabe in die Eigelb-Milch-Masse geben und unter Rühren schmelzen. Dann Gelatine (nur 4 Blatt Gelatine verwenden, die Masse wird sonst zu fest) darin auflösen und wie im Rezept beschrieben zubereiten (ergibt 6 Portionsförmchen zu je 150 ml).

Bio-Hahn „Coq au Vin" I

Klassisch – mit Alkohol

6 Portionen

Pro Portion: E: 68 g, F: 38 g, Kh: 6 g, kJ: 2932, kcal: 701, BE: 0,5

- *1 küchenfertiges Bio-Hähnchen (etwa 2,2 kg)*
- *1 EL Paprikapulver edelsüß*
- *je 1 TL gerebelter Thymian, Salz und Pfeffer*
- *4 EL Olivenöl*
- *250 g Schalotten*
- *400 g Champignons*
- *125 g Schinkenwürfel (aus dem Kühlregal)*
- *500 ml trockener Rotwein*
- *4 cl Cognac oder Weinbrand*
- *1 EL Speisestärke*

Zusätzlich:

Küchengarn

Zubereitungszeit: 40 Minuten
Garzeit: etwa 4 Stunden

1. Backofen bei Ober-/Unterhitze auf etwa 200 °C vorheizen. Das Hähnchen innen und außen mit Küchenpapier abtupfen. Paprika, Thymian, Salz und Pfeffer mit Olivenöl verrühren. Das Hähnchen mit der Würzmischung außen und innen bestreichen, die Keulen mit Küchengarn zusammenbinden. Das Hähnchen mit dem Rücken nach oben in einen Bräter legen. Den Bräter auf dem Rost in den vorgeheizten Backofen (untere Schiene) schieben. Das Hähnchen **etwa 30 Minuten anbraten,** dabei 1-mal wenden.

2. Schalotten abziehen, in Spalten schneiden und nach der Hälfte der Anbratzeit mit in den Bräter geben. Champignons putzen, evtl. kurz abspülen, gut abtropfen lassen und in Scheiben schneiden. Champignonscheiben mit den Schinkenwürfeln in den Bräter geben. Rotwein und Cognac oder Weinbrand hinzugießen. Die Backofentemperatur bei Ober-/Unterhitze auf 95 °C herunterschalten. Das Hähnchen **etwa 3 ½ Stunden garen**.

3. Das gegarte Hähnchen aus dem Bräter nehmen und warm stellen. Die Sauce zum Kochen bringen. Speisestärke mit etwas kaltem Wasser anrühren, in die Sauce rühren und unter Rühren kurz aufkochen lassen. Mit Salz und Pfeffer würzen.

4. Das Hähnchen tranchieren, dabei das Küchengarn entfernen. Hähnchen mit der Sauce servieren.

Beilage: Bandnudeln oder frisches Baguette.

Birnen in Rotwein | Mit Alkohol

6 Portionen

Pro Portion: E: 2 g, F: 1 g, Kh: 70 g, kJ: 1476, kcal: 354, BE: 6,0

12 kleine, saftige Birnen
500 ml Rotwein
200 g Zucker
einige Gewürznelken

Zubereitungszeit: 20 Minuten, ohne Abkühlzeit
Garzeit: etwa 60 Minuten

1. Birnen abspülen und trocken tupfen. Mit einem spitzen Messer die Blütenansätze der Birnen entfernen, die Stängel aber nicht abschneiden.

2. Den Backofen vorheizen.
Ober-/Unterhitze: etwa 200 °C
Heißluft: etwa 180 °C

3. Die ungeschälten Birnen nebeneinander in eine große, hohe Auflaufform setzen. So viel Rotwein hinzugießen, dass die Stängelansätze bedeckt sind. Zucker und Gewürznelken hinzufügen.

4. Die Form auf dem Rost in den vorgeheizten Backofen schieben. Die Birnen **etwa 60 Minuten weich dünsten.** Der Rotwein sollte dabei in der Zeit sirupartig eingedickt sein.

5. Die Form auf einen Rost stellen. Die Birnen in dem Saft erkalten lassen.

Beilage: Steif geschlagene Schlagsahne oder Vanilleeis.

Tipps: Würzen Sie den Rotweinsud zusätzlich mit 1 Stück Stangenzimt. Sollten Sie keine kleinen Birnen bekommen, dann die doppelte Menge Rotwein und Zucker verwenden, damit die Birnen bis zum Stängelansatz mit Flüssigkeit bedeckt sind.

Bratäpfel (Puttäpfel, gebackene Äpfel) | Mit Alkohol

8 Portionen

Pro Portion: E: 2 g, F: 7 g, Kh: 23 g,
kJ: 814, kcal: 194, BE: 2,0

1 EL	*Rosinen*
etwa 100 ml	*Rum*
8	*Äpfel, z. B. Holsteiner Cox oder Boskop*
20 g	*Butter (zimmerwarm)*
20 g	*Zucker*
1 Pck.	*Dr. Oetker Vanillin-Zucker*
2 EL	*abgezogene, gem. Mandeln*
2 EL	*gestiftelte Mandeln*

Zubereitungszeit: 20 Minuten, ohne Einweichzeit
Garzeit: etwa 40 Minuten

1. Rosinen in 2 Esslöffeln von dem Rum über Nacht einweichen.

2. Den Backofen vorheizen.
Ober-/Unterhitze: etwa 200 °C
Heißluft: etwa 180 °C

3. Die Äpfel entstielen, abspülen und abtrocknen. Von der Blütenseite her mit einem Apfelausstecher das Kerngehäuse ausstechen, dabei aber nicht ganz durchstechen. Die Äpfel in eine Auflaufform (gefettet) geben.

4. Butter mit Zucker, Vanillin-Zucker, gemahlenen Mandeln und eingeweichten Rosinen mit einem Löffel verrühren und mit einem Teelöffel in die Äpfel füllen.

5. Gestiftelte Mandeln darauf verteilen und leicht andrücken. Restlichen Rum zu den Äpfeln in die Form gießen.

6. Die Form auf dem Rost in den vorgeheizten Backofen (unteres Drittel) schieben. Äpfel **etwa 40 Minuten backen.**

7. Die Form aus dem Backofen nehmen. Die Äpfel in der Form heiß servieren.

Tipps: Die Bratäpfel mit Puderzucker bestäubt, mit Vanillesauce oder halbsteif geschlagener Schlagsahne servieren. Bratäpfel eignen sich als Dessert oder zum Tee. Stechen Sie das Kerngehäuse komplett aus und verschließen Sie anschließend das Loch mit etwas Marzipan-Rohmasse. Sie können die Rosinen durch getrocknete Cranberrys und die Mandeln durch gemahlene Haselnüsse und Haselnussblättchen ersetzen.

Abwandlung: **Bratäpfel ohne Alkohol.** Die Rosinen in 2 Esslöffeln Orangen- oder Apfelsaft einweichen, abtropfen lassen und wie im Rezept beschrieben verwenden. Anstelle des Rums Orangen- oder Apfelsaft in die Auflaufform gießen.

Bratkartoffeln auf dem Blech I

Schnell

4 Portionen

Pro Portion: E: 4 g, F: 15 g, Kh: 33 g, kJ: 1224, kcal: 293, BE: 2,5

1 kg festkochende Kartoffeln
2 kleine Zwiebeln
6 EL Speiseöl
1 gestr. EL Salz
gem. Pfeffer

Zubereitungszeit: 20 Minuten
Backzeit: etwa 25 Minuten

1. Den Backofen vorheizen.
Ober-/Unterhitze: etwa 220 °C
Heißluft: etwa 200 °C

2. Die Kartoffeln dünn schälen, abspülen, abtropfen lassen und in etwa 3 mm dünne Scheiben scheiden. Kartoffelscheiben mit Küchenpapier trocken tupfen. Zwiebeln abziehen und klein würfeln.

3. Kartoffelscheiben mit Zwiebelwürfeln und Speiseöl in einer Schüssel vermengen. Mit Salz und Pfeffer würzen.

4. Die Kartoffelscheiben auf einem Backblech (mit Backpapier belegt) verteilen.

5. Das Backblech in den vorgeheizten Backofen schieben und die Bratkartoffeln **etwa 25 Minuten backen.**

6. Die Bratkartoffeln zwischendurch mit einem Pfannenwender wenden. Die Kartoffelscheiben sollen goldgelb und knusprig sein.

Tipps: Junge Kartoffeln können gründlich abgebürstet auch mit Schale verwendet werden. Lecker ist dazu auch ein Spiegelei oder 2–3 dicke Scheiben Sülze mit Remouladensauce und Blattsalat.

Bread and Butter Pudding

Preiswert

4 Portionen

Pro Portion: E: 18 g, F: 24 g, Kh: 67 g, kJ: 2398, kcal: 573, BE: 5,5

200 g Baguettebrot oder einfache Brötchen
150 g Rosinen
50 g Butter
350 ml Milch (3,5 % Fett)
1 EL Zucker
1 Pck. Dr. Oetker Vanillin-Zucker
½ TL gem. Zimt
½ TL Dr. Oetker Finesse Orangenschalen-Aroma
4 Eier (Größe M)
2 Eigelb (Größe M)

Zusätzlich:
1 EL Semmelbrösel für die Form

Zubereitungszeit: 30 Minuten
Backzeit: 45–55 Minuten

1. Eine rechteckige Terrinenform (mit Deckel, etwa 1 Liter Inhalt, gefettet) mit Semmelbröseln ausstreuen.

2. Baguettebrot oder Brötchen in sehr dünne Scheiben schneiden und im Wechsel mit den Rosinen in die vorbereitete Form schichten. Die letzte Schicht sollte aus Brotscheiben bestehen.

3. Den Backofen vorheizen.
Ober-/Unterhitze: etwa 200 °C
Heißluft: etwa 180 °C

4. Die Butter in einem Topf zerlassen. Milch, Zucker, Vanillin-Zucker, Zimt und Orangenschalen-Aroma unterrühren. Den Topf von der Kochstelle nehmen, die gewürzte Milch etwas abkühlen lassen.

5. Eier und Eigelb verschlagen, unter die gewürzte, lauwarme Milch rühren und auf den eingeschichteten Zutaten verteilen. Die Brotscheiben in die Form drücken. Die Form mit dem Deckel verschließen.

6. Eine Fettpfanne in den heißen Backofen schieben. 2 Liter heißes Wasser hinzugießen. Terrinenform in das Wasserbad stellen und Pudding in **45–55 Minuten fertig backen.**

7. Die Form auf einen Rost stellen. Den Pudding etwa 5 Minuten in der Form stehen lassen, dann aus der Form stürzen und in Scheiben schneiden.

Tipps: Den Brotpudding mit Vanillesauce servieren. Wer keine Terrinenform hat, kann die Masse auch in einer kleinen Kastenform backen, die mit Alufolie zugedeckt wird.

Bubble and Squeak mit Grünkohl

Vegetarisch

4 Portionen

Pro Portion: E: 19 g, F: 28 g, Kh: 33 g, kJ: 1936, kcal: 462, BE: 2,5

800 g	*festkochende Kartoffeln*
	Salz
450 g	*Grünkohlblätter*
75 g	*Zwiebeln*
30 g	*Butter*
75 g	*Cheddar-Käse*
5	*sehr frische Eier (Größe M)*
2 EL	*Speisestärke*
	gem. Pfeffer
1 l	*Wasser*
100 ml	*Weißweinessig*
6 EL	*Speiseöl zum Braten*
1/2 Bund	*Schnittlauch*
etwa 1/2 TL	*Chiliflocken*

Zubereitungszeit: 60 Minuten

1. Kartoffeln schälen, abspülen, abtropfen lassen, in einem Topf knapp mit Wasser bedeckt, zugedeckt zum Kochen bringen und in etwa 25 Minuten gar kochen.

2. In der Zwischenzeit von den Grünkohlblättern die dicken Blattrippen entfernen. Grünkohlblätter gründlich abspülen, abtropfen lassen und in kochendem Salzwasser etwa 4 Minuten kochen lassen.

3. Grünkohl mit kaltem Wasser abschrecken, in einem Sieb abtropfen lassen und anschließend mit den Händen gut ausdrücken und grob zerkleinern.

4. Die Zwiebeln abziehen und in kleine Würfel schneiden. Butter in einer Pfanne zerlassen. Zwiebelwürfel darin glasig dünsten. Cheddar grob reiben.

5. Die gegarten Kartoffeln abgießen, abdämpfen und sofort durch eine Kartoffelpresse in eine Rührschüssel drücken. Grünkohl, Zwiebelwürfel, geriebenen Käse, 1 Ei, Speisestärke, Salz und Pfeffer hinzufügen. Die Zutaten zu einem Teig verkneten und 8 Frikadellen daraus formen.

6. Wasser mit Essig in einem Topf zum Kochen bringen. Die Eier einzeln in einer Kelle aufschlagen und vorsichtig in das siedende (nicht sprudelnd kochende) Wasser gleiten lassen. Eiweiß sofort mit 2 Esslöffeln an das Eigelb schieben.

7. Essigwasser mit den Eiern ganz kurz aufkochen lassen. Den Topf von der Kochstelle nehmen. Die Eier 3–5 Minuten gar ziehen lassen.

8. In der Zwischenzeit das Speiseöl in einer großen Pfanne erhitzen. Die Frikadellen darin von jeder Seite 3–4 Minuten goldbraun braten.

9. Schnittlauch abspülen, trocken tupfen und in Röllchen schneiden.

10. Bubble and Squeak (Frikadellen) mit den Eiern auf Tellern anrichten, mit Schnittlauchröllchen und Chiliflocken bestreuen.

Hinweis: Nur ganz frische Eier verwenden (Legedatum beachten, mind. 23 Tage Resthaltbarkeit).

Bunter Weißkohlsalat I

Klassiker mal anders

6 Portionen

Pro Portion: E: 2 g, F: 6 g, Kh: 27 g, kJ: 793, kcal: 190, BE: 2,5

300 g Möhren
500 g Weißkohl
4 süße Äpfel (etwa 500 g)
75 g Rosinen
125 ml Orangensaft
3 EL Zitronensaft
Salz, gem. Pfeffer
1 TL Currypulver
1 Msp. gem. Ingwer
1 Msp. gem. Koriander
3–4 EL Olivenöl

Zubereitungszeit: 40 Minuten, ohne Durchziehzeit

1. Möhren putzen, schälen, abspülen, abtropfen lassen und auf einer Haushaltsreibe grob raspeln.

2. Von dem Weißkohl die äußeren Blätter entfernen. Kohl vierteln und den Strunk herausschneiden. Kohlviertel abspülen, abtropfen lassen und auf einem Gurkenhobel in feine Streifen hobeln.

3. Äpfel abspülen, abtrocknen, vierteln und entkernen. Apfelviertel mit der Schale grob raspeln.

4. Vorbereitete Salatzutaten in eine Schüssel geben und mit Rosinen vermischen. Orangen- und Zitronensaft mit Salz, Pfeffer, Curry, Ingwer und Koriander verrühren, Olivenöl unterschlagen. Die Marinade zu den Salatzutaten geben und gut untermischen.

5. Den Salat etwa 30 Minuten durchziehen lassen, nochmals mit den Gewürzen abschmecken, anrichten und servieren.

Cassoulet | (Römertopf® 4 Liter Inhalt)

Mit Alkohol

4–6 Portionen

Pro Portion: E: 51 g, F: 32 g, Kh: 28 g, kJ: 2716, kcal: 649, BE: 2,0

250 g	*weiße Bohnen*
100 g	*durchwachsener Speck, in Scheiben*
500 g	*Lamm- oder Schweinefleisch, z. B. aus der Schulter*
4	*Hähnchenkeulen (je etwa 150 g)*
2	*Möhren*
4	*Tomaten*
2	*Zwiebeln*
2	*Knoblauchzehen*
je 2 Stängel	*Majoran, Thymian, Rosmarin, Petersilie*
1	*Lorbeerblatt*
1 Stange	*Porree (Lauch)*
100 ml	*Weißwein*
250 ml	*Gemüsebrühe*
2 EL	*Semmelbrösel*
20 g	*Butter*

Zubereitungszeit: 30 Minuten, ohne Einweichzeit
Garzeit: etwa 2 Stunden

1. Die weißen Bohnen in kaltem Wasser über Nacht einweichen.

2. Die Speckscheiben in den gewässerten Römertopf® legen. Das Lamm- oder Schweinefleisch und die Hähnchenkeulen mit Küchenpapier abtupfen. Das Lamm- oder Schweinefleisch in Würfel schneiden.

3. Möhren putzen, schälen, abspülen, abtropfen lassen und in Scheiben schneiden. Tomaten abspülen, abtropfen lassen, halbieren und die Stängelansätze herausschneiden. Die Tomatenhälften ebenfalls in Scheiben schneiden.

4. Zwiebeln und Knoblauch abziehen. Zwiebeln klein würfeln und Knoblauch durch eine Knoblauchpresse drücken.

5. Die vorbereiteten Gemüsezutaten mit den Fleischwürfeln und Hähnchenkeulen vermischen und auf den Speckscheiben im Römertopf® verteilen.

6. Kräuter abspülen, trocken tupfen, mit dem Lorbeerblatt zu einem Sträußchen zusammenbinden und auf die Gemüse-Fleisch-Mischung legen. Porree putzen, die Stange längs halbieren, gründlich waschen, abtropfen lassen, in Stücke schneiden und ebenfalls darauflegen.

7. Weißwein und Gemüsebrühe hinzugießen. Den Römertopf® mit dem Deckel verschließen und auf dem Rost in den kalten Backofen schieben.
Ober-/Unterhitze: etwa 200 °C
Heißluft: etwa 180 °C

8. Cassoulet **etwa 2 Stunden garen.**

9. Nach Ende der Garzeit das Kräutersträußchen entfernen. Das Cassoulet mit Semmelbröseln bestreuen, Butter in Flöckchen daraufsetzen und alles kurz nochmals bei gleicher Backofentemperatur ohne Deckel im Backofen überbacken.

Champignongemüse mit Rucola

Schnell – raffiniert

2 Portionen

Pro Portion: E: 10 g, F: 26 g, Kh: 7 g, kJ: 1258, kcal: 301, BE: 0,5

- *2 Zwiebeln*
- *1 Knoblauchzehe*
- *200 g braune Champignons*
- *200 g weiße Champignons*
- *2 EL Olivenöl*
- *1 TL Weizenmehl*
- *100 g Schlagsahne*
- *40 g Rucola (Rauke)*
- *Salz, gem. Pfeffer*

Zubereitungszeit: 25 Minuten

1. Zwiebeln und Knoblauch abziehen. Zwiebeln in Spalten und Knoblauch in dünne Scheiben schneiden. Champignons putzen, evtl. kurz abspülen, trocken tupfen und je nach Größe halbieren oder vierteln.

2. Olivenöl in einer großen Pfanne erhitzen. Die Zwiebelspalten und Knoblauchscheiben darin kurz glasig dünsten. Champignons hinzufügen und unter gelegentlichem Rühren andünsten. Anschließend die Champignons mit Mehl bestäuben und kurz mitdünsten lassen. Sahne unterrühren. Champignons zugedeckt etwa 5 Minuten bei mittlerer Hitze kochen lassen.

3. In der Zwischenzeit Rucola putzen und die dicken Stiele entfernen. Rucola abspülen, trocken tupfen oder trocken schleudern. Rucola klein schneiden.

4. Das Champignongemüse mit Salz und Pfeffer abschmecken, Rucola unterheben. Das Champignongemüse auf Tellern anrichten und sofort servieren.

Rezeptvariante: Für **Champignons mit Gemüse** (für 2 Personen) statt Rucola 2 Möhren (etwa 300 g) oder 3–4 Stangen Staudensellerie verwenden. Möhren putzen, schälen, abspülen und abtropfen lassen. Die Möhren in feine Streifen schneiden. Staudensellerie putzen, abspülen, abtropfen lassen, in dünne Scheiben schneiden. Möhrenstreifen oder Staudenselleriescheiben kurz mit den Champignons andünsten, Mehl darüberstäuben und mitdünsten lassen. Sahne hinzugießen und das Gemüse wie unter Punkt 2 beschrieben fertig garen.

Champignon-Wirsing-Gemüse mit Lachs | Für Gäste – einfach

4 Portionen

Pro Portion: E: 24 g, F: 29 g, Kh: 6 g, kJ: 1563, kcal: 375, BE: 0,5

600 g Wirsing
1 Zwiebel
500 g Champignons
2 EL Butter
150 g Crème fraîche
50 ml Gemüsebrühe
Salz, gem. Pfeffer
2–3 TL körniger Senf
250–300 g Räucherlachs, in Scheiben
evtl. 1–2 EL Schnittlauchröllchen

Zubereitungszeit: 30 Minuten

1. Von dem Wirsing die äußeren Blätter entfernen. Wirsing vierteln und den Strunk herausschneiden. Wirsingviertel abspülen, abtropfen lassen und in feine Streifen schneiden. Zwiebel abziehen und klein würfeln.

2. Champignons putzen, evtl. kurz abspülen, trocken tupfen und vierteln.

3. Die Hälfte der Butter in einer großen Pfanne zerlassen. Zwiebelwürfel und Champignonviertel darin evtl. portionsweise bei starker Hitze unter Rühren kräftig anbraten und aus der Pfanne nehmen.

4. Restliche Butter in dem verbliebenen Bratfett zerlassen. Wirsingstreifen darin unter Rühren anbraten und etwa 8 Minuten unter gelegentlichem Rühren bei mittlerer Hitze dünsten.

5. In der Zwischenzeit Crème fraîche mit Brühe, Salz, Pfeffer und Senf glatt rühren, zu den Wirsingstreifen geben und untermischen. Wirsingstreifen zugedeckt weitere 10–15 Minuten dünsten.

6. Lachs in feine Streifen schneiden, mit den Champignons unter die Wirsingstreifen heben, nochmals kurz erhitzen. Das Gemüse mit Salz und Pfeffer abschmecken und auf Tellern anrichten. Nach Belieben mit Schnittlauchröllchen bestreut servieren.

Beilage: Bandnudeln.

Chicorée im Schinkenmantel

Für Gäste

4 Portionen

Pro Portion: E: 23 g, F: 34 g, Kh: 10 g, kJ: 1820, kcal: 436, BE: 0,5

4 große Chicorée
4 Scheiben Kochschinken
150 g Crème fraîche
150 g Joghurt (3,5 % Fett)
200 g Sahne-Schmelzkäse
Salz
gem. Pfeffer
ger. Muskatnuss
50 g geraspelter Gratinkäse oder Gouda

Zubereitungszeit: 30 Minuten
Garzeit: etwa 30 Minuten

1. Den Backofen vorheizen.
Ober-/Unterhitze: etwa 180 °C
Heißluft: etwa 160 °C

2. Vom Chicorée äußere Blätter entfernen. Chicorée längs halbieren, abspülen und abtropfen lassen. Die Strünke keilförmig so herausschneiden, dass die Blätter noch zusammenhalten.

3. Schinkenscheiben halbieren, je eine Hälfte um eine Chicoréehälfte legen und in eine flache Auflaufform (gefettet) geben.

4. Crème fraîche und Joghurt unter Rühren in einem Topf erhitzen. Schmelzkäse hinzugeben und unter Rühren darin schmelzen.

5. Die Sauce mit Salz, und Pfeffer und Muskat würzen, über die Chicoréehälften geben. Mit dem geraspelten Käse bestreuen. Die Form auf dem Rost in den vorgeheizten Backofen (unteres Drittel) schieben. Den Chicorée **etwa 30 Minuten garen.**

Beilage: Kleine Kartoffeln, Baguette oder Reis.

Tipp: Servieren Sie den Chicorée im Schinkenmantel nach Belieben mit einigen roten Paprikawürfeln bestreut und mit Kräuterblättchen garniert.

Chinakohleintopf I

Macht richtig satt

4 Portionen

Pro Portion: E: 29 g, F: 30 g, Kh: 18 g, kJ: 1918, kcal: 457, BE: 1,0

750 g Chinakohl
2–3 Zwiebeln
250 g Tomaten
375 g Kartoffeln
40 g Butter oder Margarine
500 g Gehacktes (halb Rind-, halb Schweinefleisch)
Salz
gem. Pfeffer
500 ml Gemüsebrühe
2 EL Tomatenmark
2 EL Schnittlauchröllchen

Zubereitungszeit: 45 Minuten
Garzeit: etwa 30 Minuten

1. Chinakohl putzen, halbieren und den Strunk herausschneiden. Kohlhälften nochmals halbieren und in schmale Streifen schneiden. Kohlstreifen abspülen und abtropfen lassen. Zwiebeln abziehen und klein würfeln.

2. Die Tomaten kreuzweise einschneiden und mit kochendem Wasser übergießen. Nach 1–2 Minuten herausnehmen und mit kaltem Wasser abschrecken. Tomaten häuten, halbieren und die Stängelansätze herausschneiden. Tomaten in Stücke schneiden. Die Kartoffeln schälen, abspülen, abtropfen lassen und in Würfel schneiden.

3. Butter oder Margarine in einem Topf zerlassen. Die Zwiebelwürfel darin goldgelb dünsten. Gehacktes hinzufügen und unter Rühren anbraten. Dabei die Fleischklümpchen mit einer Gabel etwas zerdrücken. Mit Salz und Pfeffer würzen.

4. Die Kartoffelwürfel und Gemüsebrühe hinzugeben, zum Kochen bringen und etwa 10 Minuten garen. Dann die Chinakohlstreifen hinzufügen und weitere 15–20 Minuten garen.

5. Tomatenstücke und -mark unterrühren, den Eintopf nochmals erhitzen und mit den Gewürzen abschmecken. Den Eintopf vor dem Servieren mit Schnittlauchröllchen bestreuen.

Chinakohl-Stew

Mit Alkohol

8–10 Portionen

Pro Portion: E: 27 g, F: 20 g, Kh: 3 g, kJ: 1349, kcal: 322, BE: 0,0

400 g Rindfleisch
400 g Lammfleisch
400 g Schweinefleisch
4 Zwiebeln
2 Knoblauchzehen
4–5 EL Speiseöl
Salz, gem. Pfeffer
600 ml Wasser oder Fleischbrühe
1 kg Chinakohl
4 Tomaten
250 ml Wasser oder Fleischbrühe
250 ml Weißwein

Zubereitungszeit: 50 Minuten
Garzeit: etwa 75 Minuten

1. Rind-, Lamm- und Schweinefleisch mit Küchenpapier abtupfen und in kleine Würfel schneiden. Zwiebeln abziehen und in Scheiben schneiden. Knoblauch abziehen und durch eine Knoblauchpresse drücken.

2. Den Backofen vorheizen.
Ober-/Unterhitze: etwa 200 °C
Heißluft: etwa 180 °C

3. Speiseöl in einem großen Bräter erhitzen. Die Fleischwürfel darin portionsweise von allen Seiten anbraten, mit Salz und Pfeffer würzen.

4. Zwiebelscheiben und Knoblauch zu den angebratenen Fleischwürfeln geben und kurz mitbraten lassen. Wasser oder Brühe hinzugießen und zum Kochen bringen.

5. Den Bräter auf dem Rost in den vorgeheizten Backofen schieben. Die Fleischwürfel zugedeckt **etwa 45 Minuten garen.**

6. In der Zwischenzeit Chinakohl putzen, Kohl halbieren und den Strunk herausschneiden. Kohlhälften in schmale Streifen schneiden, abspülen und gut abtropfen lassen oder trocken schleudern.

7. Die Tomaten kreuzweise einschneiden und mit kochendem Wasser übergießen. Nach 1–2 Minuten herausnehmen und mit kaltem Wasser abschrecken. Tomaten häuten, halbieren und die Stängelansätze herausschneiden. Tomaten vierteln.

8. Tomatenviertel mit den Chinakohlstreifen und Wasser oder Brühe zu den Fleischwürfeln in den Bräter geben, noch einmal mit Salz und Pfeffer würzen. Chinakohl-Stew zugedeckt **weitere etwa 30 Minuten garen.**

9. Chinakohl-Stew vorsichtig umrühren, Weißwein hinzugießen und noch einige Minuten erhitzen.

Crème brûlée | Klassisch

4 Portionen

Pro Portion: E: 6 g, F: 24 g, Kh: 26 g, kJ: 1442, kcal: 345, BE: 2,0

1 Vanilleschote
200 ml Milch (3,5 % Fett)
20 g Zucker
200 g Schlagsahne
4 Eigelb (Größe M)

Zum Karamellisieren:
etwa 70 g brauner Zucker

Zusätzlich:
4 flache Förmchen (Ø etwa 11 cm, Höhe 3 cm)

Zubereitungszeit: 20 Minuten, ohne Abkühlzeit
Backzeit: etwa 50 Minuten

1. Den Backofen vorheizen.
Ober-/Unterhitze: etwa 120 °C
Heißluft: etwa 100 °C

2. Vanilleschote mit einem Messer der Länge nach aufschneiden und das Mark mit dem Messerrücken herausschaben. Milch, aufgeschnittene Vanilleschote mit dem Vanillemark und Zucker in einem Topf aufkochen. Sahne mit Eigelb in eine Rührschüssel geben.

3. Heiße Vanillemilch durch ein Sieb auf die Sahne-Eigelb-Mischung gießen. Mit einem Schneebesen verrühren, dabei darauf achten, dass nicht viel Schaum entsteht. Evtl. entstandenen Schaum abschöpfen, damit die Creme eine glatte Oberfläche bekommt.

4. Die Masse in den 4 Förmchen verteilen. Die Förmchen auf dem Rost in den vorgeheizten Backofen (unteres Drittel) schieben. Crème brûlée **etwa 50 Minuten backen.**

5. Die Förmchen aus dem Backofen nehmen und die Creme bei Zimmertemperatur erkalten lassen.

6. Zum Karamellisieren den braunen Zucker auf der Creme in den Förmchen verteilen und mit einem Bunsenbrenner den Zucker karamellisieren. Crème brûlée sofort servieren, sonst wird die knusprige Karamellschicht wieder flüssig.

Cremige Pastinakensuppe mit Petersilienpesto

Raffiniert

4 Portionen

Pro Portion: E: 14 g, F: 82 g, Kh: 41 g, kJ: 3992, kcal: 953, BE: 3,5

1 kg Pastinaken
3 Schalotten (etwa 90 g)
2 EL Butter
1 geh. EL Weizenmehl
1,2 l Gemüsefond
Salz

Für das Pesto:
1 großes Bund Petersilie (etwa 50 g)
150 ml Speiseöl
50 g Pinienkerne oder Walnusskerne
30 g ger. Parmesan
gem. Pfeffer

200 g Schlagsahne
Zitronensaft
4 Scheiben Toastbrot
2 EL Butter

Zubereitungszeit: 60 Minuten
Garzeit: etwa 20 Minuten

1. Die Pastinaken putzen, schälen, abspülen, abtropfen lassen und in grobe Stücke schneiden. Schalotten abziehen und in Würfel schneiden.

2. Butter in einem Topf zerlassen. Die Schalottenwürfel darin andünsten. Pastinakenstücke hinzugeben und mit Mehl bestäuben. Die Pastinakenstücke unter Rühren kurz andünsten, ohne dass sie Farbe annehmen. Gemüsefond hinzugießen und mit Salz würzen. Die Pastinakenstücke zugedeckt etwa 20 Minuten bei schwacher Hitze kochen lassen.

3. In der Zwischenzeit für das Pesto Petersilie abspülen und trocken tupfen. Die Blättchen von den Stängeln zupfen, Blättchen grob zerschneiden und in einen hohen Rührbecher geben. Speiseöl und 1 gestrichenen Teelöffel Salz hinzugeben. Die Zutaten mit einem Pürierstab zu einem Pesto pürieren.

4. Die Pinienkerne oder Walnusskerne in einer Pfanne ohne Fett unter Rühren rösten, herausnehmen, abkühlen lassen und grob hacken. Parmesan unter das Pesto rühren. Mit Salz und Pfeffer abschmecken. Dann die Pinienkerne oder Walnusskerne unterrühren.

5. Die gegarte Suppe mit dem Pürierstab sehr fein pürieren und anschließend durch ein Haarsieb passieren.

6. Die Suppe nochmals unter Rühren aufkochen lassen. Sahne unterrühren. Mit Salz, Pfeffer und etwas Zitronensaft abschmecken. Die Suppe nicht mehr kochen lassen.

7. Toastbrotscheiben entrinden und in Würfel schneiden. Butter in einer Pfanne zerlassen. Die Brotwürfel darin von allen Seiten rösten und mit Salz bestreuen.

8. Die Pastinakensuppe mit Croûtons und Pesto servieren.

Cremige Sellerie-Topinambur-Suppe I

Mit Alkohol

4 Portionen

Pro Portion: E: 13 g, F: 29 g, Kh: 21 g, kJ: 1752, kcal: 419, BE: 1,5

100 g Belugalinsen
300 g Knollensellerie
300 g Topinambur
3 Schalotten
4 Stängel Thymian
30 g Butter
150 ml Weißwein
700 ml Gemüsebrühe
225 g Schlagsahne (mind. 30 % Fett)
Salz
gem. schwarzer Pfeffer
50 g Feldsalat
25 g Rauchmandeln

Zubereitungszeit: 25 Minuten, ohne Einweichzeit
Garzeit: etwa 20 Minuten

1. Die Linsen in eine Schüssel geben und mit kaltem Wasser übergießen, sodass sie ganz bedeckt sind. Linsen über Nacht einweichen.

2. Am nächsten Tag die Linsen in ein Sieb geben, mit kaltem Wasser abspülen und abtropfen lassen. Linsen in einem Topf mit frischem Wasser bedeckt ohne Deckel 8–10 Minuten garen.

3. Die gegarten Linsen in ein Sieb geben, mit kaltem Wasser abschrecken und gut abtropfen lassen.

4. Sellerie und Topinambur putzen, schälen, abspülen, abtropfen lassen und in etwa 2 cm große Würfel schneiden. Die Schalotten abziehen und fein würfeln. Thymian abspülen und trocken tupfen.

5. Butter in einem Topf zerlassen. Sellerie-, Topinambur- und Schalottenwürfel darin unter Rühren kräftig andünsten. Mit Weißwein ablöschen und auf die Hälfte einkochen. Brühe, 125 g Sahne und Thymianstängel hinzugeben. Mit Salz und Pfeffer würzen. Die Zutaten zum Kochen bringen und ohne Deckel etwa 20 Minuten bei schwacher Hitze kochen lassen.

6. Feldsalat putzen, in einzelne Blätter teilen und die Wurzelansätze abschneiden. Salatblätter abspülen und gut abtropfen lassen. Die Mandeln klein hacken.

7. Die Suppe mit einem Pürierstab sehr fein pürieren. Die Linsen hinzugeben und langsam erhitzen. Restliche Sahne halbsteif schlagen.

8. Die Feldsalatblätter in die heiße Suppe geben und kurz zusammenfallen lassen. Die geschlagene Sahne unterziehen.

9. Die cremige Sellerie-Topinambur-Suppe in vorgewärmten Tellern anrichten und mit den Mandeln bestreuen.

Tipp: Zu der Suppe geröstetes Graubrot reichen.

Damwild in Dijonsauce

Für Gäste

10 Portionen

Pro Portion: E: 61 g, F: 14 g, Kh: 5 g,
kJ: 1668, kcal: 399, BE: 0,5

2,8 kg Damwildkeule (ohne Knochen)
180 g Zwiebeln
5 EL Speiseöl, z. B. Rapsöl
Salz
gem. Pfeffer
1 EL Tomatenmark
3 EL Dijonsenf
500 ml Fleischbrühe
1 TL Estragon in Öl oder getrockneter Estragon
2 Lorbeerblätter

Für das Pilzgemüse:

15 g getrocknete Morcheln
1 kg Pfifferlinge
150 g Zwiebeln
5 Stängel Thymian
2 Stängel Rosmarin
5 EL Olivenöl
200 ml Gemüsebrühe

2 EL Speisestärke

Zubereitungszeit: 60 Minuten
Garzeit: etwa 5 Stunden

1. Den Backofen bei Ober-/Unterhitze auf 95 °C vorheizen. Die Damwildkeule mit Küchenpapier abtupfen, evtl. entfetten, entsehnen und enthäuten.

2. Zwiebeln abziehen und klein würfeln. Das Speiseöl in einem großen Bräter erhitzen. Die Keule mit Salz und Pfeffer würzen und in dem Bräter etwa 10 Minuten von allen Seiten anbraten. Zwiebelwürfel hinzufügen und mitbraten lassen, Tomatenmark und Senf unterrühren.

3. Fleischbrühe hinzugießen und aufkochen lassen, Estragon und Lorbeerblätter unterrühren. Den Bräter auf dem Rost in den vorgeheizten Backofen (untere Schiene) schieben. Die Damwildkeule **etwa 5 Stunden garen,** dabei die Keule 2–3-mal wenden.

4. Etwa 80 Minuten vor Ende der Garzeit für das Gemüse getrocknete Morcheln etwa 40 Minuten in lauwarmem Wasser einweichen, danach durch ein mit Küchenpapier ausgelegtes Sieb abgießen. Dabei die Flüssigkeit auffangen. Die restlichen Pilze putzen, evtl. kurz abspülen und gut abtropfen lassen. Große Pilze in Stücke schneiden.

5. Die Zwiebeln abziehen, halbieren und in Scheiben schneiden. Die Kräuter abspülen und trocken tupfen. Thymian in kleine Stängel zupfen, von den Rosmarinstängeln die Nadeln abzupfen. Jeweils einige Thymianstängel und Rosmarinspitzen zum Garnieren beiseitelegen.

6. Olivenöl in einer großen Pfanne erhitzen. Die Zwiebelscheiben darin glasig dünsten. Pilze und Morcheln hinzufügen und mit andünsten. Kräuter unterrühren, Brühe und aufgefangenes Morchel-Einweichwasser hinzugießen und aufkochen. Die Pilze bei schwacher Hitze 8–10 Minuten unter gelegentlichem Rühren garen.

7. Die gegarte Damwildkeule aus dem Bräter nehmen und warm stellen.

8. Den Bratenfond aufkochen, die Lorbeerblätter entfernen. Speisestärke mit etwas kaltem Wasser anrühren, in den Fond rühren und unter Rühren nochmals aufkochen lassen. Die Sauce mit Salz und Pfeffer abschmecken.

9. Die Damwildkeule in Scheiben schneiden. Das Pilzgemüse mit Salz und Pfeffer würzen. Damwild mit der Sauce und dem Pilzgemüse anrichten. Mit den beiseitegelegten Thymianstängeln und Rosmarinspitzen garniert servieren.

Beilage: Kartoffelpuffer oder Rösti.

Tipp: Sobald Sie frische Morcheln im Handel bekommen, können Sie statt der getrockneten Morcheln 250 g frische Morcheln nehmen und diese mit den Pfifferlingen verarbeiten.

Deftiger Grünkohl I

Klassisch – gefriergeeignet

4 Portionen

Pro Portion: E: 59 g, F: 60 g, Kh: 13 g, kJ: 3436, kcal: 822, BE: 1,0

4 l	Wasser
4 gestr. TL	Salz
1 1/2 kg	Grünkohl
2	Zwiebeln
3 EL	Speiseöl, z. B. Sonnenblumenöl, oder 30 g Gänseschmalz
375 ml	Gemüsebrühe
	Salz, gem. Pfeffer
etwa 2 TL	mittelscharfer Senf
500 g	Kasselernacken (mit Knochen)
2	Rauchenden (Mettwürstchen, je etwa 150 g)
2	frische oder geräucherte Kohlwürste (je etwa 150 g)
	Zucker
20 g	Haferflocken (blütenzart)

Zubereitungszeit: 30 Minuten
Garzeit: etwa 60 Minuten

1. Wasser in einem großen Topf zum Kochen bringen. Salz hinzufügen. In der Zwischenzeit von dem Grünkohl welke oder fleckige Blätter und die Blattrippen entfernen. Den Grünkohl gründlich waschen, abtropfen lassen und fein hacken. Grünkohl portionsweise in das kochende Salzwasser geben, wieder zum Kochen bringen und 1–2 Minuten blanchieren. Anschließend kurz in kaltem Wasser abschrecken und in einem Sieb abtropfen lassen.

2. Zwiebeln abziehen und würfeln. Speiseöl oder Schmalz in einem Topf erhitzen. Die Zwiebelwürfel darin unter Rühren dünsten. Grünkohl hinzufügen und die Brühe hinzugießen, mit Salz und Pfeffer würzen. 2 Teelöffel Senf unterrühren. Grünkohl zum Kochen bringen und zugedeckt etwa 30 Minuten bei schwacher Hitze kochen, dabei gelegentlich umrühren.

3. In der Zwischenzeit Kasseler mit Küchenpapier abtupfen und den Knochen auslösen. Das Fleisch mit dem Knochen zum Grünkohl geben und zugedeckt etwa 15 Minuten mitkochen.

4. Dann die Rauchenden und Kohlwürste zum Grünkohl geben und zugedeckt etwa 15 Minuten bei schwacher Hitze erwärmen.

5. Fleisch, Knochen und Würste herausnehmen und zugedeckt warm stellen. Den Grünkohl mit Salz, Pfeffer, Senf und 1 Prise Zucker abschmecken. Haferflocken unterrühren und den Grünkohl einmal aufkochen.

6. Das Fleisch in Scheiben schneiden, mit Würsten und Grünkohl auf einer großen Platte anrichten.

Beilage: Salzkartoffeln oder in Butter und Zucker gebratene Röstkartoffeln.

Tipps: Grünkohl kann sehr gut in größeren Mengen zubereitet und portionsweise eingefroren werden. Er kann auch blanchiert und gehackt zur späteren Verwendung eingefroren werden. Grünkohl schmeckt auch aufgewärmt. Sie können auch fertig geschnittenen oder TK-Grünkohl (Packungsanleitung beachten) oder Grünkohl aus der Dose (nur 15 Minuten kochen) verwenden.

Deftiger Kohltopf

Einfach – macht richtig satt

4 Portionen

Pro Portion: E: 24 g, F: 35 g, Kh: 27 g, kJ: 2254, kcal: 540, BE: 2,0

500 g Rosenkohl
500 g Wirsing
600 g festkochende Kartoffeln, z. B. Hansa
300 g Cabanossi oder Mettwürstchen, geräuchert
3 EL Speiseöl
1 l Gemüsebrühe
Salz
gem. Pfeffer
Kümmelsamen
½ Bund glatte Petersilie

Zubereitungszeit: 45 Minuten
Garzeit: etwa 35 Minuten

1. Rosenkohl von den schlechten Blättern befreien und etwas vom Strunk abschneiden. Die Rosenkohlröschen am Strunk kreuzförmig einschneiden, abspülen und abtropfen lassen. Von dem Wirsing die groben, äußeren Blätter entfernen und den Strunk herausschneiden. Wirsing abspülen, abtropfen lassen und in Stücke schneiden.

2. Kartoffeln schälen, abspülen, abtropfen lassen und in Würfel schneiden. Cabanossi oder Mettwürstchen in dünne Scheiben schneiden.

3. Speiseöl in einem Bräter erhitzen. Kartoffelwürfel, Wirsingstücke, Rosenkohl und Wurstscheiben darin portionsweise andünsten. Brühe hinzugießen, mit Salz, Pfeffer und Kümmel würzen. Die Zutaten zum Kochen bringen und zugedeckt bei schwacher Hitze etwa 35 Minuten garen.

4. Petersilie abspülen und trocken tupfen. Die Blättchen von den Stängeln zupfen, Blättchen klein schneiden und unter den Kohltopf rühren. Mit Salz und Pfeffer abschmecken.

Beilage: Kleine Roggenbrötchen oder ein rustikales Bauernbrot.

Tipp: Dünsten Sie das Gemüse mit je 2 abgezogenen, gewürfelten Zwiebeln und Knoblauchzehen an.

Doppeltes Rumpsteak I

Mit Alkohol

4 Portionen

Pro Portion: E: 50 g, F: 24 g, Kh: 25 g, kJ: 2366, kcal: 564, BE: 2,0

2	*doppelte Rumpsteaks (je etwa 400 g)*
	Salz, gem. Pfeffer
1 gestr. TL	*Kräuter der Provence*
3 EL	*Speiseöl, z. B. Rapsöl*

Für das Püree:

600 g	*mehligkochende Kartoffeln*
400 g	*Petersilienwurzeln*
1 gestr. TL	*Salz*
150 ml	*heiße Milch (3,5 % Fett)*
30 g	*Butter*
	ger. Muskatnuss
60 ml	*Weinbrand*

Zubereitungszeit: 70 Minuten
Garzeit: etwa 30 Minuten

1. Den Backofen bei Ober-/Unterhitze auf 80 °C vorheizen. Einen großen feuerfesten Teller oder eine Auflaufform mit flachem Rand auf dem Rost (mittlere Schiene) miterwärmen.

2. Steaks mit Küchenpapier abtupfen, evtl. entsehnen und das Fett abschneiden. Steaks mit Salz, Pfeffer und Kräutern der Provence würzen.

3. Speiseöl in einer Pfanne erhitzen. Die Steaks darin etwa 10 Minuten von allen Seiten gut anbraten, herausnehmen und auf den vorgewärmten Teller oder in die Auflaufform legen.

4. Den Teller oder die Form auf dem Rost in den vorgeheizten Backofen schieben. Die Steaks **etwa 30 Minuten garen.** Die Pfanne mit dem Bratensatz beiseitestellen.

5. In der Zwischenzeit die Kartoffeln und Petersilienwurzeln schälen, abspülen, abtropfen lassen und in Stücke schneiden. Kartoffel- und Petersilienwurzelstücke in einem Topf knapp mit Wasser bedeckt, zugedeckt zum Kochen bringen, Salz hinzufügen. Die Kartoffel- und Petersilienwurzelstücke etwa 20 Minuten garen, anschließend abgießen.

6. Anschließend die Milch und die Butter hinzufügen. Die Kartoffel- und Petersilienwurzelstücke mit einem Kartoffelstampfer zu einem Püree zerdrücken. Das Petersilienwurzel-Kartoffel-Püree mit Salz und Muskat abschmecken.

7. Weinbrand in die beiseitegestellte Pfanne zum Bratensatz geben und unter Rühren loskochen. Ausgetretenen Bratensaft von den Rumpsteaks hinzufügen. Die Sauce mit Salz und Pfeffer abschmecken.

8. Die gegarten Rumpsteaks aus dem Backofen nehmen und in dicke Scheiben schneiden. Mit Petersilienwurzel-Kartoffel-Püree und der Sauce auf Tellern anrichten und servieren.

Beilage: Gemischter Salat.

Tipps: Durch unterschiedliche Anbratzeiten können Sie den Gargrad der Rumpsteaks variieren. Bei einer Anbratzeit von etwa 8 Minuten sind die **Rumpsteaks „rare“** (innen noch blutig), bei einer Anbratzeit von 10 Minuten sind sie **„medium“** (rosa) und bei einer Anbratzeit von 12 Minuten **„well-done“** (durchgebraten).

Dorsch in der Kartoffelkruste auf Wirsing

Raffiniert – mit Alkohol

4 Portionen

Pro Portion: E: 36 g, F: 74 g, Kh: 28 g, kJ: 3937, kcal: 941, BE: 2,0

4 mittelgroße Kartoffeln
1 Ei (Größe M)
Salz
gem. Pfeffer
ger. Muskatnuss
4 Dorschfilets (je 100–120 g)
1–2 EL Weizenmehl
100–150 ml Speiseöl zum Ausbacken

Für die Senfmousseline:

125 g Schlagsahne (mind. 30 % Fett)
3 Eigelb (Größe M)
1 TL Obstessig
4 EL Edelzwicker (trockener Weißwein)
4 EL Fischfond oder -brühe
80 g kalte Butter
1 EL Pommery-Senf
1 TL scharfer Senf
Saft von ½ Zitrone

Für das Wirsinggemüse:

800 g Wirsing
1 Zwiebel
100 g durchwachsener Speck
30 g Schmalz
1 EL frische Majoranblättchen
125 ml Fleischbrühe
40 g kalte Butter

Zubereitungszeit: 45 Minuten

1. Kartoffeln schälen, abspülen, abtropfen lassen und fein reiben. Die geriebenen Kartoffeln gut ausdrücken und in eine Schüssel geben. Das Ei untermischen. Die Kartoffelmasse mit Salz, Pfeffer und Muskat würzen.

2. Dorschfilets kurz unter fließendem kalten Wasser abspülen, trocken tupfen, mit Salz und Pfeffer würzen.

3. Die Filets in Mehl wenden, überschüssiges Mehl etwas abklopfen. Die Dorschfilets rundherum dünn mit der Kartoffelmasse belegen und gut andrücken.

4. Speiseöl in einer großen Pfanne erhitzen. Die Dorschfilets darin schwimmend von beiden Seiten backen. Die obere Seite immer wieder mit einem Löffel Fett übergießen, bis die Kartoffelkruste goldgelb und kross gebacken ist.

5. Dann die Filets mit einem Pfannenwender herausnehmen und auf Küchenpapier abtropfen lassen. Die Dorschfilets in der Kartoffelkruste auf einer Platte warm stellen.

6. Für die Senfmousseline die Sahne steif schlagen. Eigelb, Obstessig, Wein und Fischfond oder -brühe in einer Edelstahlschüssel verrühren und im warmen Wasserbad aufschlagen.

7. Anschließend die kalte Butter in Stücken unterschlagen und die Sahne unterheben. Mit Senf, Salz, Pfeffer und Zitronensaft abschmecken.

8. Für das Wirsinggemüse von dem Wirsing die äußeren Blätter entfernen. Den Wirsing vierteln und den Strunk herausschneiden.

9. Den Wirsing in Streifen schneiden und in kochendem Wasser kurz blanchieren. Anschließend mit kaltem Wasser abschrecken und in einem Sieb abtropfen lassen.

10. Zwiebel abziehen, Speck und Zwiebel in Würfel schneiden. Schmalz in einem Topf zerlassen. Speck- und Zwiebelwürfel darin andünsten. Wirsingstreifen hinzugeben und zugedeckt etwa 20 Minuten dünsten.

11. Das Wirsinggemüse mit Salz, Pfeffer und Muskat abschmecken. Majoran und Fleischbrühe hinzugeben und den Fond mit der kalten Butter binden.

12. Den Dorsch auf dem Wirsinggemüse anrichten und die Senfmousseline dazureichen.

Eiersalat mit warmem Speck-Dressing | Einfach

4 Portionen

Pro Portion: E: 18 g, F: 21 g, Kh: 8 g, kJ: 1246, kcal: 298, BE: 0,5

100 g TK-Erbsen
250 g Porree (Lauch)
3 Stangen Staudensellerie
50 g Frühstücksspeck, in Scheiben (Bacon)
1 EL Sonnenblumenöl
3 EL Gemüsebrühe
3–4 EL Weißweinessig
1 TL milder Senf
Salz, gem. Pfeffer
1/4 TL Zucker oder 1 TL Apfeldicksaft
2 EL Distelöl
100 g junge Spinatblätter
6–8 hart gekochte Eier

Zubereitungszeit: 30 Minuten, ohne Auftauzeit

1. Erbsen nach Packungsanleitung auftauen lassen. Porree putzen, die Stangen längs halbieren, gründlich waschen und abtropfen lassen. Porree in dünne Streifen schneiden. Sellerie putzen, abspülen, abtropfen lassen und in dünne Scheiben schneiden.

2. Speckscheiben in einer Pfanne ohne Fett knusprig ausbraten, herausnehmen und auf Küchenpapier abtropfen lassen.

3. Sonnenblumenöl zum Speckfett in die Pfanne geben und erhitzen. Porreestreifen, Selleriescheiben und Erbsen darin unter Wenden etwa 2 Minuten dünsten. Das Gemüse aus der Pfanne nehmen. Brühe und Essig in die Pfanne geben und verrühren. Dressing mit Senf, Salz, Pfeffer und Zucker oder Apfeldicksaft würzen, Distelöl unterschlagen. Das Dressing warm halten.

4. Spinat verlesen und die dicken Stiele entfernen. Spinat gründlich waschen und abtropfen lassen. Eier pellen und in Scheiben schneiden. Spinat und Eier mit dem Gemüse auf Portionstellern anrichten. Speckscheiben grob zerbröseln und daraufgeben. Das Dressing dazureichen.

Tipp: Statt der Spinatblätter eignet sich auch Feldsalat.

Eintopf mit Steinpilzen und Grünkern | Raffiniert

4 Portionen

Pro Portion: E: 14 g, F: 21 g, Kh: 21 g, kJ: 1453, kcal: 348, BE: 1,5

10 g getrocknete Steinpilze
70 g Grünkern (erhältlich im Reformhaus)
1 l Gemüsebrühe
1 Lorbeerblatt
250 g Möhren
350 g Steckrübe
250 g Porree (Lauch)
300 g feines Kalbsbrät
½ Bund glatte Petersilie
Salz
gem. Pfeffer
ger. Muskatnuss

Zubereitungszeit: 40 Minuten
Garzeit: etwa 30 Minuten

1. Steinpilze in ein Sieb geben, mit kaltem Wasser abspülen und abtropfen lassen. Grünkern, Gemüsebrühe, Steinpilze und Lorbeerblatt in einem Topf zum Kochen bringen. Dabei evtl. den Schaum abschöpfen. Grünkern etwa 10 Minuten bei schwacher Hitze kochen lassen.

2. In der Zwischenzeit Möhren und Steckrübe putzen, schälen, abspülen, abtropfen lassen und in 2–3 cm lange Stifte schneiden. Porree putzen, die Stangen längs halbieren, gründlich waschen, abtropfen lassen und quer in Streifen schneiden. Möhren-, Steckrübenstifte und Porreestreifen zum Grünkern in den Topf geben und wieder zum Kochen bringen. Den Eintopf weitere etwa 10 Minuten garen.

3. Aus dem Kalbsbrät mit angefeuchteten Händen kleine Klöße formen und in den Eintopf geben. Den Eintopf zugedeckt in etwa 10 Minuten fertig garen.

4. In der Zwischenzeit Petersilie abspülen und trocken tupfen. Die Blättchen von den Stängeln zupfen. Blättchen in Streifen schneiden. Den Eintopf mit Salz, Pfeffer und Muskat würzen. Den Eintopf in Tellern verteilen und mit Petersilie bestreut servieren.

Tipp: 300 g feines Kalbsbrät entspricht 3 ungebrühten Kalbsbratwürsten.

Entenbrust mit rotem Zwiebelgemüse | Mit Alkohol

4 Portionen

Pro Portion: E: 30 g, F: 36 g, Kh: 32 g, kJ: 2629, kcal: 627, BE: 2,0

1 kg rote Zwiebeln
4 EL Rapsöl
2 Entenbrustfilets (je etwa 300 g)
Salz, gem. Pfeffer
2 EL Puderzucker
250 ml Rotwein
2 EL Johannisbeergelee
2 TL flüssiger Honig
15 g Butter
3–4 EL Orangenlikör
1 TL gerebelter Thymian

Zubereitungszeit: 50 Minuten
Garzeit: Entenbrust etwa 12 Minuten, Zwiebelgemüse etwa 20 Minuten

1. Die Zwiebeln abziehen und je nach Größe vierteln oder sechsteln. Rapsöl in einem Bräter erhitzen. Die Zwiebelstücke darin unter mehrmaligem Wenden etwa 10 Minuten anbraten.

2. In der Zwischenzeit Entenbrustfilets mit Küchenpapier abtupfen. Mit Salz und Pfeffer würzen.

3. Entenbrustfilets mit der Hautseite nach unten in eine erhitzte Pfanne ohne Fett legen und etwa 6 Minuten braten. Die Filets wenden und von der anderen Seite ebenfalls etwa 6 Minuten braten.

4. Die angebratenen Zwiebeln mit Puderzucker bestäuben, kurz karamellisieren lassen und mit Rotwein ablöschen. Johannisbeergelee hinzugeben und alles zum Kochen bringen. Die Zwiebeln etwa 20 Minuten bei schwacher Hitze kochen lassen.

5. Kurz vor Ende der Bratzeit die Haut der Entenbrustfilets mithilfe eines Backpinsels mit Honig bestreichen und die Butter hinzugeben. Die Entenbrustfilets mit Orangenlikör übergießen, aus dem Bratensatz nehmen und warm gestellt etwa 10 Minuten ruhen lassen.

6. Das Zwiebelgemüse mit Salz, Pfeffer und Thymian würzen. Die Entenbrustfilets in Scheiben schneiden und mit dem Zwiebelgemüse servieren.

Entenkeulen mit Preiselbeeren

Für Gäste

4 Portionen

Pro Portion: E: 55 g, F: 52 g, Kh: 11 g, kJ: 3091, kcal: 737, BE: 0,5

4 Entenkeulen (je etwa 320 g)
Salz, gem. Pfeffer
1 rote Chilischote
300 ml Hühnerbrühe
3 Gewürznelken
1 TL Zucker
200 g frische Preiselbeeren oder Cranberrys
1 Bund Frühlingszwiebeln
2 TL Speisestärke

Zubereitungszeit: 30 Minuten
Garzeit: etwa 2 Stunden

1. Den Backofen vorheizen.
Ober-/Unterhitze: etwa 180 °C
Heißluft: etwa 160 °C

2. Die Entenkeulen mit Küchenpapier abtupfen und etwas von dem Fett abschneiden. Mit Salz und Pfeffer würzen. Entenkeulen mit der Hautseite nach unten in einen Bräter legen. Den Bräter auf dem Rost in den vorgeheizten Backofen schieben. Die Entenkeulen **etwa 2 Stunden garen.**

3. Chilischote abspülen und trocken tupfen. Nach etwa 60 Minuten Garzeit die Entenkeulen wenden. Hühnerbrühe, Chilischote und Gewürznelken hinzugeben, mit Zucker würzen. Die Entenkeulen weiterbraten.

4. Preiselbeeren oder Cranberrys verlesen, abspülen und abtropfen lassen. Die Frühlingszwiebeln putzen, abspülen, abtropfen lassen und in etwa 3 cm große Stücke schneiden.

5. Speisestärke mit etwas kaltem Wasser anrühren. Die Sauce etwa 15 Minuten vor Ende der Garzeit der Entenkeulen damit binden. Frühlingszwiebelstücke und Preiselbeeren oder Cranberrys hinzugeben. Die Entenkeulen fertig garen.

Beilage: Kartoffelklöße, Spätzle oder Kartoffelbrei und Rot- oder Rosenkohl.

Tipp: Würzen Sie die Entenkeulen zusätzlich mit gerebeltem Thymian.

Erbsensuppe mit Schinkenklößchen | Für Kinder

4 Portionen

Pro Portion: E: 30 g, F: 11 g, Kh: 31 g, kJ: 1516, kcal: 362, BE: 2,5

Für die Erbsensuppe:

250 g Schweinerippchen
1 l Wasser
Salz
1 Bund Suppengrün (Sellerie, Möhren, Porree)
500 g frische Erbsen (gepalt)
gem. Pfeffer
gerebelter Thymian

Für die Schinkenklößchen:

200 g Schinkenspeck, im Stück
6 Zwiebäcke
2 Eier (Größe M)

Zubereitungszeit: 35 Minuten
Garzeit: etwa 50 Minuten

1. Für die Suppe Schweinerippchen mit Küchenpapier abtupfen und in einen Topf geben. Wasser hinzugießen und zugedeckt zum Kochen bringen. Salz hinzugeben und etwa 20 Minuten kochen lassen.

2. Suppengrün putzen, evtl. schälen, abspülen, abtropfen lassen und in feine Streifen schneiden. Erbsen kurz abspülen und abtropfen lassen.

3. Gemüsestreifen mit den Erbsen nach etwa 20 Minuten Garzeit zu den Rippchen in den Topf geben und wieder zum Kochen bringen. Die Erbsensuppe weitere etwa 20 Minuten kochen lassen. Die Suppe mit Salz, Pfeffer und Thymian würzen.

4. Für die Klößchen Schinkenspeck in sehr kleine Würfel schneiden. Zwiebäcke in einen Gefrierbeutel geben, den Beutel fest verschließen. Die Zwiebäcke mit einer Teigrolle fein zerbröseln und in eine Rührschüssel geben. Die Speckwürfel und Eier hinzugeben und alles gut vermengen. Aus der Masse mit angefeuchteten Händen Klößchen formen. Nach insgesamt 40 Minuten Garzeit der Suppe die Klößchen in die Suppe geben und etwa 10 Minuten ziehen lassen.

Erdäpfelgulasch (Kartoffelgulasch) I

Preiswert – einfach

4 Portionen

Pro Portion: E: 16 g, F: 39 g, Kh: 29 g, kJ: 2251, kcal: 538, BE: 2,0

750 g	kleine, vorwiegend festkochende Kartoffeln (Erdäpfel)
2	mittelgroße Möhren
3	Zwiebeln
1 EL	Olivenöl
1	Knoblauchzehe
1 TL	Paprikapulver edelsüß
evtl.	
½ gestr. TL	Paprikapulver rosenscharf
300 ml	Fleischbrühe
	Salz, gem. Pfeffer
200 g	Schlagsahne
200 g	ungebrühte, feine Bratwurst (1–2 Stück)
100 g	Salami
½ Topf	Majoran oder
	1 TL gerebelter Majoran

Zubereitungszeit: 45 Minuten
Garzeit: etwa 25 Minuten

1. Kartoffeln schälen, abspülen, abtropfen lassen und vierteln. Neue Kartoffeln nach Belieben nur gründlich waschen oder abbürsten. Möhren putzen, schälen, abspülen, abtropfen lassen und in Würfel schneiden. Zwiebeln abziehen und klein würfeln.

2. Olivenöl in einem Topf erhitzen. Die Zwiebelwürfel darin andünsten. Knoblauch abziehen und durch eine Knoblauchpresse direkt in das heiße Olivenöl drücken. Mit Paprika bestäuben und unterrühren. Brühe hinzugießen und aufkochen lassen.

3. Kartoffelspalten und Möhrenwürfel hinzugeben. Mit Salz und Pfeffer würzen. Die Zutaten wieder zum Kochen bringen und zugedeckt etwa 15 Minuten bei schwacher Hitze garen, dabei gelegentlich umrühren. Evtl. schon etwas von der Sahne hinzufügen.

4. Bratwurstbrät in kleinen Bällchen jeweils aus der Hülle drücken. Salami in Würfel schneiden. Bratwurstbällchen und Salamiwürfel zum Gulasch in den Topf geben und weitere etwa 10 Minuten bei schwacher Hitze gar ziehen lassen.

5. Majoran abspülen und trocken tupfen. Die Blättchen von den Stängeln zupfen. Majoran mit der restlichen Sahne zum Gulasch geben, unterrühren und evtl. nochmals kurz erhitzen.

Fasan auf dem Kohlbett

Etwas teurer

6 Portionen

Pro Portion: E: 59 g, F: 27 g, Kh: 27 g, kJ: 2516, kcal: 602, BE: 2,0

2 küchenfertige Fasane (je etwa ¾–1 kg)
1 Bund Thymian
Salz
gem. Pfeffer
50 g Frühstücksspeck, in Scheiben (Bacon)
evtl. etwas Geflügelbrühe

1 kg Weißkohl
250 g Zwiebeln
1–2 Lorbeerblätter
2 Gewürznelken
250 g Möhren
2 EL Olivenöl
75 g Frühstücksspeck, in Scheiben (Bacon)
125 ml Geflügelbrühe

750 g kleine, festkochende Kartoffeln
1 gestr. TL Salz
2 EL Olivenöl

Zubereitungszeit: 75 Minuten

1. Den Backofen vorheizen.
Ober-/Unterhitze: etwa 220 °C
Heißluft: etwa 200 °C

2. Fasane innen und außen mit Küchenpapier abtupfen. 1 Fasan in Stücke teilen. Thymian abspülen und abtropfen lassen.

3. Den zweiten Fasan innen und außen mit Salz und Pfeffer würzen, mit einem Drittel der Thymianstängel füllen und mit Frühstücksspeck belegen.

4. Den Fasan in einen mit Wasser ausgespülten Bräter legen und auf dem Rost in den vorgeheizten Backofen (unteres Drittel) schieben. Den Fasan **etwa 60 Minuten braten,** evtl. etwas Geflügelbrühe hinzugießen.

5. In der Zwischenzeit von dem Weißkohl die äußeren Blätter entfernen. Den Kohl achteln und den Strunk herausschneiden. Kohlstücke in feine Streifen schneiden, abspülen und abtropfen lassen.

6. Zwiebeln abziehen. 1 Zwiebel mit Lorbeerblättern und Gewürznelken spicken. Restliche Zwiebeln fein würfeln.

7. Die Möhren putzen (nach Belieben etwas Möhrengrün stehen lassen), schälen, abspülen und abtropfen lassen.

8. Olivenöl in einem Bräter erhitzen. Die Zwiebelwürfel darin glasig andünsten. Den Speck in Streifen schneiden, mit den Fasanenteilen hinzugeben und anbraten.

9. Weißkohlstreifen und Möhren hinzufügen. Die gespickte Zwiebel, Brühe und etwa die Hälfte der restlichen Thymianstängel hinzugeben.

10. Das Kohlgemüse mit den Fasanenstücken etwa 30 Minuten schmoren.

11. In der Zwischenzeit Kartoffeln unter fließendem kalten Wasser abbürsten und in einem Topf knapp mit Wasser bedeckt, zugedeckt zum Kochen bringen. Dann Salz hinzugeben. Die Kartoffeln etwa 20 Minuten garen.

12. Die gegarten Kartoffeln abgießen, mit kaltem Wasser abschrecken und pellen.

13. Das Olivenöl in einer Pfanne erhitzen. Die Kartoffeln darin anbraten, mit Salz und Pfeffer würzen.

14. Das Kohlgemüse mit den Fasanenstücken mit den Gewürzen abschmecken. Die Thymianstängel und die gespickte Zwiebel herausnehmen.

15. Kohlgemüse mit Fasanenstücken und Kartoffeln auf einer großen Platte anrichten. Den ganzen Fasan darauflegen und mit dem restlichen Thymian garniert servieren.

Fassbohneneintopf | Klassisch – würzig

4 Portionen

Pro Portion: E: 32 g, F: 16 g, Kh: 30 g, kJ: 1676, kcal: 401, BE: 2,5

500 g Kasselernacken (ohne Knochen)
30 g Pflanzenfett
1 Zwiebel
500 ml Wasser
750 g Kartoffeln
500 g Fassbohnen (saure bzw. Salzbohnen)
Salz, gem. Pfeffer

Zubereitungszeit: 35 Minuten
Garzeit: etwa 55 Minuten

1. Kasseler mit Küchenpapier abtupfen und in Würfel schneiden. Pflanzenfett in einem Topf erhitzen. Die Fleischwürfel darin von allen Seiten leicht bräunen.

2. Zwiebel abziehen, in Würfel schneiden und zu den Fleischwürfeln geben, 250 ml Wasser hinzugießen und zum Kochen bringen.

3. Die Fleischwürfel zugedeckt etwa 10 Minuten garen, dabei ab und zu umrühren.

4. Kartoffeln schälen, abspülen, abtropfen lassen und in Würfel schneiden. Fassbohnen abspülen, evtl. kurze Zeit wässern und abtropfen lassen.

5. Kartoffelwürfel und Fassbohnen zu den Fleischwürfeln in den Topf geben. Restliches Wasser hinzugießen und zum Kochen bringen.

6. Den Eintopf zugedeckt etwa 45 Minuten garen. Eintopf mit Salz und Pfeffer abschmecken.

Tipp: Fassbohnen, auch Fitzebohnen genannt, sind grüne Bohnen, die wie Sauerkraut oder Salzgurken durch Milchsäuregärung konserviert werden.

Feldsalat mit Grapefruit | Für Gäste

4 Portionen

Pro Portion: E: 8 g, F: 21 g, Kh: 12 g, kJ: 1180, kcal: 282, BE: 1,0

2 EL gestiftelte Mandeln
1 rosa Grapefruit

Für das Rosmarin-Honig-Dressing:
1 Stängel Rosmarin
1 Schalotte
2 EL Weißweinessig
1 TL flüssiger Honig
5 EL Distelöl
Salz, gem. Pfeffer

1 gelbe Paprikaschote
150 g Feldsalat
1 kleiner Kopf Lollo rosso
50 g Parmesan, im Stück

Zubereitungszeit: 30 Minuten

1. Mandeln in einer Pfanne ohne Fett unter Rühren hellbraun rösten, herausnehmen und auf einem Teller erkalten lassen.

2. Grapefruit so schälen, dass die weiße Haut mitentfernt wird. Grapefruit mit einem scharfen Messer filetieren, dabei den Saft für das Dressing auffangen.

3. Für das Dressing Rosmarin abspülen und trocken tupfen, die Nadeln von dem Stängel zupfen. Nadeln klein schneiden. Schalotte abziehen und sehr klein würfeln. Aufgefangenen Grapefruitsaft mit Essig und Honig verrühren, Rosmarin und Schalottenwürfel unterrühren. Distelöl unterschlagen. Das Dressing mit Salz und Pfeffer würzen.

4. Paprikaschote halbieren, entstielen, entkernen und die weißen Scheidewände entfernen. Schote abspülen, abtropfen lassen und in feine Streifen schneiden.

5. Den Feldsalat verlesen und die Wurzelansätze abschneiden. Feldsalat gründlich waschen und trocken tupfen oder trocken schleudern. Lollo rosso putzen, abspülen, trocken tupfen oder trocken schleudern. Salatblätter in mundgerechte Stücke zupfen.

6. Parmesan mit einem Sparschäler oder einem Käsehobel in feine Späne hobeln. Die vorbereiteten Salate mit Grapefruitfilets und Paprikastreifen in einer Schüssel mischen. Dressing unterheben. Den Salat anrichten, mit Mandeln und gehobeltem Parmesan bestreut servieren.

Feldsalat mit Preiselbeersauce I

Raffiniert

4 Portionen

Pro Portion: E: 10 g, F: 14 g, Kh: 19 g, kJ: 1043, kcal: 249, BE: 1,5

150 g Feldsalat
2 Äpfel, z. B. Elstar
2 EL Zitronensaft
200 g Kasseler-Aufschnitt

Für die Sauce:

3 EL Preiselbeeren (aus dem Glas)
2 EL Himbeeressig
Salz, gem. Pfeffer
2 EL Nussöl
2 EL Rapsöl

Zubereitungszeit: 25 Minuten

1. Den Feldsalat putzen und die Wurzelansätze abschneiden. Salat gründlich waschen, trocken tupfen oder trocken schleudern. Äpfel abspülen, abtrocknen, vierteln und entkernen.

2. Die Apfelviertel mit der Schale der Länge nach in dünne Spalten schneiden und sofort mit Zitronensaft beträufeln. Anschließend Kasseler-Aufschnitt in feine Streifen schneiden.

3. Für die Sauce Preiselbeeren mit Himbeeressig, Salz und Pfeffer verrühren. Nuss- und Rapsöl unterschlagen.

4. Feldsalat, Apfelspalten und Kasselerstreifen auf Tellern anrichten und mit der Sauce beträufeln.

Feldsalat mit Wildschweinschinken | Mit Alkohol

8 Portionen

Pro Portion: E: 7 g, F: 9 g, Kh: 9 g, kJ: 702, kcal: 167, BE: 1,0

500 g Feldsalat

Für die Wacholder-Zwetschen-Vinaigrette:

2 EL Zucker
5 Wacholderbeeren
etwas Gin
200 ml Rotwein
100 ml Geflügelbrühe
12 Zwetschen
3 EL Rotweinessig
6 EL Traubenkernöl
Salz, gem. Pfeffer

250 g hauchdünn geschnittener Wildschweinschinken

Zubereitungszeit: 25 Minuten

1. Feldsalat verlesen und die Wurzelansätze abschneiden. Feldsalat gründlich waschen und gut trocken tupfen oder trocken schleudern.

2. Für die Vinaigrette Zucker in einer Pfanne ohne Fett hellbraun karamellisieren. Wacholderbeeren zerstoßen, zum Karamell geben und kurz mit anrösten, Gin unterrühren. Rotwein und Brühe hinzugießen, zum Kochen bringen und um die Hälfte einkochen lassen.

3. Die Zwetschen abspülen, abtrocknen, halbieren, entsteinen, in kleine Würfel schneiden und unter die Vinaigrette rühren. Nochmals kurz aufkochen lassen und in eine Schüssel geben. Essig unterrühren. Nach und nach langsam das Traubenkernöl unterrühren. Mit Salz und Pfeffer abschmecken. Vinaigrette etwas abkühlen lassen.

4. Feldsalat in eine Schüssel geben, mit der Vinaigrette vermengen und auf einem großen Teller anrichten. Die Schinkenscheiben dachziegelartig um den Salat legen und sofort servieren.

Beilage: Frisches Vollkornbrot.

Fischgulasch Szegediner Art

Würzig

8–10 Portionen

Pro Portion: E: 23 g, F: 8 g, Kh: 6 g, kJ: 836, kcal: 200, BE: 0,5

4 Zwiebeln
40–60 g durchwachsener Speck
4–6 EL Speiseöl
600 g Sauerkraut
140 g Tomatenmark
1 l heiße Gemüsebrühe
Salz, gem. Pfeffer
2 EL Zucker
1 kg Fischfilets, z. B. Kabeljau
4 EL Zitronensaft

Zubereitungszeit: 40 Minuten
Garzeit: etwa 30 Minuten

1. Zwiebeln abziehen und in kleine Würfel schneiden. Speck fein würfeln. Speiseöl in einem Topf erhitzen. Zwiebel- und Speckwürfel darin andünsten.

2. Sauerkraut mit einer Gabel locker zupfen, zu den Zwiebel- und Speckwürfeln geben und mit andünsten. Tomatenmark unterrühren.

3. Brühe hinzugießen und zum Kochen bringen. Mit Salz, Pfeffer und Zucker würzen. Das Sauerkraut zugedeckt 20–25 Minuten garen.

4. Fischfilets kurz unter fließendem kalten Wasser abspülen, trocken tupfen, mit Zitronensaft beträufeln, mit Salz und Pfeffer würzen. Die Fischfilets in Würfel schneiden, auf dem Sauerkraut verteilen und zugedeckt in 5–8 Minuten gar ziehen lassen. Fischgulasch nochmals mit den Gewürzen abschmecken.

Beilage: Salzkartoffeln.

Fischröllchen auf Porree-Risotto

Für Gäste – mit Alkohol

4 Portionen

Pro Portion: E: 43 g, F: 34 g, Kh: 58 g, kJ: 3156, kcal: 753, BE: 4,5

250 g 8-Minuten-Reis (2 Beutel)
400 ml heiße Gemüsebrühe
200 ml Weißwein
3–4 dünne Stangen Porree (Lauch)
50 g Butter
25 g Weizenmehl
250 g Schlagsahne
1 TL mittelscharfer Senf
Salz
gem. Pfeffer
Zucker
700 g Zanderfilets (etwa 4 Filets)
4 Tomaten

Zubereitungszeit: 30 Minuten
Garzeit: etwa 35 Minuten

1. Reis aus dem Beutel in eine flache Auflaufform geben. Gemüsebrühe und die Hälfte des Weins hinzugießen. Porree putzen, die Stangen längs halbieren, gründlich waschen, abtropfen lassen, in Streifen schneiden und auf der Reismischung verteilen.

2. Den Backofen vorheizen.
Ober-/Unterhitze: etwa 200 °C
Heißluft: etwa 180 °C

3. Butter in einem kleinen Topf zerlassen. Mehl darin unter Rühren so lange erhitzen, bis es hellgelb ist. Sahne und restlichen Wein hinzugießen und mit einem Schneebesen durchschlagen. Dabei darauf achten, dass keine Klümpchen entstehen. Die Sauce aufkochen lassen, mit Senf, Salz, Pfeffer und 1 Prise Zucker würzen.

4. Die Sauce (4 Esslöffel abnehmen und beiseitestellen) auf dem Porree in der Auflaufform verteilen. Die Form zugedeckt auf dem Rost in den vorgeheizten Backofen schieben. Porree-Reis **etwa 25 Minuten garen.**

5. In der Zwischenzeit die Zanderfilets kurz unter fließendem kalten Wasser abspülen, trocken tupfen und längs halbieren, mit Salz und Pfeffer würzen und aufrollen.

6. Tomaten kreuzweise einschneiden und mit kochendem Wasser übergießen. Nach 1–2 Minuten herausnehmen und mit kaltem Wasser abschrecken. Tomaten häuten, halbieren und die Stängelansätze herausschneiden. Tomaten würfeln, mit Salz und Pfeffer würzen.

7. Die Form nach etwa 25 Minuten Garzeit aus dem Backofen nehmen. 8 kleine Vertiefungen in den Porree-Reis drücken und die Fischröllchen hineinsetzen. Die beiseitegestellte Sauce auf den Fischröllchen verteilen. Die Tomatenwürfel in die Zwischenräume streuen.

8. Die Form wieder auf dem Rost in den heißen Backofen schieben. Die Fischröllchen auf Porree-Risotto **bei gleicher Backofentemperatur in weiteren etwa 10 Minuten fertig garen.**

Fleckerln mit Weißkraut

Einfach – macht richtig satt

4 Portionen

Pro Portion: E: 30 g, F: 38 g, Kh: 106 g, kJ: 3739, kcal: 894, BE: 9,0

1 kleiner Kopf Weißkohl (etwa 600 g)
2 leicht geh. EL Butter
Salz, gem. weißer Pfeffer
ger. Muskatnuss
5–6 EL Wasser
350 g Fleischwurst, im Stück
5 l Wasser
5 gestr. TL Salz
500 g Vollkorn-Bandnudeln

Zubereitungszeit: 40 Minuten

1. Weißkohl putzen, vierteln und den Strunk herausschneiden. Weißkohl abspülen, gut abtropfen lassen und in breite Streifen schneiden.

2. Einen Esslöffel von der Butter in einem Topf zerlassen. Weißkohlstreifen darin unter Rühren andünsten. Mit Salz, Pfeffer und Muskat würzen. Wasser hinzugeben, zum Kochen bringen. Weißkohlstreifen zugedeckt bei mittlerer Hitze etwa 25 Minuten dünsten.

3. In der Zwischenzeit Fleischwurst in Scheiben schneiden und in einer Pfanne ohne Fett von beiden Seiten leicht anbraten.

4. Das Wasser in einem großen Topf zugedeckt zum Kochen bringen. Dann Salz und Nudeln hinzugeben. Die Nudeln im geöffneten Topf bei mittlerer Hitze nach Packungsanleitung bissfest kochen, dabei gelegentlich umrühren. Die Nudeln in ein Sieb geben, mit heißem Wasser abspülen und abtropfen lassen.

5. Restliche Butter in einer großen Pfanne zerlassen. Die Bandnudeln mit den Weißkohlstreifen und Fleischwurstscheiben darin schwenken, evtl. nochmals mit den Gewürzen abschmecken und sofort servieren.

Tipp: Die Fleckerl mit angebratenen roten Zwiebelringen und etwas glatter Petersilie garnieren.

Försterpfanne | Beliebt – deftig

4 Portionen

Pro Portion: E: 15 g, F: 28 g, Kh: 39 g, kJ: 1967, kcal: 471, BE: 3,0

750 g gekochte Salzkartoffeln
100 g fetter Speck
1 Zwiebel
250 g TK-Champignonscheiben
Salz
gem. Pfeffer
4 Eier (Größe M)
5 EL Milch
ger. Muskatnuss
2 EL TK-Gemischte Kräuter
evtl. etwas Butter
je 1 EL Schnittlauchröllchen und klein geschnittene Petersilie

Zubereitungszeit: 25 Minuten

1. Kartoffeln in Scheiben und Speck in Würfel schneiden. Speckwürfel in einer großen Pfanne ohne Fett knusprig ausbraten.

2. Zwiebel abziehen, zuerst in Scheiben schneiden, dann in Ringe teilen. Die Zwiebelringe zu den Speckwürfeln in die Pfanne geben und glasig dünsten. Die Kartoffel- und gefrorenen Champignonscheiben hinzufügen, unter Wenden braun braten, mit Salz und Pfeffer würzen.

3. Eier mit Milch verschlagen, mit Salz und Muskat würzen. Kräuter unterrühren. Die Eiermilch auf der Kartoffel-Champignon-Masse verteilen und bei mittlerer Hitze stocken lassen. Evtl. etwas Butter in die Pfanne geben (die Eiermasse darf nicht trocken werden). Die Försterpfanne ist fertig, wenn die untere Seite leicht gebräunt ist.

4. Die Försterpfanne mit Schnittlauchröllchen und Petersilie bestreuen und in der Pfanne servieren.

Fränkischer Krautauflauf

Würzig – für jeden Tag

4 Portionen

Pro Portion: E: 32 g, F: 52 g, Kh: 10 g, kJ: 2664, kcal: 637, BE: 0,5

	Salz (auf 1 l Wasser 1 TL Salz)
1 mittelgroßer Kopf	*Weißkohl (etwa 1 kg)*
1	*Zwiebel*
80 g	*Schweineschmalz*
1	*Lorbeerblatt*
1	*Gewürznelke*
500 g	*Gehacktes (halb Rind-, halb Schweinefleisch)*
	gem. Pfeffer
	gem. Kümmelsamen
100 g	*durchwachsener Speck, in Streifen*
einige	*Petersilienblättchen*
2 EL	*saure Sahne*

Zubereitungszeit: 40 Minuten
Garzeit: 35–40 Minuten

1. In einem großen Topf reichlich Wasser zum Kochen bringen, Salz hinzufügen.

2. In der Zwischenzeit von dem Weißkohl die äußeren Blätter entfernen. Den Weißkohl abspülen, abtropfen lassen und den Strunk keilförmig herausschneiden. Den Weißkohl so lange in das kochende Wasser legen, bis sich die äußeren Blätter lösen. Diesen Vorgang so lange wiederholen, bis sich 6–8 Blätter lösen lassen und etwas weich sind. Die Kohlblätter abtropfen lassen und mit Küchenpapier trocken tupfen. Die dicken Blattrippen flach schneiden. Restlichen Kohl in Streifen schneiden.

3. Den Backofen vorheizen.
Ober-/Unterhitze: etwa 200 °C
Heißluft: etwa 180 °C

4. Die Zwiebel abziehen und in kleine Würfel schneiden. Schmalz in einem Topf zerlassen. Kohlstreifen, Zwiebelwürfel, Lorbeerblatt und Gewürznelke hinzugeben. Mit Salz würzen. Kohlstreifen in etwa 10 Minuten unter gelegentlichem Rühren gar dünsten.

5. Eine Auflaufform (gefettet) mit 3–4 Kohlblättern auslegen. Die gedünsteten Kohlstreifen (Lorbeerblatt und Gewürznelke entfernen) mit dem Gehackten gut vermengen. Mit Salz, Pfeffer und etwas Kümmel würzen. Die Kohl-Gehacktes-Masse auf den Kohlblättern verteilen. Die restlichen Kohlblätter darauflegen und mit Speckstreifen belegen. Die Form auf dem Rost in den vorgeheizten Backofen schieben. Den Auflauf **35–40 Minuten garen.**

6. Petersilienblättchen abspülen und trocken tupfen. Den Auflauf sofort nach dem Garen mit saurer Sahne bestreichen. Den Auflauf in Scheiben schneiden und mit Petersilienblättchen garniert servieren.

Fruchtiger Kartoffelsalat I

Vegetarisch

6 Portionen

Pro Portion: E: 5 g, F: 14 g, Kh: 32 g, kJ: 1172, kcal: 280, BE: 2,5

1 kg	*festkochende Kartoffeln*
je ½	*rote und gelbe Paprikaschote*
1 mittelgroße	*Zwiebel*
1 mittelgroßer	*Apfel mit roter Schale*
1	*hart gekochtes Ei*
250 g	*Joghurt-Salatcreme*
	Salz
	gem. Pfeffer

Zubereitungszeit: 40 Minuten, ohne Abkühl- und Durchziehzeit

1. Kartoffeln gründlich waschen, abtropfen lassen, in einem Topf knapp mit Wasser bedeckt, zugedeckt zum Kochen bringen und 20–25 Minuten garen. Kartoffeln abgießen, abdämpfen und etwas abkühlen lassen. Die warmen Kartoffeln pellen, erkalten lassen und in Scheiben schneiden.

2. Paprikaschotenhälften entstielen, entkernen und die weißen Scheidewände entfernen. Schotenhälften abspülen, abtropfen lassen und in dünne Streifen schneiden. Zwiebel abziehen und sehr klein würfeln. Apfel abspülen, abtrocknen, vierteln und entkernen. Apfelviertel mit der Schale in schmale Spalten schneiden. Ei pellen und in kleine Stücke schneiden.

3. Die vorbereiteten Salatzutaten in einer Schüssel mischen. Joghurt-Salatcreme unterheben. Den Kartoffelsalat mit Salz und Pfeffer abschmecken. Den Kartoffelsalat abgedeckt im Kühlschrank einige Stunden oder über Nacht durchziehen lassen.

Gans mit Rotkohl

Klassisch – mit Alkohol

6 Portionen

Pro Portion: E: 50 g, F: 97 g, Kh: 45 g, kJ: 5315, kcal: 1268, BE: 3,5

1 küchenfertige Gans (etwa 3 kg)
Salz
gem. Pfeffer
gerebelter Majoran
heißes Wasser

Für die Füllung:

4 Zwiebeln
1 EL Butterschmalz oder Margarine
400 g säuerliche Äpfel
100 g Rosinen

Für den Rotkohl:

1 kg Rotkohl
375 g saure Äpfel, z. B. Cox Orange oder Boskop
2 Zwiebeln
50 g Schweineschmalz oder 5 EL Speiseöl
1 Lorbeerblatt
3 Gewürznelken
3 Wacholderbeeren
5 Pimentkörner
Zucker
2 EL Rotweinessig
3 EL Johannisbeergelee
125 ml Wasser

2 EL Weizenmehl
4 EL kaltes Wasser
1 Prise Zucker
etwas Weißwein

Zusätzlich:

Küchengarn oder Holzstäbchen

Zubereitungszeit: 40 Minuten
Garzeit: etwa 3 Stunden

1. Den Backofen vorheizen.
Ober-/Unterhitze: etwa 200 °C
Heißluft: etwa 180 °C

2. Gans innen und außen mit Küchenpapier abtupfen. Das Fett aus dem Bauchraum entfernen. Gans innen und außen mit Salz, Pfeffer und Majoran würzen.

3. Für die Füllung Zwiebeln abziehen und achteln. Schmalz oder Margarine zerlassen. Zwiebeln darin andünsten. Äpfel schälen, vierteln, entkernen, achteln. Rosinen mit den Zwiebel- und Apfelstücken vermengen. Die Füllung in die Gans geben und die Öffnung mit Küchengarn zunähen oder mit Holzstäbchen verschließen. Die Gans mit der Brust nach unten in eine Fettpfanne (mit Wasser ausgespült) geben und in den vorgeheizten Backofen schieben. Die Gans **etwa 3 Stunden garen.**

4. Während des Bratens ab und zu unterhalb der Flügel und Keulen einstechen, damit das Fett ausbraten kann. Das Fett gelegentlich abschöpfen. Sobald der Bratensatz bräunt, etwas heißes Wasser hinzugießen. Verdampfte Flüssigkeit nach und nach durch heißes Wasser ersetzen. Die Gans ab und zu mit dem Bratensatz begießen. Nach der Hälfte der Garzeit die Gans wenden.

5. Rotkohl putzen, vierteln, abspülen und abtropfen lassen, Strunk herausschneiden. Kohlviertel sehr fein schneiden oder hobeln. Äpfel schälen, vierteln, entkernen, klein schneiden. Zwiebeln abziehen und würfeln.

6. Schmalz oder Speiseöl in einem Topf erhitzen. Die Zwiebelwürfel darin andünsten. Rotkohlstreifen und Apfelstücke hinzugeben und mit andünsten. Lorbeerblatt, Gewürznelken, Wacholderbeeren, Pimentkörner, Salz, Pfeffer, Zucker, Essig, Gelee und 125 ml Wasser hinzufügen. Den Rotkohl zum Kochen bringen und zugedeckt 45–60 Minuten bei schwacher Hitze garen, dabei gelegentlich umrühren. Den Rotkohl mit Salz, Pfeffer, Zucker und Essig abschmecken.

7. Etwa 10 Minuten vor Ende der Bratzeit die Gans mit Salzwasser bestreichen und die Temperatur um etwa 20 °C erhöhen, damit die Haut kross wird. Anschließend die Gans in Portionsstücke teilen (tranchie-

ren), Küchengarn oder Holzstäbchen entfernen. Die Gans mit der Füllung zugedeckt warm stellen.

8. Für die Sauce den Bratensatz mit Wasser loskochen und durch ein Sieb in einen Topf geben (Fett abschöpfen). Sauce evtl. mit etwas Wasser auffüllen und zum Kochen bringen. Das Mehl mit Wasser anrühren, in die Sauce rühren, zum Kochen bringen und etwa 2 Minuten unter Rühren kochen lassen. Die Sauce mit Salz, Pfeffer, Majoran, Zucker und Wein abschmecken. Die Gans mit der Sauce servieren.

Beilage: Gedünstete Apfelscheiben und Kartoffelklöße.

Gänsebraten mit Maronen-Lebkuchen-Füllung

Für Gäste

6–8 Portionen

Pro Portion: E: 86 g, F: 87 g, Kh: 51 g, kJ: 5557, kcal: 1327, BE: 4,0

1 küchenfertige Gans (etwa 4,2 kg)

250 g Zwiebeln
4 Brötchen (Semmeln) vom Vortag (etwa 250 g)
80 g Lebkuchen ohne Schokolade oder Saucenlebkuchen
100 g getrocknete Aprikosen
1 Apfel
1 Bund Schnittlauch
250 g evtl. abgetropfte, gegarte Maronen (aus der Dose)
50 g Butter
125 ml Milch (3,5 % Fett)
2 Eier (Größe M)
Salz
gem. Pfeffer
1 EL Tomatenmark
2 TL gerebelter Beifuß
800 ml Geflügelfond

1 EL Weizenmehl
1 EL Speisestärke

Zusätzlich:

Holzstäbchen
Küchengarn

Zubereitungszeit: 50 Minuten, ohne Abkühlzeit
Garzeit: etwa 5 1/2 Stunden

1. Die Gans innen und außen mit Küchenpapier abtupfen und das Fett aus dem Bauchraum entfernen.

2. Zwiebeln abziehen und in kleine Würfel schneiden. Brötchen und Lebkuchen halbieren, in dünne Scheiben schneiden und in eine Schüssel geben. Aprikosen vierteln. Apfel schälen, vierteln, entkernen und klein würfeln. Schnittlauch abspülen, trocken tupfen und in feine Röllchen schneiden. Maronen in kleine Stücke schneiden.

3. Butter in einem Topf zerlassen. Etwa 80 g der Zwiebelwürfel darin andünsten. Die Apfelwürfel und Aprikosenviertel unterrühren, Milch hinzugießen. Die Zutaten unter Rühren aufkochen lassen. Den Topf von der Kochstelle nehmen. Die Masse etwa 5 Minuten abkühlen lassen.

4. Backofen bei Ober-/Unterhitze auf etwa 200 °C vorheizen. Eier, Maronenstücke und Schnittlauchröllchen unter die Fruchtmasse rühren, mit Salz und Pfeffer würzen. Die Masse zu den Lebkuchen-Brötchen-Scheiben in die Schüssel geben und alles gut vermengen. Die Gans mit der Maronen-Lebkuchen-Masse füllen. Die Öffnung mit Holzstäbchen und Küchengarn verschließen, mit Salz und Pfeffer würzen. Die Gans mit der Brust nach unten in einen großen Bräter legen, restliche Zwiebelwürfel hinzugeben.

5. Den Bräter auf dem Rost in den vorgeheizten Backofen (untere Schiene) schieben. Die Gans **etwa 30 Minuten anbraten,** dabei einmal wenden.

6. Tomatenmark unter den Bratensatz rühren, Beifuß hinzugeben und Geflügelfond hinzugießen. Den Backofen bei Ober-/Unterhitze auf 95 °C herunterschalten. Die Gans **etwa 5 Stunden garen.**

7. Die gegarte Gans aus dem Bräter nehmen und warm stellen.

8. Die Sauce entfetten, evtl. durch ein Sieb in einen Topf gießen und zum Kochen bringen. Mehl und Speisestärke mit etwas kaltem Wasser anrühren, in die Sauce rühren, unter Rühren zum Kochen bringen und etwa 5 Minuten bei schwacher Hitze kochen.

9. Die Gans tranchieren (dabei Holzstäbchen und Küchengarn entfernen), mit der Sauce und der Füllung auf einer vorgewarmten Platte anrichten und servieren.

Tipp: Servieren Sie in Butter gedünstete Apfelspalten, garniert mit Lorbeerblättern, dazu.

Gänseschenkel in Schmorkraut

Für Gäste

4 Portionen

Pro Portion: E: 29 g, F: 33 g, Kh: 10 g, kJ: 1947, kcal: 466, BE: 1,0

2 Gänseschenkel (je etwa 450 g)
Salz
gem. Pfeffer
1 kg Weißkohl
2 mittelgroße Zwiebeln
Zucker
Weißweinessig
Kümmelsamen
125 ml Wasser

Zubereitungszeit: 40 Minuten
Garzeit: etwa 1 ½ Stunden

1. Die Gänseschenkel mit Küchenpapier abtupfen, mit Salz und Pfeffer einreiben. Die Gänseschenkel in einen mit Wasser ausgespülten Bräter legen und von beiden Seiten anbraten. Gänseschenkel herausnehmen und den Bräter beiseitestellen.

2. Von dem Weißkohl die äußeren Blätter entfernen. Den Kohl vierteln und den Strunk herausschneiden. Kohlviertel abspülen, abtropfen lassen und in feine Streifen schneiden. Die Zwiebeln abziehen und klein würfeln.

3. Die Zwiebelwürfel mit den Kohlstreifen in den beiseitegestellten Bräter geben und in dem verbliebenen Bratfett unter Wenden gut dünsten lassen. Mit Salz, Zucker, Essig und Kümmelsamen würzen.

4. Die angebratenen Gänseschenkel auf den Kohl legen und das Wasser hinzugießen. Die Gänseschenkel in Schmorkraut in etwa 1 ½ Stunden gar schmoren lassen.

5. Den Backofengrill vorheizen.

6. Die gegarten Gänseschenkel aus dem Bräter nehmen und auf ein Backblech legen. Das Backblech unter den vorgeheizten Backofengrill schieben. Die Gänseschenkel von beiden Seiten 1–2 Minuten hellbraun grillen.

7. Das Schmorkraut mit Salz, Zucker und Essig abschmecken, mit den Gänseschenkeln auf einer vorgewärmten Platte anrichten und servieren.

Gebratene Steckrüben mit Mie-Nudeln I

Ein Hauch Asia-Feeling

4 Portionen

Pro Portion: E: 13 g, F: 17 g, Kh: 62 g, kJ: 2025, kcal: 485, BE: 5,0

1 kg Steckrübe
2 Knoblauchzehen
30 g frischer Ingwer
3 Stangen Porree (Lauch)
4 EL Erdnussöl
3 EL geschälte Sesamsamen
150 ml Reiswein oder Gemüsebrühe
120 g Tomatenketchup
2 EL helle Sojasauce
1 TL Sambal Manis (süßlich-scharfe indonesische Chilipaste)
Salz
200 g Mie-Nudeln (asiatische Instant-Nudeln)

Zubereitungszeit: 40 Minuten

1. Die Steckrübe putzen, schälen, abspülen, abtropfen lassen und in etwa 1 cm große Würfel schneiden. Den Knoblauch abziehen. Ingwer schälen. Knoblauch und Ingwer in kleine Würfel schneiden.

2. Porree putzen, die Stangen längs halbieren, gründlich waschen und abtropfen lassen. Die Stangen in feine Streifen schneiden.

3. Das Erdnussöl in einem Wok erhitzen. Die Steckrübenwürfel darin unter Rühren anbraten, Knoblauch- und Ingwerwürfel hinzugeben, Sesam mit anrösten.

4. Reiswein oder Gemüsebrühe und Ketchup unterrühren, mit Sojasauce, Sambal Manis und Salz würzen. Die Steckrübenpfanne etwa 10 Minuten garen.

5. In der Zwischenzeit Mie-Nudeln nach Packungsanleitung zubereiten. Die Nudeln anschließend in einem Sieb abtropfen lassen und warm halten.

6. Die Porreestreifen unter die Steckrüben rühren und kurz erhitzen. Die Nudeln ebenfalls kurz unterrühren oder getrennt dazureichen.

Gefüllte Champignons auf Salbeinudeln I

Preiswert – vegetarisch

4 Portionen

Pro Portion: E: 23 g, F: 23 g, Kh: 51 g, kJ: 2151, kcal: 514, BE: 4,0

12–16 große Champignons
1 Schalotte
30 g Butter
2 EL Semmelbrösel
125 g ger. Käse, z. B. Emmentaler
Salz
gem. Pfeffer
1 Bund glatte Petersilie
125 ml Gemüsebrühe

Für die Nudeln:

2 1/2 l Wasser
2 1/2 gestr. TL Salz
250 g Bandnudeln
einige Salbeiblättchen
20 g Butter

Zubereitungszeit: 30 Minuten

1. Den Backofen vorheizen.
Ober-/Unterhitze: etwa 220 °C
Heißluft: etwa 200 °C

2. Champignons putzen, evtl. kurz abspülen und trocken tupfen. Von den Champignons die Stiele aus den Köpfen lösen und klein schneiden. Schalotte abziehen und klein würfeln.

3. Butter in einer Pfanne zerlassen. Pilzstücke und Schalottenwürfel darin andünsten. Semmelbrösel unterrühren, den Käse untermischen, mit Salz und Pfeffer würzen. Petersilie abspülen und trocken tupfen. Die Blättchen von den Stängeln zupfen. Blättchen klein schneiden. Petersilie unter die Pilz-Käse-Masse rühren. Die Champignonköpfe mit der Masse füllen.

4. Die gefüllten Champignonköpfe nebeneinander in eine große Auflaufform (gefettet) setzen. Die Brühe hinzugießen. Die Form auf dem Rost in den vorgeheizten Backofen schieben. Die Champignonköpfe **etwa 15 Minuten garen.**

5. Für die Nudeln in der Zwischenzeit das Wasser in einem großen Topf zugedeckt zum Kochen bringen. Dann Salz und Nudeln hinzugeben. Nudeln im geöffneten Topf bei mittlerer Hitze nach Packungsanleitung bissfest kochen, dabei gelegentlich umrühren.

6. Anschließend die Nudeln in ein Sieb geben, mit heißem Wasser abspülen und abtropfen lassen.

7. Salbeiblättchen abspülen, abtropfen lassen und in grobe Streifen schneiden. Butter in einer Pfanne zerlassen. Salbeistreifen und die Nudeln darin schwenken. Salbeinudeln mit den gefüllten Champignons anrichten.

Gefüllte Wildente I

Raffiniert

2–3 Portionen

Pro Portion: E: 61 g, F: 72 g, Kh: 44 g, kJ: 4511, kcal: 1079, BE: 3,5

Für die Füllung:

80 g Weißbrot
1 Apfel
30 g Rosinen
1 Ei (Größe M)
100 g Schlagsahne
1 EL klein geschnittene Petersilie
Salz
gem. Pfeffer

1 küchenfertige Wildente (800–1000 g)
3 EL Speiseöl, z. B. Rapsöl
400 ml Entenfond
600 g Steckrübe
1 Zwiebel

Zusätzlich:

evtl. Rouladennadeln

Zubereitungszeit: 30 Minuten
Garzeit: etwa 2 Stunden

1. Für die Füllung Weißbrot in kleine Würfel schneiden. Apfel schälen, vierteln, entkornen und ebenfalls klein würfeln. Weißbrot-, Apfelwürfel und Rosinen in eine Schüssel geben, mit Ei, Sahne und Petersilie verrühren, mit Salz und Pfeffer würzen.

2. Den Backofen vorheizen.
Ober-/Unterhitze: etwa 200 °C
Heißluft: etwa 180 °C

3. Die Wildente innen und außen mit Küchenpapier abtupfen. Die Füllung fest in die Ente drücken und die Öffnung mit Rouladennadeln feststecken. Die Ente mit Salz und Pfeffer würzen.

4. Speiseöl in einem Bräter erhitzen. Die Wildente mit der Brust nach unten hineinlegen. Den Bräter auf dem Rost in den vorgeheizten Backofen (unteres Drittel) schieben. Die Ente **etwa 2 Stunden garen.**

5. Nach und nach den Entenfond hinzugießen. Die Ente ab und zu damit begießen.

6. Nach etwa 1 Stunde Garzeit die Ente wenden. Die Steckrübe schälen, abspülen, abtropfen lassen und in etwa 2 cm große Würfel schneiden. Zwiebel abziehen und fein würfeln. Steckrüben- und Zwiebelwürfel zu der Ente in den Bräter geben, mit Salz und Pfeffer würzen und mitgaren lassen.

7. Die gegarte Wildente aus dem Backofen nehmen und die Rouladennadeln entfernen. Die Wildente tranchieren, mit der Füllung und dem Steckrübengemüse anrichten und servieren.

Beilage: Petersilienkartoffeln.

Tipp: Würzen Sie die Ente und die Füllung zusätzlich mit frischem oder getrocknetem Thymian.

Geschichteter Heringssalat

Für Gäste – gut vorzubereiten

4 Portionen

Pro Portion: E: 20 g, F: 45 g, Kh: 40 g, kJ: 2716, kcal: 650, BE: 3,5

10 mittelgroße, gegarte Pellkartoffeln
4–6 hart gekochte Eier
2 mittelgroße Zwiebeln
3 abgetropfte, mittelgroße Gewürzgurken (aus dem Glas)
3 geh. EL Salatmayonnaise
200 g stichfeste, saure Sahne
Salz, gem. Pfeffer
Zucker
400 g roter Heringssalat (aus dem Kühlregal)
220 g abgetropfte Rote Bete, in Scheiben (aus dem Glas)

Zubereitungszeit: 30 Minuten, ohne Durchziehzeit

1. Pellkartoffeln pellen und in Scheiben schneiden (evtl. mit einem Eierschneider). Eier pellen, achteln oder vierteln. Zwiebeln abziehen, halbieren und in feine Streifen schneiden. Gewürzgurken in Scheiben schneiden.

2. Die Mayonnaise mit saurer Sahne verrühren, mit Salz, Pfeffer und etwas Zucker würzen. Heringssalat untermischen.

3. Die vorbereiteten Zutaten mit der roten Bete im Wechsel mit dem angemachten Heringssalat in eine hohe, große Schüssel schichten und etwa 10 Minuten durchziehen lassen.

Tipps: Knackig und frisch schmeckt der Salat auch mit einer frischen Gurke. Wer den Geschmack von Roter Bete nicht so schätzt, greift einfach zu klassischem Herings- oder Matjessalat mit hellem Dressing.

Gratiniertes Gemüse im Kartoffelpüreekranz

Macht richtig satt

4 Portionen

Pro Portion: E: 27 g, F: 34 g, Kh: 34 g, kJ: 2408, kcal: 575, BE: 3,0

750 g Rosenkohl
300 g Möhren
700 g Kartoffeln
Salz
1 Zwiebel
50 g Butter
250 ml Gemüsebrühe
ger. Muskatnuss
150 g grobe Mettwurst, im Stück, z. B. Bauernmettwurst
etwa 175 ml heiße Milch (3,5 % Fett)
150 g Gouda, im Stück

Zubereitungszeit: 60 Minuten
Gratinierzeit: etwa 12 Minuten

1. Rosenkohl von den schlechten Blättern befreien und etwas vom Strunk abschneiden. Röschen am Strunk kreuzförmig einschneiden, abspülen und abtropfen lassen. Möhren putzen, schälen, abspülen, abtropfen lassen und schräg in Scheiben schneiden. Kartoffeln schälen, abspülen, abtropfen lassen und in Stücke schneiden. Kartoffelstücke in einem Topf knapp mit Wasser bedeckt zugedeckt zum Kochen bringen, 1 Teelöffel Salz hinzugeben, Kartoffelstücke etwa 15 Minuten garen.

2. In der Zwischenzeit Zwiebel abziehen und klein würfeln. 30 g von der Butter in einem Topf zerlassen. Zwiebelwürfel darin glasig dünsten. Rosenkohl und Gemüsebrühe hinzugeben, zum Kochen bringen und zugedeckt etwa 10 Minuten garen. Dann die Möhrenscheiben hinzugeben und etwa 5 Minuten mitgaren lassen. Das Gemüse mit Salz und Muskat würzen.

3. Den Backofen vorheizen.
Ober-/Unterhitze: etwa 220 °C
Heißluft: etwa 200 °C

4. Mettwurst enthäuten, zuerst in etwa ½ cm dicke Scheiben, dann in Streifen schneiden und unter das Gemüse mischen.

5. Die gegarten Kartoffeln abgießen und sofort durch eine Kartoffelpresse drücken oder mit dem Kartoffelstampfer zerdrücken. Die Milch mit einem Kochlöffel nach Bedarf unterrühren. Restliche Butter untermischen. Das Püree mit Salz, Pfeffer und Muskat würzen und in einen Spritzbeutel mit großer Sterntülle füllen. Das Püree als Kranz in eine flache, runde Auflaufform (leicht gefettet) spritzen.

6. Den Käse sehr klein würfeln, zum Gemüse geben und untermischen. Anschließend in die Mitte des Kartoffelpüreekranzes geben. Die Form auf dem Rost in den vorgeheizten Backofen schieben. Das Gemüse im Kartoffelpüreekranz **etwa 12 Minuten gratinieren.**

Tipps: Dieses herzhafte Gericht schmeckt auch ohne Wurst sehr lecker. Je nach Saison können Sie beim Gemüse variieren. Verwenden Sie statt Rosenkohl und Möhren auch einmal Brokkoli, Porree, Blumenkohl, Bohnen, Kohlrabi oder Paprika.

Grieben- und Apfelschmalz

Klassisch

etwa 300 g

Insgesamt: E: 8 g, F: 222 g, Kh: 16 g, kJ: 8645, kcal: 2066, BE: 1,0

250 g geräucherter, fetter Speck
1 große Zwiebel
1 kleiner, säuerlicher Apfel
1 TL gerebelter Majoran

Zubereitungszeit: 30 Minuten, ohne Abkühl- und Ziehzeit
Haltbarkeit: im Kühlschrank etwa 3 Wochen

1. Den Speck in kleine Würfel schneiden und in einer heißen Pfanne mit hohem Rand auslassen.

2. Zwiebel abziehen und klein würfeln, zum ausgelassenen Speck in die Pfanne geben und goldgelb dünsten. Die Hälfte des flüssigen Schmalzes etwas abkühlen lassen, dann in ein verschließbares, hitzebeständiges Glas füllen.

3. Apfel abspülen, abtrocknen, vierteln und entkernen. Apfelviertel klein würfeln, zum restlichen Schmalz in die Pfanne geben und etwa 5 Minuten ziehen lassen. Die Pfanne von der Kochstelle nehmen und Majoran unterrühren.

4. Apfelschmalz etwas abkühlen lassen und ebenfalls in ein verschließbares, hitzebeständiges Glas füllen. Grieben- und Apfelschmalz erkalten lassen, dabei gelegentlich umrühren. Die Gläser mit den Deckeln verschließen und in den Kühlschrank stellen.

Tipps: Nach Belieben Apfelschmalzschnitten mit in Zitrone eingelegten dünnen Apfelspalten und Griebenschmalzschnitten mit in Scheiben geschnittenem Harzer Käse und roten Zwiebelringen oder Schnittlauchröllchen garnieren (Foto).

Grünes Kartoffel-Petersilienwurzel-Risotto I

Vegetarisch – mit Alkohol

4 Portionen

Pro Portion: E: 17 g, F: 35 g, Kh: 37 g, kJ: 2349, kcal: 560, BE: 3,0

150 g Schalotten
2 Knoblauchzehen
700 g Petersilienwurzeln
800 g große, festkochende Kartoffeln
150 g Brunnenkresse
250 g Schlagsahne (mind. 30 % Fett)
50 g Butter
125 ml trockener Weißwein
3 EL grobkörniger Senf
850 ml Gemüsebrühe
Salz, ger. Muskatnuss
75 g Comte-Käse (französischer Hartkäse)
1 Bund glatte Petersilie oder das Grün der Petersilienwurzeln
gem. schwarzer Pfeffer

Zubereitungszeit: 45 Minuten

1. Schalotten und Knoblauch abziehen. Schalotten in kleine Würfel und Knoblauch in dünne Scheiben schneiden. Petersilienwurzeln (evtl. vorhandenes Grün beiseitelegen) und Kartoffeln schälen, abspülen, abtropfen lassen und beides sehr klein würfeln. Von der Brunnenkresse die gelben Blätter und dicken Stiele entfernen (einige Stängel zum Garnieren beiseitelegen). Kresse abspülen und trocken tupfen. 100 g Sahne steif schlagen und in den Kühlschrank stellen.

2. Butter in einem Topf zerlassen. Schalotten-, Kartoffel-, Petersilienwurzelwürfel und Knoblauchscheiben darin unter Rühren andünsten. Mit Wein ablöschen und ganz einkochen lassen. Senf unterrühren. 800 ml Brühe und die restliche Sahne hinzugießen. Mit etwas Salz und Muskat würzen. Die Zutaten ohne Deckel unter gelegentlichem Rühren zum Kochen bringen und etwa 15 Minuten garen, bis die Kartoffeln weich sind. Käse entrinden und in dünne Scheiben schneiden.

3. Petersilie oder das beiseitegelegte Petersiliengrün abspülen, trocken tupfen und grob zerkleinern. Petersilie mit der restlichen Brühe in einen hohen Rührbecher geben und mit einem Pürierstab pürieren.

4. Beiseitegelegte Brunnenkressestängel abspülen und trocken tupfen.

5. Kurz vor dem Servieren das Kräuterpüree mit der steif geschlagenen Sahne unter das Risotto heben. Das Risotto anrichten. Mit Brunnenkresse und Käsescheiben garnieren. Mit etwas grob gemahlenem Pfeffer bestreut servieren.

Grünkohl in Senfsauce mit Schnitzelchen vom Schwarzgeräucherten | Deftig

4 Portionen

Pro Portion: E: 40 g, F: 55 g, Kh: 29 g, kJ: 3235, kcal: 773, BE: 2,5

1 1/4 kg Grünkohl, gestrippt
Salz
1 große Zwiebel
3 EL Rapsöl
200 ml Gemüsebrühe

Für die Senfsauce:
250 g Schlagsahne
2 EL Feigensenf oder mittelscharfer Senf
20 g Weizenmehl
gem. Pfeffer

Für die Schnitzelchen:
8 Scheiben Schwarzgeräuchertes vom Schwein (je etwa 60 g)
80 g Semmelbrösel
1 Ei (Größe M)
60 g Butterschmalz

Zubereitungszeit: 40 Minuten
Garzeit: etwa 40 Minuten

1. Grünkohl gründlich waschen, abtropfen lassen, in kochendem Salzwasser etwa 2 Minuten blanchieren, abgießen, mit kaltem Wasser abschrecken und in einem Sieb abtropfen lassen. Grünkohl etwas kleiner schneiden.

2. Die Zwiebel abziehen und würfeln. Das Rapsöl in einem Bräter erhitzen. Die Zwiebelwürfel darin glasig dünsten. Grünkohl hinzufügen und etwa 10 Minuten unter gelegentlichem Rühren schmoren.

3. Anschießend Gemüsebrühe hinzugießen und zum Kochen bringen. Den Grünkohl bei schwacher Hitze etwa 30 Minuten kochen lassen, bis die Flüssigkeit eingekocht ist.

4. Für die Senfsauce die Sahne mit dem Senf in einem Topf verrühren, zum Kochen bringen und etwas einkochen lassen, dabei gelegentlich umrühren.

5. Mehl mit etwas kaltem Wasser anrühren, in die Sauce rühren und unter Rühren zum Kochen bringen. Die Sauce bei schwacher Hitze etwa 5 Minuten kochen lassen.

6. In der Zwischenzeit für die Schnitzelchen Fleischscheiben mit Küchenpapier abtupfen. Die Semmelbrösel auf einen flachen Teller geben und das Ei in einem tiefen Teller verschlagen.

7. Die Fleischscheiben zuerst durch das verschlagene Ei ziehen, am Tellerrand abstreifen und dann in den Semmelbröseln wenden. Die Semmelbrösel etwas andrücken, nicht anhaftende Semmelbrösel leicht abschütteln.

8. Butterschmalz in einer großen Pfanne zerlassen. Die Schnitzelchen darin von beiden Seiten goldbraun braten.

9. Die Senfsauce unter den Grünkohl rühren. Den Grünkohl mit Salz und Pfeffer abschmecken und mit den Schnitzelchen servieren.

Beilage: Kartoffeln.

Tipp: Bekommen Sie kein Schwarzgeräuchertes, dann bereiten Sie das Rezept mit Schnitzelchen vom Kasselerfilet oder mageren Bauchspeckscheiben zu.

Grünkohl-Currytopf | Vegan

4 Portionen

Pro Portion: E: 14 g, F: 25 g, Kh: 28 g, kJ: 1648, kcal: 396, BE: 2,0

2 Zwiebeln
1 rote Chilischote
2 EL Sonnenblumenöl
1 EL vegane gelbe oder grüne Currypaste
600 g TK-Grünkohl
Salz
gem. Pfeffer
400 ml Kokosmilch
400 ml vegane Gemüsebrühe
2 Möhren
200 g Süßkartoffeln
30 g frischer Ingwer oder Galgant
200 ml Wasser
50 g rote Linsen
Zucker

Zubereitungszeit: 30 Minuten
Garzeit: etwa 60 Minuten

1. Zwiebeln abziehen und in Scheiben schneiden. Chilischote abspülen, abtropfen lassen, entstielen, längs aufschneiden, entkernen und in feine Ringe schneiden.

2. Das Sonnenblumenöl in einem großen Topf erhitzen. Currypaste, Zwiebelscheiben und Chiliringe hinzugeben und kurz unter Rühren andünsten. Den Grünkohl hinzugeben, unterrühren und etwa 5 Minuten mitdünsten, mit Salz und Pfeffer würzen.

3. Kokosmilch und Gemüsebrühe zum Grünkohl in den Topf gießen. Die Zutaten zum Kochen bringen und zugedeckt bei schwacher Hitze etwa 15 Minuten kochen lassen, dabei gelegentlich umrühren.

4. In der Zwischenzeit die Möhren putzen. Süßkartoffeln und Möhren schälen, abspülen, abtropfen lassen und in Würfel schneiden. Ingwer oder Galgant schälen, fein reiben oder in sehr kleine Würfel schneiden.

5. Süßkartoffel-, Möhrenwürfel und Ingwer oder Galgant in den Eintopf geben. Den Eintopf zugedeckt wieder zum Kochen bringen und bei mittlerer Hitze weitere etwa 45 Minuten kochen lassen, dabei gelegentlich umrühren.

6. In der Zwischenzeit das Wasser zugedeckt in einem Topf zum Kochen bringen. Die Linsen hinzugeben und etwa 8 Minuten bei schwacher Hitze kochen lassen. Die Linsen in ein Sieb geben und abtropfen lassen.

7. Die Linsen in den Eintopf geben und unterrühren. Den Grünkohl-Currytopf mit Salz, Pfeffer und 1 Prise Zucker abschmecken, in Suppenschalen anrichten und servieren.

Tipp: Statt Currypaste können Sie auch 2–3 Teelöffel Currypulver verwenden.

Grünkohleintopf | Klassisch

4 Portionen

Pro Portion: E: 25 g, F: 42 g, Kh: 25 g, kJ: 2502, kcal: 601, BE: 2,0

500 g Grünkohl, gestrippt
2 Zwiebeln
4 EL Olivenöl
60 g geräucherte Schinkenwürfel (aus dem Kühlregal)
1 l Fleischbrühe
1 EL mittelscharfer Senf
6 Pimentkörner
Salz
gem. Pfeffer
500 g Kartoffeln
200 g Möhren
4 geräucherte Mettwürstchen

Zubereitungszeit: 30 Minuten
Garzeit: etwa 65 Minuten

1. Grünkohl gründlich waschen, abtropfen lassen und in kochendem Wasser etwa 2 Minuten blanchieren, abgießen, mit kaltem Wasser abschrecken, abtropfen und etwas abkühlen lassen. Grünkohl fein hacken.

2. Zwiebeln abziehen und in kleine Würfel schneiden. Olivenöl in einem Topf erhitzen. Zwiebelwürfel darin andünsten, Schinkenwürfel hinzugeben und anbraten, Fleischbrühe hinzugießen und den Grünkohl hinzugeben. Die Zutaten zum Kochen bringen.

3. Mit Senf, Piment, Salz und Pfeffer würzen. Den Grünkohl etwa 30 Minuten garen. In der Zwischenzeit Kartoffeln schälen, abspülen, abtropfen lassen und in kleine Würfel schneiden. Möhren putzen, schälen, abspülen, abtropfen lassen und in Scheiben schneiden. Kartoffelwürfel und Möhrenscheiben zum Grünkohl geben, mit Salz und Pfeffer würzen. Den Eintopf weitere etwa 30 Minuten garen.

4. Mettwürstchen in Scheiben schneiden, in den Eintopf geben und etwa 5 Minuten mit erhitzen. Den Eintopf mit den Gewürzen abschmecken und servieren.

Tipp: Sie können auch TK-Grünkohl (angetaut) verwenden.

Grünkohlkuchen mit Käsesauce I

Vegetarisch – mit Alkohol

4 Portionen

Pro Portion: E: 33 g, F: 42 g, Kh: 43 g, kJ: 3050, kcal: 728, BE: 3,5

2 Zwiebeln
4 Knoblauchzehen
3 EL Olivenöl
120 g Grünkernschrot
300 ml Gemüsebrühe
40 g Sojabohnen, geröstet
50 g Dinkelflocken
40 g ger. Parmesan
3 Eier (Größe M)
600 g TK-Grünkohl, aufgetaut
½ TL gem. Gewürznelken
1 TL gem. Piment
Salz, gem. schwarzer Pfeffer

Für die Sauce:

1 Zwiebel
60 g Butter
1 EL Weizenmehl
300 ml Milch (3,5 % Fett)
ger. Muskatnuss
80 g geraspelter Bergkäse
70 ml Noilly Prat (trockener Wermut)

Zusätzlich:

1 Bratfolienschlauch (etwa 40 cm)

Zubereitungszeit: 30 Minuten
Garzeit: etwa 60 Minuten

1. Zwiebeln und Knoblauch abziehen, in kleine Würfel schneiden. Olivenöl in einem Topf erhitzen. Zwiebel- und Knoblauchwürfel darin andünsten. Grünkernschrot hinzugeben und kurz mitdünsten lassen. Gemüsebrühe hinzugießen, kurz aufkochen und anschließend abkühlen lassen.

2. Den Backofen vorheizen.
Ober-/Unterhitze: etwa 180 °C
Heißluft: etwa 160 °C

3. Sojabohnen, Dinkelflocken, Parmesan, Eier und Grünkohl unter die abgekühlte Grünkernschrotmasse mischen. Mit Gewürznelken, Piment, Salz und Pfeffer würzen. Eine Kastenform (25 x 11 cm) mit dem aufgeschnittenen Bratschlauch auslegen. Die Grünkohlmasse hineingeben, fest andrücken und glatt streichen. Die Form auf dem Rost in den vorgeheizten Backofen (unteres Drittel) schieben. Den Grünkohlkuchen **etwa 60 Minuten garen.**

4. Die Form auf einen Rost stellen. Den Grünkohlkuchen etwa 10 Minuten in der Form stehen lassen.

5. Für die Sauce in der Zwischenzeit Zwiebel abziehen und klein würfeln. Butter in einer Pfanne zerlassen, die Zwiebelwürfel darin andünsten. Mehl hinzugeben und unter Rühren so lange erhitzen, bis es hellgelb ist. Milch hinzugießen, mit einem Schneebesen durchschlagen. Darauf achten, dass keine Klümpchen entstehen. Die Sauce unter Rühren zum Kochen bringen und bei schwacher Hitze unter gelegentlichem Rühren etwa 5 Minuten kochen lassen, mit Salz, Pfeffer und Muskat würzen. Zuletzt den Bergkäse und Noilly Prat unter die Sauce rühren.

6. Den Grünkohlkuchen aus der Form nehmen und den Bratschlauch entfernen. Den Kuchen in Scheiben schneiden und mit der Käsesauce servieren.

Grünkohlragout mit Gänsegulasch | Mit Alkohol

4 Portionen

Pro Portion: E: 52 g, F: 22 g, Kh: 30 g, kJ: 2422, kcal: 577, BE: 2,5

1 1/4 kg Grünkohl, gestrippt
Salz
400 g Kartoffeln
1 Gemüsezwiebel
2 EL Rapsöl
1 l Gemüsebrühe
Salz
gem. Pfeffer
1 EL mittelscharfer Senf

2 kleine Gänsebrüste (ohne Haut, etwa 600 g)
1 EL Rapsöl
500 ml Geflügelbrühe
300 ml trockener Rotwein
2 EL Crema di Balsamico

Zubereitungszeit: 30 Minuten
Garzeit: etwa 45 Minuten

1. Grünkohl gründlich waschen, abtropfen lassen, in kochendem Salzwasser etwa 2 Minuten blanchieren, abgießen, mit kaltem Wasser abschrecken und abtropfen lassen. Grünkohl klein schneiden.

2. Die Kartoffeln schälen, abspülen, abtropfen lassen und in Stücke schneiden. Die Zwiebel abziehen, halbieren und würfeln. Die Hälfte der Zwiebelwürfel für das Gänsegulasch beiseitestellen.

3. Das Rapsöl in einem Topf erhitzen. Restliche Zwiebelwürfel, Kartoffelstücke und Grünkohl darin evtl. portionsweise unter Rühren andünsten. Die Brühe hinzugießen, mit Salz, Pfeffer und Senf würzen. Das Grünkohlragout etwa 45 Minuten unter gelegentlichem Rühren garen.

4. In der Zwischenzeit die Gänsebrüste mit Küchenpapier abtupfen und in kleine Würfel schneiden. Das Rapsöl in einem Bräter erhitzen. Die beiseitegestellten Zwiebelwürfel und die Geflügelwürfel darin unter Rühren anbraten, mit Geflügelbrühe ablöschen und zum Kochen bringen. Die Brühe um etwa die Hälfte einkochen lassen. Dann den Rotwein hinzugießen. Gänsegulasch mit Crema di Balsamico, Salz und Pfeffer würzen und zugedeckt etwa 40 Minuten kochen lassen.

5. Das Grünkohlragout und das Gulasch vor dem Servieren nochmals mit Salz und Pfeffer abschmecken und servieren.

Tipp: Statt Gänsebrüsten können auch Entenbrüste verwendet werden.

Grünkohlsalat mit Entenbrust

Raffiniert

4 Portionen

Pro Portion: E: 29 g, F: 28 g, Kh: 17 g, kJ: 1873, kcal: 448, BE: 1,5

2 Entenbrustfilets (je etwa 350 g)
Salz, gem. Pfeffer
500 g frischer Grünkohl
2 Schalotten
3 EL Zitronensaft
3 EL Haselnussöl
2 EL brauner Zucker
1 rote Paprikaschote
1 Birne

Zubereitungszeit: 45 Minuten
Garzeit: 15–20 Minuten

1. Den Backofen vorheizen.
Ober-/Unterhitze: etwa 120 °C
Heißluft: etwa 100 °C

2. Entenbrustfilets mit Küchenpapier abtupfen, mit Salz und Pfeffer würzen. Eine Pfanne ohne Fett erhitzen. Die Entenbrustfilets zuerst mit der Hautseite, dann von der anderen Seite kurz darin anbraten, herausnehmen und in eine Auflaufform legen. Die Form auf dem Rost in den vorgeheizten Backofen schieben. Die Entenbrustfilets **15–20 Minuten garen.**

3. Von dem Grünkohl die welken oder fleckigen Blätter und die Blattrippen entfernen. Grünkohl gründlich waschen, abtropfen lassen und in kochendem Wasser etwa 2 Minuten blanchieren. Den Grünkohl in ein Sieb geben, mit kaltem Wasser abschrecken und gut abtropfen lassen.

4. Schalotten abziehen und in kleine Würfel schneiden. Schalottenwürfel mit Zitronensaft verrühren, Haselnussöl unterschlagen. Mit Zucker, Salz und Pfeffer würzen. Paprikaschote halbieren, entstielen, entkernen und die weißen Scheidewände entfernen. Schote abspülen, abtropfen lassen und in kleine Würfel schneiden. Birne schälen, achteln, entkernen und in Scheiben schneiden.

5. Paprikawürfel mit den Birnenscheiben und Grünkohl in einer Schüssel mischen. Das Dressing darauf verteilen und untermischen.

6. Entenbrustfilets aus der Form nehmen, in Scheiben schneiden und mit dem Grünkohlsalat anrichten.

Gulasch vom Wirsingkohl in Balsamicosauce | Vegetarisch

8–10 Portionen

Pro Portion: E: 5 g, F: 7 g, Kh: 20 g, kJ: 751, kcal: 179, BE: 1,5

1	*kleiner Wirsing (etwa 1 kg)*
etwa 1,2 kg	*Suppengrün (Möhren, Porree, Sellerie, Zwiebeln)*
600 g	*kleine, festkochende Kartoffeln*
1 Bund	*Thymian*
6 EL	*Olivenöl oder Speiseöl*
2 EL	*Zucker*
6 EL	*Balsamico-Essig*
400 ml	*Gemüsebrühe*
	Kümmelsamen
	Salz, gem. Pfeffer

Zubereitungszeit: 55 Minuten
Garzeit: etwa 30 Minuten

1. Von dem Wirsing die groben, äußeren Blätter lösen. Wirsing halbieren und den Strunk herausschneiden. Wirsing in Stücke schneiden, abspülen und abtropfen lassen. Möhren und Sellerie putzen, schälen, abtropfen lassen. Porree putzen, die Stangen längs halbieren, gründlich waschen und abtropfen lassen. Zwiebeln abziehen. Das Gemüse in kleine Würfel schneiden.

2. Kartoffeln schälen, abspülen, abtropfen lassen und klein würfeln. Thymian abspülen und trocken tupfen (einige Thymianstängel beiseitelegen). Die Blättchen von den Stängeln zupfen.

3. Oliven- oder Speiseöl in einem Bräter oder großen Topf erhitzen. Vorbereitete Gemüse- und Kartoffelwürfel darin portionsweise etwa 10 Minuten andünsten. Zucker unterrühren und karamellisieren lassen. Essig und Brühe hinzugießen. Die Hälfte der Thymianblättchen hinzugeben. Mit Kümmelsamen, Salz und Pfeffer würzen. Die Zutaten zum Kochen bringen und zugedeckt bei schwacher Hitze etwa 30 Minuten garen. Nochmals mit den Gewürzen abschmecken und restliche Thymianblättchen unterrühren.

4. Gulasch vom Wirsingkohl anrichten und mit den beiseitegelegten Thymianstängeln garnieren.

Tipp: Gulasch als nicht vegetarisches Gericht mit kleinen Hackfleischbällchen zubereiten. Dafür 600 g Bratwurstbrät mit angefeuchteten Händen zu kleinen Bällchen formen, diese in kochendem Salzwasser etwa 5 Minuten garen, herausnehmen und zum Gulasch geben.

Gulasch von der Rinderhaxe mit Bier I

Deftig – macht richtig satt

8–10 Portionen

Pro Portion: E: 41 g, F: 17 g, Kh: 10 g, kJ: 1545, kcal: 368, BE: 1,0

1,6 kg Rinderhaxe (ohne Knochen, evtl. beim Metzger auslösen lassen)
Salz
gem. Pfeffer
3 EL Speiseöl
3 EL Tomatenmark
500 ml Rindfleischbrühe
300 ml Malzbier
evtl. Wasser oder Rindfleischbrühe
4 Möhren (etwa 400 g)
½ Knollensellerie (etwa 400 g)
2 Petersilienwurzeln (etwa 200 g)
1 Kohlrabi (etwa 400 g)
1 Bund Petersilie
1 EL mittelscharfer Senf

Zubereitungszeit: 40 Minuten
Garzeit: etwa 2 Stunden

1. Den Backofen vorheizen.
Ober-/Unterhitze: etwa 180 °C
Heißluft: etwa 160 °C

2. Rinderhaxe mit Küchenpapier abtupfen, evtl. vorhandene Sehnen entfernen. Das Fleisch in etwa 3 cm große Würfel schneiden. Mit Salz und Pfeffer würzen.

3. Speiseöl in einem Bräter erhitzen. Fleischwürfel darin evtl. in 2 Portionen von allen Seiten anbraten. Das Tomatenmark unterrühren. Brühe und Malzbier hinzugießen, zum Kochen bringen.

4. Den Bräter zugedeckt auf dem Rost in den vorgeheizten Backofen schieben. Gulasch **etwa 2 Stunden garen,** dabei gelegentlich umrühren. Evtl. verdampfte Flüssigkeit durch etwas Wasser oder Rindfleischbrühe ersetzen.

5. Möhren, Sellerie, Petersilienwurzeln und Kohlrabi putzen, schälen, abspülen, abtropfen lassen und in gleich große Würfel schneiden. Petersilie abspülen und trocken tupfen. Die Blättchen von den Stängeln zupfen (einige Blättchen zum Garnieren beiseitelegen). Blättchen klein schneiden.

6. Vorbereitete Gemüsewürfel nach etwa 1 Stunde Garzeit zum Gulasch in den Bräter geben und zugedeckt in weiteren etwa 30 Minuten fertig garen. Zuletzt Senf und Petersilie unterrühren. Gulasch mit Salz und Pfeffer abschmecken und mit den beiseitegelegten Petersilienblättchen garniert servieren.

Beilage: **Kartoffelwürfel mit Rosmarin.** Dafür festkochende Kartoffeln schälen, abspülen, abtropfen lassen, würfeln und in kochendem Salzwasser etwa 5 Minuten blanchieren. In ein Sieb geben, mit kaltem Wasser abschrecken und abtropfen lassen. Kartoffelwürfel in erhitztem Olivenöl, Butter und Rosmarinnadeln braten. Mit Salz und Pfeffer würzen.

Hack-Kartoffel-Röllchen

Für jeden Tag

4 Portionen

Pro Portion: E: 25 g, F: 39 g, Kh: 49 g, kJ: 2747, kcal: 656, BE: 4,0

Für den Kartoffelteig:

750 g Kartoffeln
Salz
2 Eigelb (Größe M)
30 g Weizenmehl
30 g Semmelbrösel
1 gut geh. TL Speisestärke
ger. Muskatnuss

Für die Füllung:

1 Brötchen (Semmel) vom Vortag
50 g durchwachsener Speck
250 g Gehacktes (halb Rind-, halb Schweinefleisch)
1 Zwiebel
1 EL klein geschnittene Petersilie
1 Ei (Größe M)
150 g Schlagsahne
gem. Pfeffer
Paprikapulver edelsüß

40 g Pflanzenfett

Zubereitungszeit: 65 Minuten, ohne Abkühlzeit

1. Für den Teig Kartoffeln schälen, abspülen, abtropfen lassen, in einem Topf knapp mit Wasser bedeckt, zugedeckt zum Kochen bringen, Salz hinzugeben. Die Kartoffeln etwa 20 Minuten kochen lassen. Kartoffeln abgießen, abdämpfen und sofort durch eine Kartoffelpresse in eine Rührschüssel drücken, erkalten lassen.

2. Kartoffelmasse mit Eigelb, Mehl, Semmelbröseln und Speisestärke verrühren. Mit Salz und Muskat würzen.

3. Für die Füllung Brötchen in kaltem Wasser einweichen. Speck in Würfel schneiden und in einer großen Pfanne auslassen. Gehacktes hinzufügen, unter Rühren kurz anbraten. Dabei die Fleischklümpchen mit einer Gabel zerdrücken. Zwiebel abziehen, in kleine Würfel schneiden und hinzufügen. Petersilie unterrühren. Eingeweichtes Brötchen gut ausdrücken.

4. Die Hackfleischmasse in eine Schüssel geben. Brötchen, Ei und Sahne gut unterarbeiten. Mit Salz, Pfeffer, Muskat und Paprika würzen.

5. Den Kartoffelteig gut durchkneten und auf einem bemehlten Geschirrtuch etwa 1 cm dick zu einem Quadrat ausrollen. Die Hackfleischmasse darauf verteilen. Den Teig mithilfe des Geschirrtuches fest aufrollen und anschließend in etwa 2 cm dicke Scheiben schneiden.

6. Pflanzenfett in einer großen Pfanne erhitzen. Die Hack-Kartoffel-Röllchen darin portionsweise von beiden Seiten goldbraun braten.

Tipp: Mit einem grünen Salat servieren.

Hagebuttencreme mit Wein I

Fruchtig – mit Alkohol

4–6 Portionen

Pro Portion: E: 3 g, F: 18 g, Kh: 20 g, kJ: 1157, kcal: 276, BE: 1,5

1 geh. TL gemahlene, weiße Gelatine
200 g Hagebuttenmus (erhältlich im Reformhaus)
1 EL Zitronensaft
125 ml Weißwein
1 EL Zucker
250 g Schlagsahne (mind. 30 % Fett)

Zum Garnieren:

Waffelblättchen oder -röllchen
evtl. steif geschlagene Schlagsahne

Zubereitungszeit: 20 Minuten, ohne Kühlzeit

1. Die Gelatine nach Packungsanleitung in einem kleinen Topf anrühren und quellen lassen. Gequollene Gelatine im Topf bei schwacher Hitze unter Rühren auflösen.

2. Hagebuttenmus mit Zitronensaft, Wein und Zucker verrühren. Die aufgelöste Gelatine zunächst mit etwa 2 Esslöffeln von der Hagebuttenmasse verrühren, dann mit der restlichen Hagebuttenmasse verrühren und in den Kühlschrank stellen.

3. Sahne steif schlagen. Sobald die Hagebuttenmasse anfängt zu gelieren, die Sahne vorsichtig unterheben.

4. Die Hagebuttencreme in Gläsern verteilen und nochmals in den Kühlschrank stellen.

5. Die Hagebuttencreme kurz vor dem Servieren mit Waffelblättchen oder -röllchen garnieren, nach Belieben mit steif geschlagener Sahne verzieren.

Hähnchen-Geschnetzeltes

Einfach – schnell

4 Portionen

Pro Portion: E: 29 g, F: 11 g, Kh: 13 g, kJ: 1119, kcal: 267, BE: 0,5

3	*Hähnchenbrustfilets (etwa 400 g)*
300 g	*Champignons*
400 g	*Möhren*
200 g	*Porree (Lauch, 1 Stange)*
1 leicht geh. EL	*Butterschmalz*
	Salz
	gem. Pfeffer
	Paprikapulver edelsüß
250 ml	*Gemüsebrühe*
1 EL	*Zitronensaft*
2 EL	*heller Saucenbinder*
150 g	*saure Sahne (10 % Fett)*
½ Bund	*Kerbel*

Zubereitungszeit: 35 Minuten

1. Hähnchenbrustfilets mit Küchenpapier abtupfen und in schmale Streifen oder kleine Würfel schneiden. Champignons putzen, evtl. kurz abspülen, abtropfen lassen und vierteln.

2. Möhren putzen, schälen, abspülen, abtropfen lassen und in kleine Würfel schneiden. Porree putzen, die Stange längs halbieren, gründlich waschen, abtropfen lassen und in Streifen schneiden.

3. Butterschmalz in einem Topf erhitzen. Die Fleischstreifen oder -würfel darin von allen Seiten anbraten. Mit Salz, Pfeffer und Paprika würzen. Das Geschnetzelte herausnehmen und warm stellen.

4. Porreestreifen und Champignonviertel in den Topf geben und in dem verbliebenen Bratfett unter Rühren andünsten. Möhrenwürfel hinzugeben und unter Rühren mitdünsten lassen. Mit Salz, Pfeffer und Paprika würzen, Brühe und Zitronensaft hinzugießen. Das Gemüse zugedeckt bei schwacher Hitze etwa 5 Minuten garen. Saucenbinder unterrühren, unter Rühren kurz aufkochen lassen.

5. Das Geschnetzelte hinzugeben und nochmals bei schwacher Hitze erhitzen. Saure Sahne unterrühren. Das Geschnetzelte mit den Gewürzen abschmecken.

6. Kerbel abspülen und trocken tupfen. Die Blättchen von den Stängeln zupfen, Blättchen klein schneiden. Das Geschnetzelte anrichten und mit Kerbel bestreut servieren.

Haselnuss-Soufflé mit Altbier-Sabayon | Mit Alkohol

4 Portionen

Pro Portion: E: 14 g, F: 53 g, Kh: 52 g, kJ: 3169, kcal: 757, BE: 4,5

Für das Haselnuss-Soufflé:

1 Bio-Orange (unbehandelt, ungewachst)
80 g Butter
80 g Zucker
3 Eigelb (Größe M)
20 g Speisestärke
100 g gem. geröstete Haselnusskerne
3 Eiweiß (Größe M)
Salz

Für die Altbier-Sabayon:

1 Bio-Orange (unbehandelt, ungewachst)
3 Eigelb (Größe M)
60 g Zucker
125 ml Altbier
1 TL gem. Zimt
1 Prise gem. Piment (Nelkenpfeffer)

Zum Garnieren:

einige Haselnusskerne
4 TL gem. Haselnusskerne
einige Minzeblättchen

Zusätzlich:

4 Souffléförmchen (Ø etwa 8 cm)
20 g Butter (zimmerwarm)
20 g Zucker

Zubereitungszeit: 30 Minuten
Backzeit: etwa 20 Minuten

1. Die Souffléförmchen mit Butter bestreichen und mit Zucker ausstreuen.

2. Für das Soufflé Orange heiß abwaschen, abtrocknen und die Schale abreiben. Butter und die Hälfte des Zuckers in einer Rührschüssel mit einem Mixer (Rührstäbe) schaumig schlagen. Eigelb nach und nach unterrühren, sodass eine gebundene Masse entsteht. Orangenschale unterrühren. Speisestärke mit der Hälfte der Haselnusskerne verrühren, zur Butter-Eigelb-Creme geben und unterrühren.

3. Den Backofen vorheizen.
Ober-/Unterhitze: etwa 180 °C
Heißluft: etwa 160 °C

4. Eiweiß mit 1 Prise Salz steif schlagen, restlichen Zucker kurz unterschlagen. Die Hälfte des Eischnees unter die Butter-Eigelb-Creme rühren. Die restliche Haselnusskerne und restlichen Eischnee vorsichtig mit einem Schneebesen unterheben.

5. Die Soufflémasse in die vorbereiteten Förmchen füllen. Die Förmchen in eine Fettpfanne stellen. So viel Wasser hinzugießen, dass die Förmchen bis zu einem Drittel im Wasser stehen. Die Fettpfanne in den vorgeheizten Backofen schieben. Haselnuss-Soufflé **etwa 20 Minuten backen.**

6. In der Zwischenzeit für die Altbier-Sabayon Orange heiß abwaschen, abtrocknen und die Schale abreiben. Die Orange zum Garnieren beiseitelegen.

7. Eigelb, Zucker, Orangenschale, Altbier, Zimt und Piment in einer Edelstahlschüssel im Wasserbad schaumig schlagen.

8. Die beiseitegelegte, abgeriebene Orange so dick schälen, dass die weiße Haut mit entfernt wird. Die Fruchtfilets herausschneiden.

9. Die gebackenen Soufflés aus den Förmchen auf Teller stürzen. Altbier-Sabayon dazugeben. Die Teller mit Orangenspalten, ganzen und gemahlenen Haselnusskernen und abgespülten, trocken getupften Minzeblättchen garnieren.

Tipps: Wer kein Altbier mag, kann es auch durch Weißwein ersetzen. Soufflés lassen sich auch sehr gut vorbereiten und einfrieren. Soufflés in gefriergeeignete Förmchen füllen und einfrieren. Die Förmchen mit dem gefrorenen Soufflé wie beschrieben in den vorgeheizten Backofen stellen und bei gleicher Backofentemperatur etwa 25 Minuten backen.

Hefebuchteln mit Backobst

(Römertopf® 3 Liter Inhalt)

Klassisch

6 Portionen

Pro Portion: E: 9 g, F: 13 g, Kh: 90 g, kJ: 2268, kcal: 542, BE: 7,5

500 g Ananas-Fruchtfleisch (aus dem Kühlregal)
1 Bio-Limette (unbehandelt, ungewachst)
200 g gemischtes Backobst (Trockenobst)
50 g brauner Zucker

Für den Hefeteig:

300 g Weizenmehl
21 g frische Hefe
125 ml lauwarme Milch (3,5 % Fett)
40 g Zucker
75 g zerlassene, abgekühlte Butter
etwas Weizenmehl

125 ml Wasser
2 EL Puderzucker
evtl. vorbereitete Bio-Limettenspalten
250 ml Bourbon-Vanille-Sauce (aus dem Kühlregal)

Zubereitungszeit: 40 Minuten, ohne Marinierzeit
Ruhe-/Gehzeit: etwa 50 Minuten
Garzeit: etwa 60 Minuten

1. Ananas-Fruchtfleisch in Stücke schneiden. Die Limette heiß abwaschen, abtrocknen und die Schale dünn abreiben. Limette halbieren und den Saft auspressen.

2. Backobst mit den Ananasstücken, Zucker, Limettenschale und 3 Esslöffeln Limettensaft vermischen und etwa 30 Minuten marinieren.

3. Für den Teig Mehl in eine Rührschüssel geben. In die Mitte eine Vertiefung drücken und die Hefe hineinbröckeln. 6 Esslöffel von der Milch und etwas Zucker hinzufügen. Mit einem kleinen Teil des Mehls mit einer Gabel vorsichtig verrühren und etwa 10 Minuten gehen lassen.

4. Butter, restlichen Zucker und restliche Milch hinzufügen. Die Zutaten mit einem Mixer (Knethaken) zunächst kurz auf niedrigster, dann auf höchster Stufe in etwa 5 Minuten zu einem glatten Teig verarbeiten.

5. Den Teig mit Mehl bestäuben und zugedeckt so lange an einem warmen Ort gehen lassen, bis er sich sichtbar vergrößert hat (etwa 40 Minuten).

6. In der Zwischenzeit das marinierte Obst mit der Marinade und Wasser in einen gewässerten Römertopf® füllen. Den Topf mit dem Deckel verschließen und auf dem Rost in den kalten Backofen schieben.
Ober-/Unterhitze: etwa 200 °C
Heißluft: etwa 180 °C

7. Das marinierte Obst **etwa 60 Minuten garen.**

8. Nach etwa 40 Minuten Garzeit den gegangenen Teig leicht mit Mehl bestäuben, aus der Schüssel nehmen und auf einer bemehlten Arbeitsfläche nochmals gut durchkneten. Aus dem Teig walnussgroße Kugeln formen.

9. Von dem Römertopf® den Deckel abnehmen. Die Teigkugeln nebeneinander auf das Obst setzen. Den Römertopf® wieder mit dem Deckel verschließen und auf dem Rost in den heißen Backofen schieben. Die Buchteln mit dem Backobst in weiteren etwa 20 Minuten fertig garen.

10. Gegarte Buchteln mit Puderzucker bestäuben und nach Belieben unter dem vorgeheizten Backofengrill (oder bei Ober-/Unterhitze: etwa 240 °C) kurz karamellisieren.

11. Buchteln mit dem Backobst anrichten. Nach Belieben mit Bio-Limettenspalten garnieren. Die Buchteln mit der Vanille-Sauce servieren.

Tipp: Servieren Sie statt der Vanillesauce eine Sauce aus pürierten Früchten zu den Buchteln.

Hirschbraten-Mandarinen-Salat

Schnell – für Gäste

4 Portionen

Pro Portion: E: 38 g, F: 41 g, Kh: 18 g, kJ: 2482, kcal: 595, BE: 1,5

500 g gegarter Hirschbraten
120 g Delikatessmayonnaise
150 g Crème fraîche
2 EL flüssiger Honig
je 1 TL klein geschnittener Thymian und Rosmarin
Salz, gem. Pfeffer
8 Salatblätter, z. B. Lollo bionda
175 g abgetropfte Mandarinen (aus der Dose)

Zubereitungszeit: 20 Minuten

1. Den Hirschbraten in kleine Würfel schneiden.

2. Delikatessmayonnaise mit Crème fraîche und flüssigem Honig verrühren. Thymian und Rosmarin unterrühren und das Dressing mit Salz und Pfeffer abschmecken.

3. Die Salatblätter abspülen und gut trocken tupfen. Jeweils 2 Salatblätter auf 4 Teller legen.

4. Die Hirschbratenwürfel auf den Salatblättern verteilen und mit dem Dressing beträufeln.

5. Den Hirschbratensalat mit Mandarinen garniert servieren.

Hirsetopf mit Rosenkohl

Vegetarisch – schnell

4 Portionen

Pro Portion: E: 11 g, F: 12 g, Kh: 26 g, kJ: 1087, kcal: 260, BE: 2,0

3 mittelgroße Möhren (etwa 300 g)
1 mittelgroßer Knollensellerie (350–400 g)
2 EL Butter oder Margarine
300 g TK-Rosenkohl
100 g Hirse
750 ml Gemüsebrühe
Salz
gem. Pfeffer

Für das Kräuterpesto:

1 kleines Bund Petersilie
30 g frischer Parmesan
1/2–1 Knoblauchzehe
1 1/2 EL Olivenöl

Zubereitungszeit: 25 Minuten

1. Möhren und Sellerie putzen, schälen, abspülen und abtropfen lassen. Die Möhren in dünne Scheiben und den Sellerie in kleine Würfel schneiden.

2. Die Butter oder Margarine in einem Topf zerlassen. Möhrenscheiben und Selleriewürfel darin unter gelegentlichem Rühren bei mittlerer Hitze in etwa 2 Minuten kurz andünsten.

3. Den gefrorenen Rosenkohl mit der Hirse hinzufügen. Die Gemüsebrühe hinzugießen, mit etwas Salz und Pfeffer würzen.

4. Die Zutaten zum Kochen bringen und zugedeckt 7–10 Minuten bei schwacher Hitze kochen lassen, bis das Gemüse und die Hirse gar sind.

5. Für das Pesto in der Zwischenzeit Petersilie abspülen und trocken tupfen. Die Blättchen von den Stängeln zupfen, Blättchen grob zerschneiden.

6. Den Parmesan grob raspeln. Knoblauch abziehen, durch eine Knoblauchpresse drücken oder sehr fein würfeln. Petersilie, Parmesan und Knoblauch mit dem Pürierstab fein pürieren. Das Petersilienpüree in eine kleine Schüssel geben. Das Olivenöl unterschlagen. Das Kräuterpesto nach Belieben mit Salz und Pfeffer würzen.

7. Den Hirsetopf mit Salz und Pfeffer abschmecken. Das Kräuterpesto in den Hirsetopf rühren oder getrennt dazureichen.

Tipps: Im Winter hat frischer Rosenkohl Hochsaison. Dann nehmen Sie statt 300 g TK-Rosenkohl 350 bis 400 g frischen Rosenkohl. Den Rosenkohl von den schlechten äußeren Blättern befreien, etwas vom Strunk abschneiden, die Rosenkohlröschen am Strunk kreuzförmig einschneiden, abspülen und abtropfen lassen. Rosenkohl evtl. halbieren und wie unter Punkt 4 beschrieben in der Gemüsebrühe garen. Wenn Sie den Rosenkohl lieber etwas bissfester mögen, geben Sie den TK-Rosenkohl etwa 5 Minuten vor Garzeitende in die Gemüsebrühe.

Abwandlung: Die Hirse können Sie durch die gleiche Menge Amaranth ersetzen.

Kabeljaufilet Müllerin I

Für jeden Tag

4 Portionen

Pro Portion: E: 29 g, F: 14 g, Kh: 6 g, kJ: 1145, kcal: 274, BE: 0,5

400 g Porree (Lauch)
500 g Tomaten
4 EL Speiseöl
Salz
gem. Pfeffer
4 Kabeljaufilets (je etwa 150 g)
40 g Butter oder Margarine
1 Zitrone
1 Bund Petersilie

Zubereitungszeit: 40 Minuten
Garzeit: etwa 15 Minuten

1. Porree putzen, die Stangen längs halbieren, gründlich waschen, abtropfen lassen und in feine Streifen schneiden.

2. Tomaten kreuzweise einschneiden und mit kochendem Wasser übergießen. Nach 1–2 Minuten herausnehmen und mit kaltem Wasser abschrecken. Die Tomaten häuten, halbieren und die Stängelansätze herausschneiden. Tomaten in Würfel schneiden.

3. Den Backofen vorheizen.
Ober-/Unterhitze: etwa 200 °C
Heißluft: etwa 180 °C

4. Die Hälfte des Speiseöls in einer Pfanne erhitzen. Porreestreifen und Tomatenwürfel darin unter Rühren andünsten, mit Salz und Pfeffer würzen. Die Porree-Tomaten-Masse in eine feuerfeste Form oder Auflaufform (gefettet) geben.

5. Kabeljaufilets kurz unter fließendem kalten Wasser abspülen und trocken tupfen. Restliches Speiseöl mit 15 g der Butter in der gesäuberten Pfanne erhitzen. Kabeljaufilets darin von beiden Seiten anbraten, mit Salz und Pfeffer würzen. Kabeljaufilets herausnehmen und auf der Porree-Tomaten-Masse verteilen. Die Form auf dem Rost in den vorgeheizten Backofen schieben. Kabeljau Müllerin **etwa 15 Minuten garen.**

6. In der Zwischenzeit Zitrone so schälen, dass auch die weiße Haut mit entfernt wird. Zitrone in Scheiben schneiden. Petersilie abspülen und trocken tupfen. Die Blättchen von den Stängeln zupfen. Blättchen grob zerkleinern. Restliche Butter oder Margarine in einer Pfanne zerlassen.

7. Die Form auf einen Rost stellen. Die garen Fischfilets mit den Zitronenscheiben belegen und mit Petersilie bestreuen. Mit restlicher, zerlassener Butter oder Margarine beträufeln. Sofort servieren.

Kaiserschmarren | Süße Hauptmahlzeit

2 Portionen

Pro Portion: E: 22 g, F: 52 g, Kh: 70 g, kJ: 3574, kcal: 854, BE: 6,0

4	*Eier (Größe M)*
100 g	*Weizenmehl*
	Salz
1 Pck.	*Dr. Oetker Vanillin-Zucker*
200 g	*Schlagsahne oder 200 ml Milch (3,5 % Fett)*
50 g	*Rosinen*
etwa 50 g	*Butterschmalz oder 4 EL Speiseöl, z. B. Sonnenblumenöl*
etwas	*Puderzucker*

Zubereitungszeit: 30 Minuten

1. Eier trennen. Eiweiß steif schlagen. Eigelb mit Mehl, 1 Prise Salz, Vanillin-Zucker und Sahne oder Milch in eine Rührschüssel geben. Die Zutaten mit einem Mixer (Rührstäbe) zu einem glatten Teig verrühren. Eischnee und Rosinen unterheben.

2. Etwas Fett in einer Pfanne (Ø etwa 28 cm) erhitzen. Die Hälfte des Teiges hineingeben und bei mittlerer Hitze auf der Unterseite hellgelb backen.

3. Den an der Oberfläche noch etwas „flüssigen" Teig mit 2 Pfannenwendern zuerst vierteln, dann wenden und goldgelb backen, evtl. noch etwas Fett in die Pfanne geben.

4. Den Schmarren mit 2 Pfannenwendern in kleine Stücke reißen, auf einem Teller anrichten und warm stellen. Den restlichen Teig auf die gleiche Weise zubereiten. Die Kaiserschmarren mit Puderzucker bestäubt servieren.

Tipps: Den Kaiserschmarren als süßes Hauptgericht für 2 oder als Dessert für 4 Personen servieren. Reichen Sie Pflaumen- oder Aprikosenkompott dazu. Sie können die Rosinen vor der Verwendung in 1–2 Esslöffeln erwärmten, braunen Rum geben und etwa 30 Minuten durchziehen lassen. Die Rosinen (mit dem Rum) wie im Rezept angegeben unter den Teig geben. Wenn Sie den Schmarren im vorgeheizten Backofen bei Ober-/Unterhitze: etwa 200 °C etwa 8 Minuten backen, dann geht er schön auf.

Rezeptvariante: Für **Kaiserschmarren mit Nuss-Nougat** würfeln Sie statt der Rosinen 100 g Nuss-Nougat und heben die Nuss-Nougat-Würfel zusammen mit 50 g gehackten Mandeln unter den Teig. Kaiserschmarren wie im Rezept beschrieben zubereiten.

Kalbshaxe mit Laugenbrezelklößen

Klassiker mal anders

6 Portionen

Pro Portion: E: 74 g, F: 34 g, Kh: 58 g, kJ: 3545, kcal: 846, BE: 4,5

1 Kalbshaxe (mit Knochen, etwa 2 ½ kg)
100 g Zwiebeln
250 g Möhren
200 g Knollensellerie
250 g Petersilienwurzeln
1 Stange Porree (Lauch)
4 EL Speiseöl, z. B. Rapsöl
Salz, gem. Pfeffer
1 EL Tomatenmark
700 ml Fleischbrühe
je 1 TL gerebelter Thymian und Salbei

Für die Klöße:

500 g Laugenbrezeln
60 g Schalotten
1 Bund glatte Petersilie
60 g Butter
80 g Katenschinkenwürfel (aus dem Kühlregal)
250 ml Milch (3,5 % Fett)
4 Eier (Größe M)
ger. Muskatnuss

1 EL Speisestärke

Zubereitungszeit: 50 Minuten
Garzeit: etwa 5 ½ Stunden

1. Den Backofen bei Ober-/Unterhitze auf 95 °C vorheizen. Die Kalbshaxe mit Küchenpapier abtupfen, evtl. vorhandenes Fett und Sehnen entfernen.

2. Zwiebeln abziehen und klein würfeln. Möhren, Sellerie und Petersilienwurzeln putzen, schälen, abspülen, abtropfen lassen und in etwa 1 cm große Würfel schneiden. Porree putzen, die Stange längs halbieren, gründlich waschen, abtropfen lassen und in etwa 1 cm große Stücke schneiden.

3. Das Speiseöl in einem Bräter erhitzen. Die Kalbshaxe mit Salz und Pfeffer würzen und in dem erhitzten Speiseöl etwa 10 Minuten von allen Seiten anbraten. Die Zwiebelwürfel hinzufügen und kurz mit anbraten. Nach und nach die Möhren-, Sellerie- und Petersilienwurzelwürfel hinzugeben und ebenfalls kurz mitbraten lassen. Tomatenmark unterrühren, Brühe hinzugießen und aufkochen lassen.

4. Den Bräter auf dem Rost in den vorgeheizten Backofen (unteres Drittel) schieben. Die Kalbshaxe **etwa 5 ½ Stunden garen,** dabei die Haxe 2–3-mal wenden. Nach etwa 3 Stunden Garzeit Thymian, Salbei und Porreestücke unterrühren und die Haxe fertig garen.

5. Etwa 1 Stunde vor Ende der Garzeit für die Klöße die Laugenbrezeln in Scheiben schneiden und in eine Schüssel geben. Schalotten abziehen und in kleine Würfel schneiden. Petersilie abspülen und trocken tupfen. Die Blättchen von den Stängeln zupfen und Blättchen klein schneiden.

6. Butter in einem Topf zerlassen. Die Schinken- und Schalottenwürfel darin anbraten, Milch hinzugießen und unter Rühren aufkochen lassen. Den Topf von der Kochstelle nehmen und die Milch etwas abkühlen lassen. Dann die Eier unterrühren, die Masse zu den Brezelscheiben in die Schüssel geben. Petersilie hinzugeben und alles gut vermengen, mit Muskat würzen. Aus der Masse mit angefeuchteten Händen einen kleinen Probekloß formen.

7. Wasser in einem großen Topf zum Kochen bringen, Salz hinzufügen. Den Probekloß hineingeben und etwas ziehen lassen. Wenn der Probekloß nicht auseinanderfällt, dann aus der restlichen Kloßmasse 12 Klöße formen, in das kochende Salzwasser geben und bei schwacher Hitze etwa 15 Minuten gar ziehen lassen. Sollte der Probekloß auseinanderfallen, noch 1 Esslöffel Weizenmehl unter die Masse kneten.

8. Die gegarte Kalbshaxe aus dem Bräter nehmen und warm stellen. Die Speisestärke mit etwas kaltem Wasser anrühren, in den Bratensud rühren und unter Rühren kurz aufkochen lassen. Die Sauce mit Salz und Pfeffer abschmecken.

9. Die gegarten Laugenbrezelklöße mit einer Schaumkelle aus dem Topf nehmen und anschließend etwas abtropfen lassen.

10. Das Fleisch vom Knochen lösen und in Scheiben schneiden, mit der Gemüsesauce und den Klößen servieren.

Kalbstafelspitz mit Schmorkohl

Für Gäste

4 Portionen

Pro Portion: E: 47 g, F: 11 g, Kh: 23 g, kJ: 1675, kcal: 400, BE: 2,0

750 g Tafelspitz vom Kalb
Salz
gem. Pfeffer
3 EL Olivenöl

600 g neue, kleine Kartoffeln
200 g Rosenkohl
500 g Wirsing
1 Zwiebel
100 ml Gemüsebrühe

2 EL Schnittlauchröllchen

Zubereitungszeit: 30 Minuten
Garzeit: etwa 5 Stunden

1. Den Backofen bei Ober-/Unterhitze auf 80 °C vorheizen. Einen feuerfesten Teller oder eine Auflaufform mit niedrigem Rand auf dem Rost (unteres Drittel) mit erwärmen.

2. Tafelspitz mit Küchenpapier abtupfen, mit Salz und Pfeffer würzen. Olivenöl in einer Pfanne erhitzen. Das Fleisch darin etwa 10 Minuten von allen Seiten gut anbraten und herausnehmen.

3. Tafelspitz auf dem vorgewärmten Teller oder in der Auflaufform auf dem Rost in den vorgeheizten Backofen schieben. Tafelspitz **etwa 5 Stunden garen.** Die Pfanne mit dem Bratensatz beiseitestellen.

4. Etwa 1 Stunde vor Ende der Garzeit die Kartoffeln schälen, abspülen, abtropfen lassen und in einem Topf knapp mit Wasser bedeckt zugedeckt zum Kochen bringen. Kartoffeln etwa 10 Minuten kochen lassen, dann abgießen.

5. Rosenkohl von den schlechten Blättern befreien und etwas vom Strunk abschneiden. Die Rosenkohlröschen am Strunk kreuzförmig einschneiden, abspülen und abtropfen lassen. Den Rosenkohl in kochendem Wasser zugedeckt etwa 10 Minuten garen. Anschließend in einem Sieb abtropfen lassen.

6. Vom Wirsing die äußeren Blätter entfernen, Wirsing evtl. vierteln und den Strunk herausschneiden. Den Wirsing abspülen, abtropfen lassen und in Streifen schneiden. Zwiebel abziehen und fein würfeln.

7. Beiseitegestellte Pfanne mit dem Bratensatz erhitzen. Die Zwiebelwürfel darin anbraten, Wirsingstreifen hinzufügen und unter Rühren ebenfalls kurz mitbraten lassen. Brühe hinzugießen. Den Schmorkohl zugedeckt etwa 5 Minuten schmoren lassen.

8. Dann Rosenkohl und Kartoffeln mit in die Pfanne geben und alles zugedeckt weitere 8–10 Minuten garen, mit Salz und Pfeffer würzen.

9. Den gegarten Kalbstafelspitz aus dem Backofen nehmen, in Scheiben schneiden, mit dem Schmorkohl und den Kartoffeln anrichten. Mit Schnittlauchröllchen bestreut servieren.

Tipps: Unter das Gemüse 1 Esslöffel Crème fraîche rühren. Sie können dieses Rezept auch mit 750 g Schweinekotelett am Stück (ohne Knochen) zubereiten. Sie können das Rezept auch nur aus 700 g Wirsing (ohne Rosenkohl) zubereiten. Oder würzen Sie das Gericht doch einmal mit frischem Majoran, geriebener Muskatnuss oder mit Kümmelsamen.

Kaninchen, geschmortes

Beliebt – klassisch

6 Portionen

Pro Portion: E: 80 g, F: 25 g, Kh: 6 g, kJ: 2426, kcal: 580, BE: 0,5

3 küchenfertige Wildkaninchen (je etwa 900 g)
Salz, gem. Pfeffer
4 EL Rapsöl
2 Schalotten
80 g Knollensellerie
1 Möhre
500 ml Geflügelfond oder -brühe
1 Bio-Orange (unbehandelt, ungewachst)
1 Lorbeerblatt
2 Gewürznelken
1 Sternanis
750 g Staudensellerie
70 g Butter
Zucker
1 EL Speisestärke

Zubereitungszeit: 45 Minuten
Garzeit: etwa 40 Minuten

1. Die Wildkaninchen mit Küchenpapier abtupfen, evtl. enthäuten und in Portionsstücke zerlegen. Mit Salz und Pfeffer würzen.

2. Das Rapsöl in einem großen Bräter erhitzen. Die Kaninchenteile darin evtl. portionsweise von allen Seiten anbraten. Die Schalotten abziehen, vierteln, hinzugeben und mit anbraten. Sellerie und Möhre putzen, schälen, abspülen, abtropfen lassen und in kleine Würfel schneiden. Gemüsewürfel ebenfalls mit anbraten.

3. Geflügelfond oder -brühe hinzugießen und zum Kochen bringen. Orange heiß abwaschen, abtrocknen und etwas von der Schale abreiben. Lorbeerblatt, Gewürznelken und Sternanis zu den Kaninchenstücken in den Bräter geben. Mit abgeriebener Orangenschale würzen. Die Wildkaninchenstücke zugedeckt etwa 40 Minuten schmoren.

4. In der Zwischenzeit den Staudensellerie putzen, abspülen und abtropfen lassen. Selleriestangen in etwa 1 cm lange Stücke schneiden.

5. Butter in einem Topf zerlassen. Die Selleriestücke darin etwa 6 Minuten unter gelegentlichem Rühren dünsten. Selleriegemüse mit Zucker und Salz würzen.

6. Die gegarten Kaninchenstücke aus dem Bräter nehmen und zugedeckt warm stellen. Speisestärke mit etwas kaltem Wasser anrühren, in den Bratenfond rühren und unter Rühren kurz aufkochen lassen. Die Sauce mit Salz und Pfeffer abschmecken.

7. Wildkaninchen mit Sauce und Staudensellerie servieren.

Beilage: Vollkornspätzle.

Kaninchenbraten mit Oliven

Einfach

6–8 Portionen

Pro Portion: E: 51 g, F: 24 g, Kh: 8 g, kJ: 1942, kcal: 464, BE: 0,5

2 küchenfertige Wildkaninchen oder Kaninchen (oder 2 kg Kaninchenteile)
220 g Zwiebeln
2 Knoblauchzehen
200 g Zucchini
250 g Tomaten
6 EL Olivenöl
Salz
gem. Pfeffer
500 ml Geflügelfond
180 g trocken eingelegte, entsteinte Oliven
1 Bio-Zitrone (unbehandelt, ungewachst)
1 TL gerebelter Thymian
1 TL gerebelter Rosmarin
1 EL Weizenmehl
1 EL Speisestärke

Zubereitungszeit: 45 Minuten
Garzeit: etwa 2 Stunden

1. Den Backofen bei Ober-/Unterhitze auf 95 °C vorheizen. Kaninchen mit Küchenpapier abtupfen, evtl. enthauten. Die Kaninchen in Portionsstücke zerlegen.

2. Zwiebeln und Knoblauch abziehen und in feine Würfel schneiden. Zucchini und Tomaten abspülen und abtropfen lassen. Von der Zucchini die Enden abschneiden. Zucchini in etwa 1 cm große Würfel schneiden. Tomaten halbieren und die Stängelansätze herausschneiden. Tomaten ebenfalls in etwa 1 cm große Würfel schneiden.

3. Olivenöl in einem Bräter erhitzen. Kaninchenstücke mit Salz und Pfeffer würzen und in dem Olivenöl von allen Seiten etwa 10 Minuten anbraten. Nach und nach Zwiebel-, Knoblauch-, Zucchini- und Tomatenwürfel hinzufügen und mit anbraten.

4. Geflügelfond hinzugießen und zum Kochen bringen, dann die Oliven hinzugeben. Die Zitrone heiß abwaschen, abtrocknen und die Schale abreiben. Zitrone halbieren und den Saft auspressen. Zitronenschale, -saft, Thymian und Rosmarin zu den Kaninchenstücken in den Bräter geben und unterrühren.

5. Den Bräter ohne Deckel auf dem Rost in den vorgeheizten Backofen (unteres Drittel) schieben. Die Kaninchenstücke **etwa 2 Stunden garen.**

6. Die gegarten Kaninchenstücke aus dem Bräter nehmen und warm stellen. Den Bratenfond kurz aufkochen lassen. Mehl und Speisestärke mit etwas kaltem Wasser anrühren, in den Fond rühren, unter Rühren zum Kochen bringen und etwa 5 Minuten kochen lassen. Die Sauce mit Salz und Pfeffer abschmecken und mit dem Kaninchen servieren.

Beilage: Bandnudeln.

Tipp: Garnieren Sie das Gericht mit einigen abgespülten, trocken getupften Stängeln Thymian.

Kanincheneintopf

Macht richtig satt

4 Portionen

Pro Portion: E: 49 g, F: 19 g, Kh: 23 g, kJ: 1984, kcal: 474, BE: 2,0

1 kg Wildkaninchen- oder Kaninchenteile, z. B. Brust, Läufe, Keule
Salz
gem. Pfeffer
3 EL Olivenöl
2 Zwiebeln
60 g Schinkenwürfel (aus dem Kühlregal)
1 EL Tomatenmark
700 ml Geflügelbrühe
½ TL gerebelter Rosmarin
3–4 Pimentkörner
2 Gewürznelken
150 g Knollensellerie
200 g Möhren
250 g festkochende Kartoffeln
80 g Backpflaumen ohne Stein

Zubereitungszeit: 30 Minuten
Garzeit: etwa 90 Minuten

1. Die Kaninchenteile mit Küchenpapier abtupfen, evtl. enthäuten, mit Salz und Pfeffer würzen.

2. Olivenöl in einem Topf erhitzen. Die Kaninchenteile darin von allen Seiten anbraten. Zwiebeln abziehen und in kleine Würfel schneiden. Zwiebel- und Schinkenwürfel hinzugeben, mit anbraten. Tomatenmark unterrühren.

3. Die Brühe hinzugießen und zum Kochen bringen. Rosmarin, Pimentkörner und Gewürznelken unterrühren. Die Kaninchenteile zugedeckt etwa 60 Minuten garen.

4. Sellerie und Möhren putzen, schälen, abspülen und abtropfen lassen. Kartoffeln schälen, abspülen, abtropfen lassen. Sellerie, Möhren und Kartoffeln in etwa 1 cm große Würfel schneiden.

5. Die gegarten Kaninchenteile aus der Brühe nehmen. Das Fleisch von den Knochen lösen und in kleine Stücke schneiden. Die Fleischstücke zusammen mit den Sellerie-, Möhren- und Kartoffelwürfeln wieder in die Brühe geben. Eintopf zugedeckt in weiteren etwa 30 Minuten fertig garen.

6. Backpflaumen vierteln und in den Eintopf geben. Den Eintopf mit Salz und Pfeffer abschmecken.

Kaninchenrücken auf Wirsing

Schnell – für Gäste

4 Portionen

Pro Portion: E: 48 g, F: 19 g, Kh: 49 g, kJ: 2237, kcal: 535, BE: 4,0

4	*Kaninchenrückenfilets (etwa 600 g)*
	Salz
	gem. Pfeffer
800 g	*Wirsing*
150 g	*Crème fraîche*
	ger. Muskatnuss
3 EL	*Speiseöl, z. B. Rapsöl*
500–600 g	*Schupfnudeln (aus dem Kühlregal)*
einige	*glatte Petersilienblättchen*

Zubereitungszeit: 30 Minuten

1. Die Kaninchenrückenfilets mit Küchenpapier abtupfen, evtl. enthäuten, mit Salz und Pfeffer würzen.

2. Von dem Wirsing die äußeren Blätter entfernen. Den Wirsing vierteln und den Strunk herausschneiden. Wirsing abspülen, abtropfen lassen und klein schneiden.

3. Die Wirsingstücke evtl. portionsweise in kochendem Salzwasser etwa 3 Minuten blanchieren, in ein Sieb geben, mit kaltem Wasser abschrecken und gut abtropfen lassen.

4. Den Wirsing wieder in einen Topf geben und Crème fraîche unterrühren. Den Wirsing noch etwa 3 Minuten garen. Mit Salz, Pfeffer und Muskat würzen.

5. Speiseöl in einer Pfanne erhitzen, die Kaninchenrückenfilets darin von allen Seiten 5–8 Minuten braten.

6. Schupfnudeln nach Packungsanleitung zubereiten. Die Petersilienblättchen abspülen und trocken tupfen. Die Kaninchenrückenfilets auf dem Wirsinggemüse anrichten, mit Petersilienblättchen garnieren und mit den Schupfnudeln servieren.

Karnevalssalat

Für Gäste – herzhaft

6 Portionen

Pro Portion: E: 20 g, F: 40 g, Kh: 29 g, kJ: 2347, kcal: 561, BE: 2,5

Für den Salat:

250 g abgetropfte Bismarckheringe (aus dem Glas)
125 g abgetropfte Gewürzgurken (aus dem Glas)
4 hart gekochte Eier
250 g Fleischwurst
2 Äpfel (etwa 400 g)
1 kleine Zwiebel
500 g gekochte Pellkartoffeln
350 g Joghurt-Salatcreme
50 ml Gurkenflüssigkeit
2 EL Kräuteressig
Salz
gem. Pfeffer

Zum Garnieren:

1 hart gekochtes Ei
einige Petersilienblättchen

Zubereitungszeit: 40 Minuten

1. Für den Salat Heringe und Gurken in kleine Würfel schneiden. Eier pellen. Von der Fleischwurst die Pelle abziehen. Die Äpfel schälen, vierteln und entkernen. Zwiebel abziehen. Kartoffeln pellen.

2. Eier, Fleischwurst, Apfelviertel, Zwiebel und Kartoffeln in kleine Würfel schneiden. Die Salatzutaten in eine Schüssel geben und vermengen. Salatcreme mit Gurkenflüssigkeit und Essig verrühren. Mit Salz und Pfeffer abschmecken. Die Salatcreme unter die Salatzutaten heben.

3. Zum Garnieren Ei pellen und in Scheiben schneiden. Den Karnevalssalat mit abgespülten, trocken getupften Petersilienblättchen und Eischeiben garniert servieren.

Kartoffelauflauf mit Hackfleisch und Porree

Für Kinder

4 Portionen

Pro Portion: E: 35 g, F: 40 g, Kh: 33 g, kJ: 2697, kcal: 644, BE: 2,5

750 g Kartoffeln
Salz
2 Stangen Porree (Lauch, etwa 500 g)
2 Zwiebeln
2 Knoblauchzehen
2 EL Speiseöl
500 g Gehacktes (halb Rind-, halb Schweinefleisch)
gem. Pfeffer
Cayennepfeffer
250 g saure Sahne
2 EL klein geschnittene Petersilie
50 g ger. Emmentaler
1 EL Butter
einige Petersilienblättchen

Zubereitungszeit: 40 Minuten
Garzeit: etwa 30 Minuten

1. Kartoffeln gründlich waschen, knapp mit Wasser bedeckt, zugedeckt zum Kochen bringen, Salz hinzugeben. Die Kartoffeln etwa 25 Minuten kochen. Die gegarten Kartoffeln abgießen, mit kaltem Wasser abschrecken, heiß pellen und etwas abkühlen lassen. Kartoffeln in Scheiben schneiden.

2. Den Porree putzen, die Stangen längs halbieren, gründlich waschen, abtropfen lassen und in Streifen schneiden. Die Porreestreifen in kochendem Wasser 2–3 Minuten blanchieren, in ein Sieb geben, mit kaltem Wasser abschrecken und abtropfen lassen. Zwiebeln und Knoblauch abziehen und in kleine Würfel schneiden. Speiseöl in einer Pfanne erhitzen. Die Zwiebel- und Knoblauchwürfel darin glasig dünsten.

3. Den Backofen vorheizen.
Ober-/Unterhitze: etwa 200 °C
Heißluft: etwa 180 °C

4. Gehacktes hinzugeben und unter Rühren anbraten, dabei die Fleischklümpchen mit einer Gabel zerdrücken. Mit Salz, Pfeffer und Cayennepfeffer würzen. Saure Sahne mit Petersilie verrühren, mit Salz und Pfeffer würzen.

5. Die Hälfte der Kartoffelscheiben und die Hälfte der Porreestreifen in eine flache Auflaufform (gefettet) geben und mit Salz würzen. Die Hälfte der Petersiliensahne daraufgeben und die Gehacktesmasse darauf verteilen. Die restlichen Kartoffelscheiben und Porreestreifen daraufgeben und mit Salz würzen. Restliche Petersiliensahne darauf verteilen und den Käse daraufstreuen. Butter in Flöckchen daraufsetzen. Die Form auf dem Rost in den vorgeheizten Backofen schieben. Den Auflauf **etwa 30 Minuten garen.**

6. Den Auflauf mit abgespülten, trocken getupften Petersilienblättchen garnieren und sofort servieren.

Kartoffelauflauf mit Speck | Einfach

4 Portionen

Pro Portion: E: 18 g, F: 18 g, Kh: 49 g, kJ: 1887, kcal: 452, BE: 4,0

1 ½ kg vorwiegend festkochende Kartoffeln
2 große Zwiebeln
4 Eier (Größe M)
Salz, gem. Pfeffer
100 g durchwachsener Speck, im Stück
50 g Frühstücksspeck, in Scheiben (Bacon)

Zubereitungszeit: 40 Minuten
Garzeit: 50–60 Minuten

1. Den Backofen vorheizen.
Ober-/Unterhitze: etwa 160 °C
Heißluft: etwa 140 °C

2. Kartoffeln schälen, abspülen, abtropfen lassen, grob reiben und in ein Sieb geben.

3. Die Zwiebeln abziehen und in sehr feine Würfel schneiden.

4. Geriebene Kartoffeln mit Zwiebelwürfeln und Eiern in einer Schüssel vermengen, mit Salz und Pfeffer würzen.

5. Den Speck zuerst in Scheiben, dann in Streifen schneiden, zu der Kartoffelmasse geben und unterrühren.

6. Die Kartoffelmasse in eine Auflaufform (gefettet) geben und glatt streichen. Frühstücksspeckscheiben dekorativ auf dem Auflauf verteilen.

7. Die Form auf dem Rost in den vorgeheizten Backofen (unteres Drittel) schieben. Den Kartoffelauflauf **50–60 Minuten garen.**

Kartoffel-Gemüse-Salat mit Senfmarinade | Für die Party

10 Portionen

Pro Portion: E: 4 g, F: 3 g, Kh: 26 g, kJ: 655, kcal: 156, BE: 2,0

1 1/2 kg Kartoffeln
250 g Staudensellerie
300 g Möhren
200 g Radieschen
3 Frühlingszwiebeln
250 g Cocktailtomaten

Für die Senfmarinade:

2 EL grobkörniger Senf
6 EL weißer Balsamico-Essig
Saft von
1 Zitrone
3 EL Olivenöl
Salz
Zucker
gem. Pfeffer

Zubereitungszeit: 25 Minuten, ohne Abkühlzeit

1. Die Kartoffeln gründlich waschen, in einem Topf knapp mit Wasser bedeckt, zugedeckt zum Kochen bringen und in etwa 25 Minuten gar kochen. Die Kartoffeln abgießen, mit kaltem Wasser abschrecken, abtropfen und etwas abkühlen lassen. Die warmen Kartoffeln pellen, abkühlen lassen und in Scheiben schneiden.

2. Staudensellerie putzen, abspülen, abtropfen lassen und in dünne Scheiben schneiden. Möhren putzen, schälen, abspülen, abtropfen lassen und auf einem Gemüsehobel in feine Scheiben hobeln. Radieschen putzen, abspülen, abtropfen lassen und ebenfalls in feine Scheiben schneiden. Frühlingszwiebeln putzen, abspülen, abtropfen lassen und in schmale Scheiben schneiden. Tomaten abspülen, trocken tupfen, halbieren und die Stängelansätze herausschneiden. Das vorbereitete Gemüse in eine große Salatschüssel geben und mit den Kartoffelscheiben vermischen.

3. Für die Marinade Senf mit Essig und Zitronensaft verrühren. Olivenöl unterschlagen. Mit Salz und 1 Prise Zucker würzen. Marinade kurz vor dem Servieren unter die Salatzutaten mischen. Den Salat nochmals mit Salz und Pfeffer abschmecken.

Kartoffel-Pastinaken-Stampf mit Gemüse I

Vegetarisch – für Kinder

4 Portionen

Pro Portion: E: 14 g, F: 14 g, Kh: 44 g, kJ: 1519, kcal: 363, BE: 3,5

Für den Stampf:

300 g Pastinaken
1 kg mehligkochende Kartoffeln
250 ml Gemüsebrühe

Für das Gemüse:

1 kleiner Blumenkohl (etwa 800 g)
1 Bund Frühlingszwiebeln (etwa 200 g)
250 g Zuckerschoten
125 ml Gemüsebrühe
50 g Kürbiskerne

100 ml Milch (3,5 % Fett)
30 g Butter
Salz
gem. Pfeffer
ger. Muskatnuss
evtl. etwa
4 EL Kürbiskernöl

Zubereitungszeit: 45 Minuten

1. Für den Stampf Pastinaken putzen, schälen, abspülen, abtropfen lassen und in etwa 1/2 cm dicke Scheiben schneiden. Kartoffeln schälen, abspülen, abtropfen lassen und vierteln.

2. Brühe, Kartoffelstücke und Pastinakenscheiben in einem Topf zum Kochen bringen und zugedeckt etwa 25 Minuten bei schwacher Hitze dünsten.

3. In der Zwischenzeit für das Gemüse von dem Blumenkohl die Blätter entfernen. Blumenkohl in kleine Röschen teilen, abspülen und abtropfen lassen. Die Frühlingszwiebeln putzen, abspülen, abtropfen lassen und schräg in etwa 1 cm breite Stücke schneiden. Von den Zuckerschoten die Enden abschneiden, evtl. abfädeln. Zuckerschoten abspülen, abtropfen lassen und 1–2-mal schräg durchschneiden.

4. Brühe in einem breiten Topf zum Kochen bringen. Blumenkohlröschen hinzugeben und zugedeckt etwa 5 Minuten bei mittlerer Hitze dünsten.

5. In der Zwischenzeit Kürbiskerne in einer Pfanne ohne Fett unter Rühren hellbraun rösten, bis sie aufspringen. Kürbiskerne herausnehmen und auf einem Teller abkühlen lassen.

6. Frühlingszwiebel- und Zuckerschotenstücke zum Blumenkohl in den Topf geben und etwa 3 Minuten mitgaren lassen.

7. Milch aufkochen. Die gegarten Kartoffelstücke und Pastinakenscheiben in der verbliebenen Brühe mit einem Kartoffelstampfer zerdrücken. Milch und Butter unter das Püree rühren. Mit Salz, Pfeffer und Muskat abschmecken.

8. Das Gemüse mit Salz und Pfeffer würzen und mit dem Kartoffel-Pastinaken-Stampf anrichten. Das Gemüse mit den Kürbiskernen bestreuen und nach Belieben mit Kürbiskernöl beträufeln.

Tipps: Wer statt der Kürbiskerne Nusskerne bevorzugt, kann auch gehobelte Haselnusskerne rösten und das Gemüse z. B. mit Nussöl oder leicht gebräunter Butter beträufeln. Sie können das Rezept auch mit TK-Zuckerschoten zubereiten.

Kartoffelsalat mit Mayonnaise I

Klassisch

6 Portionen

Pro Portion: E: 10 g, F: 25 g, Kh: 31 g, kJ: 1630, kcal: 389, BE: 2,5

800 g festkochende Kartoffeln
2 Zwiebeln
100 g abgetropfte Gewürzgurken (aus dem Glas)
3 hart gekochte Eier

Für die Sauce:

6 EL Salatmayonnaise
3 EL Gurkenflüssigkeit
1 EL mittelscharfer Senf
Salz
gem. Pfeffer

Zubereitungszeit: 45 Minuten, ohne Abkühl- und Durchziehzeit

1. Kartoffeln gründlich waschen, in einem Topf knapp mit Wasser bedeckt, zugedeckt zum Kochen bringen und in etwa 25 Minuten gar kochen.

2. Die gegarten Kartoffeln abgießen, abtropfen, kurz abkühlen lassen und pellen. Kartoffeln in Scheiben schneiden und in eine große Schüssel geben.

3. Zwiebeln abziehen, klein würfeln. Gurken und die gepellten Eier in Scheiben schneiden.

4. Für die Sauce Mayonnaise mit Gurkenflüssigkeit und Senf verrühren. Die Zwiebelwürfel, Gurken- und Eierscheiben mit den abgekühlten Kartoffelscheiben zur Sauce geben und vorsichtig untermischen. Mit Salz und Pfeffer würzen. Kartoffelsalat mindestens 30 Minuten durchziehen lassen.

Tipp: Den Kartoffelsalat als Beilage zu Wurst, Leberkäse, Schinkenbraten oder Frikadellen servieren.

Rezeptvarianten: **Kartoffelsalat mit Fleischwurst.** Zusätzlich noch 1 geschälten, in Würfel geschnittenen Apfel und 250 g enthäutete, in sehr kleine Würfel geschnittene Fleischwurst unter den Salat mischen.
Kartoffelsalat mit Kürbis. Anstelle der Gewürzgurken 200 g eingelegten Kürbis (aus dem Glas) in einem Sieb abtropfen lassen, dabei die Flüssigkeit auffangen und 3 Esslöffel für die Sauce abmessen (anstelle der Gurkenflüssigkeit verwenden).

Kartoffelsalat mit Speck und Zwiebeln | Einfach

4 Portionen

Pro Portion: E: 11 g, F: 22 g, Kh: 44 g, kJ: 1806, kcal: 433, BE: 3,5

1,2 kg	*große Kartoffeln*
	Salz
4	*Zwiebeln oder Schalotten*
10	*dünne Scheiben durchwachsener Speck*
5 EL	*Speiseöl, z. B. Sonnenblumenöl*
3 EL	*Kräuteressig*
	gem. Pfeffer

Zubereitungszeit: 40 Minuten, ohne Abkühlzeit

1. Kartoffeln gründlich waschen, in einem Topf knapp mit Wasser bedeckt, zugedeckt zum Kochen bringen. Die Kartoffeln in etwa 25 Minuten gar kochen. Kartoffeln abgießen, mit kaltem Wasser abschrecken, abtropfen und etwas abkühlen lassen.

2. Kartoffeln pellen, längs vierteln und in Scheiben schneiden.

3. Zwiebeln oder Schalotten abziehen und in kleine Würfel schneiden. Speckscheiben in Streifen schneiden. Speiseöl in einer Pfanne erhitzen, Zwiebel- oder Schalottenwürfel darin glasig dünsten, Speckstreifen hinzugeben und darin auslassen. Essig unterrühren, mit Salz und Pfeffer würzen.

4. Die Speck-Zwiebel-Masse mit den Kartoffelscheiben vermischen, mit Salz und Pfeffer abschmecken und auf einer Platte anrichten.

Tipps: Den Salat auf grünen Salatblättern, z. B. Borretschblättern anrichten. Nach Belieben können die Kartoffeln auch mit Schale zum Salat verarbeitet werden.

Kartoffelsuppe mit Hackfleischbällchen I

Preiswert – für Kinder

4 Portionen

Pro Portion: E: 31 g, F: 48 g, Kh: 30 g, kJ: 2814, kcal: 672, BE: 2,0

Für die Hackfleischbällchen:

1 Brötchen (Semmel) vom Vortag
400 g Rindergehacktes
1 abgezogene, fein gewürfelte Zwiebel
1 Ei (Größe M)
2 EL klein geschnittene Petersilie
Salz
gem. Pfeffer
ger. Muskatnuss
750 ml Gemüsebrühe

Für die Kartoffelsuppe:

100 g magerer, durchwachsener Speck
3 Zwiebeln
600 g Kartoffeln
1 Stange Porree (Lauch)
30 g Butterschmalz
2 Msp. Safranpulver
½ TL ger. Majoran
100 g Schlagsahne
2 EL klein geschnittene Petersilie
2 EL Tomatenwürfel

Zubereitungszeit: 50 Minuten
Garzeit: Hackfleischbällchen etwa 10 Minuten, Suppe etwa 15 Minuten

1. Für die Bällchen das Brötchen in kaltem Wasser einweichen und gut ausdrücken. Gehacktes in eine Schüssel geben. Brötchen, Zwiebelwürfel, Ei und Petersilie hinzufügen. Die Zutaten gut verkneten. Mit Salz, Pfeffer und Muskat würzen.

2. Aus der Hackfleischmasse mit angefeuchteten Händen kleine Bällchen formen. Brühe in einem Topf zum Kochen bringen. Die Hackfleischbällchen hinzufügen und etwa 10 Minuten ziehen lassen.

3. Hackfleischbällchen mit einer Schaumkelle herausnehmen. Die Brühe für die Zubereitung der Suppe beiseitestellen.

4. Für die Suppe Speck in Würfel schneiden. Zwiebeln abziehen und klein würfeln. Kartoffeln schälen, abspülen, abtropfen lassen und in Würfel schneiden.

5. Porree putzen, die Stange längs halbieren, gründlich waschen, abtropfen lassen und in dünne Streifen schneiden.

6. Butterschmalz in einem Topf zerlassen, Speckwürfel darin auslassen, die Zwiebelwürfel mit andünsten.

7. Kartoffelwürfel und Porreestreifen hinzufügen, unter mehrmaligem Wenden mitdünsten lassen. Mit Safran, Majoran, Salz und Pfeffer würzen. Beiseitegestellte Brühe hinzugießen.

8. Die Zutaten zum Kochen bringen und etwa 15 Minuten kochen lassen.

9. Sahne, Petersilie und Tomatenwürfel unterrühren. Die Kartoffelsuppe nochmals mit den Gewürzen abschmecken.

10. Die Hackfleischbällchen in die Suppe geben und kurz erhitzen.

Kasseler mit Bohnenragout I

Gut vorzubereiten

4 Portionen

Pro Portion: E: 27 g, F: 12 g, Kh: 29 g, kJ: 1448, kcal: 346, BE: 2,5

1 kleine Zwiebel
500 g festkochende Kartoffeln
400 g Kasselerfilet
2 EL Speiseöl
100 g abgetropfte rote Bohnen (aus der Dose)
100 g abgetropfte weiße Bohnen (aus der Dose)
100 g abgetropfte dicke Bohnen (aus der Dose)
1 l Gemüsebrühe
1 Bund Bohnenkraut
1 Bund klein geschnittene Petersilie
1–2 Stängel Rosmarin
Salz
gem. Pfeffer

Zubereitungszeit: 60 Minuten
Garzeit: etwa 40 Minuten

1. Zwiebel abziehen und in kleine Würfel schneiden. Kartoffeln schälen, abspülen, abtropfen lassen und ebenfalls klein würfeln. Kasselerfilet mit Küchenpapier abtupfen.

2. Speiseöl in einem Bräter erhitzen, Kasselerfilet darin von allen Seiten anbraten. Die drei Bohnensorten, Zwiebel- und Kartoffelwürfel hinzufügen und kurz mitschmoren lassen. Brühe hinzugießen.

3. Bohnenkraut, Petersilie und Rosmarin abspülen und trocken tupfen. Die Blättchen bzw. Nadeln von den Stängeln zupfen, Blättchen bzw. Nadeln klein schneiden und zum Kasselerfilet in den Bräter geben. Die Zutaten zum Kochen bringen und zugedeckt etwa 40 Minuten garen. Bohnenragout mit Salz und Pfeffer würzen.

4. Kasselerfilet in Scheiben schneiden und mit dem Bohnenragout anrichten.

Kasseler mit Pumpernickelkruste | Raffiniert – für Gäste

10 Portionen

Pro Portion: E: 40 g, F: 18 g, Kh: 15 g, kJ: 1623, kcal: 387, BE: 1,5

2,2 kg Kasseler Lachsbraten (Kasseler Rücken)
250 g Pumpernickel
3 EL Zuckerrübensirup (Rübenkraut)

Zubereitungszeit: 25 Minuten
Garzeit: etwa 45 Minuten

1. Kasseler mit Küchenpapier abtupfen und auf ein Backblech (mit Alufolie belegt) legen.

2. Den Backofen vorheizen.
Ober-/Unterhitze: etwa 180 °C
Heißluft: etwa 160 °C

3. Pumpernickel grob zerbröseln und portionsweise in einem Blitzhacker fein zerkleinern. Pumpernickelbrösel in eine Rührschüssel geben. Zuckerrübensirup hinzugeben und alles zu einer glatten Masse verarbeiten. Die Pumpernickelmasse auf dem Kasseler verteilen und auf der Oberfläche fest andrücken.

4. Das Backblech in den vorgeheizten Backofen schieben. Kasseler **etwa 45 Minuten garen.**

5. Kasseler vom Backblech nehmen und mit einem Elektromesser in Scheiben schneiden. Kasseler auf einer Platte anrichten und heiß servieren.

Kasseler mit Wurzelgemüse und Schupfnudeln I

Preiswert – schnell

4 Portionen

Pro Portion: E: 53 g, F: 33 g, Kh: 45 g, kJ: 2777, kcal: 663, BE: 3,5

1 Bund	*Suppengrün (Sellerie, Möhren, Porree)*
500 ml	*Gemüsebrühe*
	Salz
2 EL	*Butter*
	gem. Pfeffer
	ger. Muskatnuss
4 Scheiben	*Kasseler (aus dem Kotelettstück, ohne Knochen, je etwa 200 g)*
4 EL	*Speiseöl, z. B. Sonnenblumenöl*
500 g	*Schupfnudeln (aus dem Kühlregal)*
2 EL	*klein geschnittene Petersilie*

Zubereitungszeit: 25 Minuten

1. Sellerie und Möhren putzen, schälen, abspülen, abtropfen lassen. Porree putzen, die Stange längs halbieren, gründlich waschen, abtropfen lassen. Das Gemüse in grobe Stücke schneiden.

2. Die Gemüsebrühe in einem Topf zugedeckt zum Kochen bringen. Dann etwas Salz und die Gemüsestücke hinzugeben, wieder zum Kochen bringen und 10–12 Minuten garen. Anschließend die Gemüsestücke in einem Sieb abtropfen lassen und wieder zurück in den Topf geben.

3. Einen Esslöffel von der Butter hinzugeben und das Gemüse darin schwenken. Das Gemüse mit Salz, Pfeffer und Muskat würzen, Gemüse warm halten.

4. Kasseler mit Küchenpapier abtupfen und mit Salz und Pfeffer würzen. Die Hälfte des Speiseöls in einer Pfanne erhitzen. Die Kasselerscheiben darin von jeder Seite 2–3 Minuten braten.

5. Restliches Speiseöl in einer zweiten Pfanne erhitzen. Die Schupfnudeln darin nach Packungsanleitung braten. Dann die restliche Butter und Petersilie hinzugeben. Schupfnudeln mit Salz und Muskat würzen.

6. Das Gemüse mit den Kasselerscheiben und den Schupfnudeln auf Tellern anrichten und servieren.

Kasseler Rippenspeer

Würzig

6 Portionen

Pro Portion: E: 45 g, F: 21 g, Kh: 6 g, kJ: 1630, kcal: 388, BE: 0,5

1 1/2 kg	*Kasseler (Kotelettstück, ohne Knochen)*
1	*Zwiebel*
1	*Tomate*
1 Bund	*Suppengrün (Sellerie, Möhren, Porree)*
1	*kleines Lorbeerblatt*
400 ml	*heißes Wasser*
evtl.	*dunkler Saucenbinder*
	Salz
	gem. Pfeffer

Zubereitungszeit: 20 Minuten
Garzeit: etwa 50 Minuten

1. Kasseler mit Küchenpapier abtupfen und die Fettschicht gitterförmig einschneiden.

2. Den Backofen vorheizen.
Ober-/Unterhitze: etwa 200 °C
Heißluft: etwa 180 °C

3. Zwiebel abziehen, klein würfeln. Tomate abspülen, abtropfen lassen, vierteln und den Stängelansatz herausschneiden. Tomate ebenfalls würfeln.

4. Sellerie und Möhren putzen, schälen, abspülen, abtropfen lassen. Porree putzen, die Stange längs halbieren, gründlich waschen, abtropfen lassen. Vorbereitetes Suppengrün klein würfeln.

5. Das Fleisch mit der Fettschicht nach oben in einen mit Wasser ausgespülten Bräter legen. Suppengrün-, Zwiebel-, Tomatenwürfel und Lorbeerblatt hinzugeben. Den Bräter ohne Deckel auf dem Rost in den vorgeheizten Backofen (unteres Drittel) schieben. Kasseler **etwa 50 Minuten garen.**

6. Wenn der Bratensatz bräunt, etwas heißes Wasser hinzugießen. Verdampfte Flüssigkeit nach und nach durch restliches heißes Wasser ersetzen. Das Fleisch ab und zu mit dem Bratensatz begießen.

7. Gegartes Fleisch aus dem Bräter nehmen und zugedeckt etwa 10 Minuten ruhen lassen.

8. Für die Sauce den Bratensatz mit etwas Wasser loskochen. Bratensatz mit dem Gemüse durch ein Sieb streichen und auf der Kochstelle erneut zum Kochen bringen. Die Flüssigkeit nach Belieben mit Saucenbinder andicken und kurz aufkochen lassen. Fleisch in Scheiben schneiden und auf einer vorgewärmten Platte anrichten. Die Sauce mit Salz und Pfeffer abschmecken und zu dem Fleisch servieren.

Beilage: Kartoffelpüree und Sauerkraut.

Kasseler Rücken mit Grünkohl

Klassiker mal anders

6 Portionen

Pro Portion: E: 52 g, F: 30 g, Kh: 8 g, kJ: 2196, kcal: 525, BE: 0,5

1 1/4 kg Kasseler (Nackenstück, ohne Knochen)
gem. Pfeffer
etwa 75 ml Rapsöl
2 Zwiebeln
900 ml Fleischbrühe

Für den Grünkohl:

600 g Grünkohl, gestrippt
100 g geräucherte Schinkenwürfel
1 EL mittelscharfer Senf
1 TL gem. Piment (Nelkenpfeffer)
1 Lorbeerblatt
Salz
2 EL Haferflocken

Zubereitungszeit: 30 Minuten
Garzeit: Kasseler etwa 3 1/2 Stunden, Grünkohl etwa 45 Minuten

1. Den Backofen bei Ober-/Unterhitze auf 80 °C vorheizen.

2. Kasseler mit Küchenpapier trocken tupfen und mit Pfeffer würzen.

3. Drei Esslöffel des Rapsöls in einem flachen, großen Bräter erhitzen. Kasseler darin etwa 6 Minuten von allen Seiten anbraten.

4. Zwiebeln abziehen und in kleine Würfel schneiden. Die Hälfte der Zwiebelwürfel zum Kasseler in den Bräter geben und mit anbraten. 200 ml von der Brühe hinzugießen und zum Kochen bringen.

5. Den Bräter auf dem Rost in den vorgeheizten Backofen schieben (untere Schiene). Kasseler **etwa 3 1/2 Stunden garen,** dabei zwischendurch 2–3-mal wenden.

6. Nach etwa 2 Stunden Garzeit Grünkohl gründlich waschen und abtropfen lassen. 2 Liter Wasser in einem großen Topf zum Kochen bringen. Den Grünkohl hinzugeben und etwa 2 Minuten blanchieren. Grünkohl mit kaltem Wasser abschrecken und in einem Sieb abtropfen lassen.

7. Restliches Rapsöl in einem großen Topf erhitzen. Restliche Zwiebel- und die Schinkenwürfel darin anbraten. Restliche Brühe hinzugießen. Grünkohl hinzugeben. Mit Senf, Piment, Lorbeerblatt, Salz und Pfeffer würzen. Grünkohl zum Kochen bringen und zugedeckt etwa 45 Minuten bei schwacher Hitze garen.

8. Dann Haferflocken unter den Grünkohl rühren. Grünkohl mit den Gewürzen abschmecken.

9. Den Bräter aus dem Backofen nehmen. Kasseler herausnehmen, in Scheiben schneiden und auf einer vorgewärmten Platte anrichten. Kasseler mit Grünkohl servieren.

Beilage: Salzkartoffeln.

Knoblauchhähnchen aus dem Wok | Gut vorzubereiten

4 Portionen

Pro Portion: E: 23 g, F: 10 g, Kh: 14 g, kJ: 995, kcal: 239, BE: 0,5

1 Bund Frühlingszwiebeln (etwa 250 g)
3 Knoblauchzehen
10 g frischer Ingwer
4 EL Sojasauce
1 EL Speiseöl, z. B. Sojaöl
1/4 TL geschroteter Chili
300 g Hähnchenbrustfilet
30 g Cashewkerne
200 g Möhren
etwa 700 g Chinakohl
1 EL Olivenöl
200 g Cocktailtomaten
1–2 EL Sojasauce
2–3 EL Zitronensaft
evtl. gem. Pfeffer
1 Bund Schnittlauch

Zubereitungszeit: 30 Minuten, ohne Marinierzeit

1. Die Frühlingszwiebeln putzen, abspülen, abtropfen lassen. 2 Frühlingszwiebeln in feine Stücke schneiden. Knoblauch abziehen. Ingwer schälen. Knoblauch und Ingwer sehr fein hacken. Frühlingszwiebelstücke mit Sojasauce, Knoblauch, Ingwer, Speiseöl und Chili in einer Schüssel mischen.

2. Hähnchenbrustfilet mit Küchenpapier abtupfen und in Streifen schneiden. Die Fleischstreifen zur Marinade in die Schüssel geben und gut untermischen. Die Fleischstreifen mindestens 2 Stunden zugedeckt im Kühlschrank marinieren.

3. Cashewkerne in einem Wok ohne Fett unter Rühren anrösten und herausnehmen. Restliche Frühlingszwiebeln ebenfalls in Stücke schneiden. Möhren putzen, schälen, abspülen, abtropfen lassen und in feine Stifte schneiden. Chinakohl putzen, vierteln, abspülen, abtropfen lassen und den Strunk herausschneiden. Den Chinakohl in Streifen schneiden.

4. Die Fleischstreifen aus der Marinade nehmen und trocken tupfen, Marinade beiseitestellen. Olivenöl im Wok erhitzen. Die Fleischstreifen darin bei starker Hitze unter Wenden etwa 1 Minute braten. Frühlingszwiebelstücke, Möhrenstifte und Chinakohlstreifen hinzugeben und alles bei starker Hitze unter Wenden etwa 5 Minuten braten.

5. Die Tomaten abspülen, abtrocknen, halbieren und die Stängelansätze herausschneiden. Beiseitegestellte Marinade in den Wok geben, alles weitere 3–4 Minuten bei starker Hitze unter Wenden braten. Zuletzt Tomatenhälften unterheben.

6. Die Hähnchen-Gemüse-Pfanne mit Sojasauce, Zitronensaft und evtl. Pfeffer abschmecken. Schnittlauch abspülen, trocken tupfen, in Röllchen schneiden. Knoblauchhähnchen mit Schnittlauchröllchen und Cashewkernen anrichten und sofort servieren.

Beilage: Basmatireis.

Kümmelbraten I

Mit Alkohol – würzig

4 Portionen

Pro Portion: E: 44 g, F: 41 g, Kh: 1 g, kJ: 2356, kcal: 563, BE: 0,0

1 kg Schweinefleisch (aus der Schulter)
Salz
gem. Pfeffer
gem. Kümmelsamen
1 große Zwiebel
1 Stück Knollensellerie
evtl. 1–2 EL Weizenmehl
1–2 EL Kümmelschnaps

Zum Garnieren:

einige Stängel Rosmarin

Zusätzlich:

1 Stück Bratfolie oder Bratschlauch

Zubereitungszeit: 25 Minuten
Garzeit: 1 1/2–1 3/4 Stunden

1. Den Backofen vorheizen.
Ober-/Unterhitze: etwa 200 °C
Heißluft: etwa 180 °C

2. Schweinefleisch mit Küchenpapier abtupfen. Mit Salz, Pfeffer und Kümmel würzen.

3. Die Zwiebel abziehen und in Spalten schneiden. Sellerie putzen, schälen, abspülen, abtropfen lassen und grob zerkleinern.

4. Fleisch mit den Zwiebelwürfeln und Selleriestücken auf ein Stück Bratfolie oder in den Bratschlauch geben und auf ein Backblech legen.

5. Danach die Bratfolie oder den Bratschlauch nach Packungsanleitung verschließen.

6. Backblech in den vorgeheizten Backofen schieben. Den Kümmelbraten **1 1/2–1 3/4 Stunden garen.**

7. Das Backblech aus dem Backofen nehmen. Die Folie aufschneiden, den Kümmelbraten herausnehmen und kurz ruhen lassen.

8. Nach Belieben den Bratensaft durch ein Sieb geben und in einem Topf aufkochen lassen.

9. Mehl mit etwas kaltem Wasser anrühren, in den Bratensaft rühren und unter Rühren kurz aufkochen lassen.

10. Die Sauce mit Salz und Pfeffer abschmecken, den Kümmelschnaps unterrühren.

11. Den Kümmelbraten in Scheiben schneiden, auf einer vorgewärmten Platte anrichten und mit abgespülten, trocken getupften Rosmarinstängeln garnieren. Die Sauce dazureichen.

Beilage: **Bratkartoffeln** (für 4 Portionen). Dafür 1 kg festkochende Kartoffeln gründlich waschen, evtl. abbürsten und abtropfen lassen. In einem Topf knapp mit Wasser bedeckt, zugedeckt zum Kochen bringen und 20–25 Minuten garen. Kartoffeln abgießen, abdämpfen und etwas abkühlen lassen. Die warmen Kartoffeln pellen, erkalten lassen und in etwa 5 mm dicke Scheiben schneiden. 2 große Zwiebeln abziehen und klein würfeln. 60 g Butterschmalz oder 6 Esslöffel Speiseöl in einer Pfanne zerlassen. 100 g gewürfelten Schinkenspeck darin anbraten. Die Kartoffelscheiben hinzugeben, mit Salz und gemahlenem Pfeffer würzen. Die Kartoffeln in etwa 10 Minuten bei mittlerer Hitze unter gelegentlichem Wenden goldbraun braten. Die Zwiebelwürfel hinzugeben und das Ganze weitere 5–10 Minuten braten.

Tipp: Am besten die Kartoffeln bereits am Vortag kochen und pellen.

Kürbis-Chorizo-Auflauf | Würzig

4 Portionen

Pro Portion: E: 27 g, F: 40 g, Kh: 19 g, kJ: 2272, kcal: 543, BE: 1,0

750 g	*Hokkaido-Kürbis*
1 Bund	*Frühlingszwiebeln*
2	*Knoblauchzehen*
40 g	*abgetropfte, getrocknete Tomaten in Öl*
80 g	*Chorizo (spanische Knoblauchwurst)*
	Salz, gem. Pfeffer
je 1 Prise	*gem. Kreuzkümmel (Cumin), Kardamom und Zimt*
175 g	*Frischkäse mit Joghurt (13 % Fett)*
250 ml	*Milch (3,5 % Fett)*
3	*Eier (Größe M)*
1 TL	*gerebelter Rosmarin*
100 g	*junger Manchego-Käse*

Zubereitungszeit: 25 Minuten
Garzeit: 25–30 Minuten

1. Kürbis abspülen, abtrocknen und halbieren. Kerne und faserigen Innenteil entfernen. Den Kürbis in feine, etwa 1 cm breite Spalten schneiden, evtl. schälen. Frühlingszwiebeln putzen, abspülen, abtropfen lassen und in etwa 2 cm breite Stücke schneiden. Knoblauch abziehen und fein würfeln.

2. Von den Tomaten das Öl auffangen und 3 Esslöffel abmessen. Tomaten in Streifen schneiden. Evtl. die Haut (Pelle) von der Chorizo-Wurst entfernen. Die Wurst in dünne Scheiben schneiden.

3. Den Backofen vorheizen.
Ober-/Unterhitze: etwa 200 °C
Heißluft: etwa 180 °C

4. Das aufgefangene Tomatenöl in einer Pfanne erhitzen. Die Kürbisspalten darin etwa 5 Minuten unter Wenden anbraten. Frühlingszwiebeln und Knoblauchwürfel hinzugeben, kurz mitbraten lassen. Mit Salz, Pfeffer, Kreuzkümmel, Kardamom und Zimt würzen.

5. Kürbis-Frühlingszwiebel-Masse mit Tomatenstreifen und Chorizo-Scheiben in eine große, flache Auflaufform (gefettet) geben und vermischen. Frischkäse mit Milch und Eiern verschlagen, mit Salz, Pfeffer und Rosmarin würzen. Die Eier-Frischkäse-Milch gleichmäßig auf dem Auflauf verteilen. Käse grob raspeln und daraufstreuen.

6. Form auf dem Rost in den vorgeheizten Backofen schieben. Auflauf **25–30 Minuten garen.**

Kürbiscurry mit Reis | Exotisch

4 Portionen

Pro Portion: E: 9 g, F: 45 g, Kh: 46 g, kJ: 2620, kcal: 629, BE: 3,5

150 g Basmatireis
225 ml kaltes Wasser
1 gestr. TL Salz
40 g Butter
1 kg Hokkaido-Kürbis
100 g Zwiebeln
½ grüne Chilischote
10 grüne Kardamomkapseln
4 EL Maiskeimöl
1 gestr. EL gem. Zimt
1 gestr. EL Paprikapulver edelsüß
1 TL braune Senfkörner
1 gestr. EL Currypulver
600 ml ungesüßte Kokosmilch
300 ml Gemüsebrühe
Salz
2 EL Zitronensaft
3 Stängel Minze

Zubereitungszeit: 40 Minuten
Garzeit: etwa 30 Minuten

1. Den Reis in einem Sieb kurz mit lauwarmem Wasser abspülen und gut abtropfen lassen. Den Reis mit Wasser und Salz im offenen Topf bei starker Hitze kochen lassen, bis das Wasser den Reis nicht mehr bedeckt. Die Butter hinzugeben. Den Reis zugedeckt etwa 15 Minuten bei schwacher Hitze quellen lassen. Dann den Topf von der Kochstelle nehmen und den Reis zugedeckt warm halten.

2. In der Zwischenzeit Kürbis abspülen, abtrocknen und halbieren. Kerne und faserigen Innenteil entfernen. Kürbis schälen und in etwa 3 ½ cm große Stücke schneiden. Zwiebeln abziehen und in dünne Spalten schneiden.

3. Chilischote entstielen, halbieren, entkernen, abspülen, abtropfen lassen und fein würfeln. Kardamomsamen aus den Kapseln lösen und im Mörser fein zerstoßen.

4. Das Maiskeimöl in einem weiten Topf erhitzen. Die Kürbisstücke und Zwiebelspalten darin unter Wenden bei starker Hitze anbraten. Chiliwürfel, Kardamomsamen, Zimt, Paprika, Senfkörner und Curry unterrühren und noch etwa 1 weitere Minute braten. Kokosmilch, Brühe und Salz hinzugeben und unterrühren.

5. Das Curry im offenem Topf bei starker Hitze etwa 15 Minuten kochen lassen, dabei ab und zu umrühren. Zitronensaft unterrühren. Minze abspülen und trocken tupfen. Blättchen von den Stängeln zupfen, Blättchen grob zerschneiden.

6. Kürbiscurry anrichten und mit Minze bestreut servieren. Den Reis dazureichen.

Kürbiseintopf mit roten Linsen

Macht richtig satt – einfach

4 Portionen

Pro Portion: E: 18 g, F: 22 g, Kh: 34 g, kJ: 1792, kcal: 472, BE: 2,5

3 Zwiebeln
2 Knoblauchzehen
500 g Kürbis
200 g Staudensellerie
450 g Kartoffeln
4 EL Kürbiskernöl
Salz, gem. Pfeffer
1 l Gemüsebrühe
100 g rote Linsen
1 Bund Zitronenthymian
200 g Wiener Würstchen
evtl. geröstete Kürbiskerne oder Sonnenblumenkerne

Zubereitungszeit: 50 Minuten
Garzeit: 30–35 Minuten

1. Zwiebeln und Knoblauch abziehen und in kleine Würfel schneiden. Kürbis schälen, halbieren, Kerne und faserigen Innenteil entfernen. Kürbis evtl. kurz abspülen, abtropfen lassen und in Stücke schneiden. Staudensellerie putzen, abspülen, abtropfen lassen und in Würfel schneiden. Kartoffeln schälen, abspülen, abtropfen lassen und ebenfalls würfeln.

2. Zwei Esslöffel des Kürbiskernöls in einem großen Topf erhitzen. Zwiebel- und Knoblauchwürfel darin andünsten. Kürbisstücke, Sellerie- und Kartoffelwürfel portionsweise hinzugeben und mit andünsten. Mit Salz und Pfeffer würzen. Brühe hinzugießen und zum Kochen bringen. Das Gemüse zugedeckt 20–25 Minuten bei mittlerer Hitze kochen lassen.

3. Rote Linsen in ein Sieb geben, mit kaltem Wasser abspülen und abtropfen lassen. Zitronenthymian abspülen und trocken tupfen. Die Blättchen von den Stängeln zupfen. Würstchen in Scheiben schneiden.

4. Nach 20–25 Minuten Garzeit die Linsen, Thymianblättchen und Würstchenscheiben in den Eintopf geben. Den Eintopf zugedeckt weitere etwa 10 Minuten garen. Nochmals mit Salz und Pfeffer abschmecken.

5. Den Eintopf in 4 Suppentassen verteilen und mit dem restlichen Kürbiskernöl beträufeln. Evtl. mit Kürbiskernen oder Sonnenblumenkernen bestreuen.

Tipp: Wenn Sie keinen Zitronenthymian bekommen, können Sie ersatzweise auch 1 Bund Thymian und 1 Teelöffel abgeriebene Schale von 1 Bio-Zitrone (unbehandelt, ungewachst) verwenden.

Kürbis-Fisch-Gratin | Macht richtig satt

4 Portionen

Pro Portion: E: 35 g, F: 48 g, Kh: 30 g, kJ: 2959, kcal: 709, BE: 2,5

600 g Kürbis-Fruchtfleisch
600 g Kartoffeln
2 Eier (Größe M)
250 g Schlagsahne
Salz, gem. Pfeffer
½ Bund Dill
500 g Lachsfilet
3 TL körniger Senf
150 g Crème fraîche

Zubereitungszeit: 40 Minuten
Garzeit: 65–70 Minuten

1. Den Backofen vorheizen.
Ober-/Unterhitze: etwa 180 °C
Heißluft: etwa 160 °C

2. Kürbis-Fruchtfleisch in große, dünne Scheiben schneiden. Kartoffeln schälen, abspülen, abtropfen lassen und in dünne Scheiben schneiden oder hobeln.

3. Eier und Sahne verschlagen, mit Salz und Pfeffer kräftig würzen. Dill abspülen und trocken tupfen. Die Spitzen von den Stängeln zupfen, Spitzen klein schneiden. Die Hälfte des Dills unter den Guss rühren.

4. Kürbis- und Kartoffelscheiben in eine flache Auflaufform (gefettet) schichten. Den Guss darauf verteilen. Die Form mit Alufolie zudecken und auf dem Rost in den vorgeheizten Backofen schieben. Das Gratin **etwa 50 Minuten garen.**

5. In der Zwischenzeit Lachsfilet kurz unter fließendem kalten Wasser abspülen, trocken tupfen und mit etwas Senf bestreichen, mit Salz und Pfeffer würzen.

6. Die Form aus dem Backofen nehmen, auf einen Kuchenrost stellen und die Alufolie entfernen. Die Backofentemperatur um etwa 20 °C heraufschalten.

7. Das Lachsfilet auf das Gratin legen und Crème fraîche darauf verteilen. Die Form wieder auf dem Rost in den heißen Backofen schieben. Das Gratin **in 15–20 Minuten fertig garen.**

8. Das Gratin mit dem restlichen Dill bestreut servieren.

Kürbis-Kokosmilch-Auflauf mit Hähnchen

Exotisch

4 Portionen

Pro Portion: E: 43 g, F: 37 g, Kh: 19 g, kJ: 2424, kcal: 582, BE: 1,0

750 g Speisekürbis, z. B. Hokkaido-Kürbis
1 Zwiebel
2 Knoblauchzehen
1 EL Rapsöl
Salz
gem. Pfeffer
1/4 TL Cayennepfeffer
400 ml Kokosmilch
250 g Tomaten
4 Hähnchenbrustfilets (je etwa 150 g)
2 EL Rapsöl
1 Bund Frühlingszwiebeln
1 TL gem. Ingwer
1 1/2 EL Semmelbrösel
2 EL Butter (zimmerwarm)
35 g gesalzene Erdnusskerne

Zubereitungszeit: 35 Minuten
Garzeit: etwa 25 Minuten

1. Den Kürbis abspülen, abtropfen lassen und vierteln. Kerne und faserigen Innenteil entfernen. Kürbis in etwa 1 cm dicke Spalten schneiden, evtl. schälen.

2. Zwiebel- und Knoblauch abziehen, fein würfeln. Rapsöl in einer Pfanne erhitzen. Die Zwiebel- und Knoblauchwürfel darin andünsten.

3. Kürbisspalten hinzugeben und unter Rühren kurz mitdünsten, mit Salz, Pfeffer und Cayennepfeffer würzen. Die Kokosmilch unterrühren. Die Zutaten ohne Deckel etwa 5 Minuten garen, dabei gelegentlich umrühren.

4. Den Backofen vorheizen.
Ober-/Unterhitze: etwa 220 °C
Heißluft: etwa 200 °C

5. Tomaten abspülen, abtrocknen, halbieren und die Stängelansätze herausschneiden. Tomaten würfeln. Kürbisspalten mit einem Schaumlöffel aus der Pfanne nehmen, mit den Tomatenwürfeln in eine große, flache Auflaufform (gefettet) geben. Den Kokosfond unter gelegentlichem Rühren kräftig einkochen lassen.

6. In der Zwischenzeit die Hähnchenbrustfilets mit Küchenpapier abtupfen. Rapsöl in einer Pfanne erhitzen. Die Hähnchenbrustfilets darin von allen Seiten goldbraun anbraten.

7. Die Frühlingszwiebeln putzen, abspülen, abtropfen lassen und in etwa 1 cm breite Stücke schneiden. Die Frühlingszwiebelstücke in die Pfanne geben und etwa 1/2 Minute mitbraten, mit Salz und Pfeffer würzen.

8. Die Hähnchenbrustfilets mit den Frühlingszwiebelstücken gleichmäßig auf dem Kürbis-Tomaten-Gemüse verteilen.

9. Den eingekochten Kokosfond daraufträufeln. Ingwer, Semmelbrösel, Butter und etwas Cayennepfeffer vermischen, die Hähnchenbrustfilets damit bestreichen. Anschließend die Erdnusskerne hacken und daraufstreuen.

10. Die Form auf dem Rost in den vorgeheizten Backofen schieben. Den Auflauf **etwa 25 Minuten garen**. Der Auflauf ist fertig, wenn die Kruste auf den Filets knusprig braun ist.

Kürbis-Orangen-Risotto mit gebratenem Rotkohl

Raffiniert – vegetarisch

4 Portionen

Pro Portion: E: 11 g, F: 19 g, Kh: 95 g, kJ: 2529, kcal: 605, BE: 8,0

Für den Rotkohl:

500 g Rotkohl
Salz

Für das Risotto:

1 Zwiebel (etwa 80 g)
2 Bio-Orangen (unbehandelt, ungewachst)
20 g Butterschmalz
350 g Risotto-Reis
750 ml Gemüsebrühe
500 g Hokkaido-Kürbis
150 ml Orangensaft (von den Orangen)

20 g Butterschmalz
100 g Schlagsahne
gem. Pfeffer
1 EL brauner Zucker
gem. Gewürznelken
gem. Zimt
grobes Meersalz

Zubereitungszeit: 40 Minuten
Garzeit: Risotto etwa 20 Minuten

1. Für den Rotkohl von dem Rotkohl die äußeren Blätter entfernen. Den Kohl vierteln und den Strunk herausschneiden.

2. Die Kohlviertel abspülen, abtropfen lassen und in lange, dünne Streifen schneiden. Kohlstreifen in eine Schüssel geben, mit etwa ½ gestrichenen Teelöffel Salz bestreuen und beiseitestellen.

3. Für das Risotto die Zwiebel abziehen und in kleine Würfel schneiden.

4. Die Orangen heiß abwaschen und abtrocknen. Die Schale von 1 Orange fein abreiben. Die Schale der zweiten Orange mit einem Zestenreißer in feinen Streifen abziehen. Beide Orangen halbieren und den Saft auspressen (ergibt etwa 150 ml Saft).

5. Das Butterschmalz in einem breiten Topf erhitzen. Risotto-Reis und Zwiebelwürfel darin unter Rühren glasig dünsten. Anschließend geriebene Orangenschale unterheben.

6. Die Hälfte der Brühe unterrühren und zum Kochen bringen. Den Reis zugedeckt etwa 10 Minuten bei schwacher Hitze garen, dabei gelegentlich umrühren. Die restliche Brühe hinzugeben.

7. In der Zwischenzeit den Kürbis gründlich abspülen, abtropfen lassen und ungeschält in Spalten schneiden. Kerne und faserigen Innenteil entfernen und Kürbisspalten in etwa 1 cm große Würfel schneiden.

8. Kürbiswürfel mit dem Orangensaft unter den Reis rühren und etwa 10 Minuten bei schwacher Hitze mitgaren lassen. Kürbis-Orangen-Risotto dabei gelegentlich umrühren.

9. Beiseitegestellte Rotkohlstreifen leicht ausdrücken. Butterschmalz in einer großen Pfanne erhitzen. Kohlstreifen darin unter Rühren anbraten.

10. Anschließend den Kohl etwa 5 Minuten bei mittlerer Hitze braten, dabei immer wieder umrühren. Kurz vor Ende der Garzeit die Orangenschalenstreifen unterrühren und mitgaren lassen.

11. Sahne unter das Risotto rühren. Risotto mit Salz und Pfeffer abschmecken. Den Topf von der Kochstelle nehmen.

12. Den Zucker auf die Kohlstreifen streuen und unter Rühren kurz karamellisieren lassen. 3 Esslöffel Wasser hinzugeben. Den Kohl mit gemahlenen Nelken, Zimt und Pfeffer würzen.

13. Risotto und Kohlstreifen portionsweise anrichten. Kohlstreifen mit grobem Meersalz bestreuen.

Tipp: Würzen Sie das Gericht mit etwas gemahlenem Piment anstatt mit den Gewürznelken.

Kürbissuppe mit Blutwurst

Klassiker mal anders

4 Portionen

Pro Portion: E: 11 g, F: 45 g, Kh: 19 g, kJ: 2232, kcal: 533, BE: 1,5

Für die Kürbissuppe:

750 g Kürbis, z. B. Hokkaido
1 Zwiebel
40 g Butter oder Margarine
500 ml Gemüsebrühe
200 ml Orangensaft
3–4 Stängel Thymian
100 g geräucherter Speck, im Stück
2 Sternanis
200 g Schlagsahne
Salz
gem. Pfeffer
1–2 EL Currypulver
etwas gem. Kreuzkümmel (Cumin)

Für die Blutwurst:

1 geräucherte, feste Blutwurst (Ø etwa 5 cm, etwa 100 g)
etwas Weizenmehl
etwas Olivenöl
60 g Haselnusskerne, ohne Schale

Zum Bestreuen:

1 EL Schnittlauchröllchen

Zubereitungszeit: 40 Minuten
Garzeit: etwa 20 Minuten

1. Für die Kürbissuppe Kürbis abspülen, abtropfen lassen, evtl. schälen, halbieren. Die Kerne und den faserigen Innenteil entfernen. Kürbisfleisch klein würfeln. Zwiebel abziehen und klein würfeln.

2. Butter oder Margarine in einem Topf zerlassen. Zwiebel- und Kürbiswürfel darin unter Rühren andünsten. Brühe und Orangensaft hinzugießen.

3. Den Thymian abspülen und trocken tupfen. Speck, Sternanis und Thymian hinzugeben.

4. Dann die Zutaten zum Kochen bringen und etwa 20 Minuten kochen lassen.

5. Speck, Sternanis und Thymian aus der Suppe nehmen. Die Suppe pürieren oder durch ein Sieb streichen. Sahne unterrühren. Die Suppe nochmals kurz erwärmen. Mit Salz, Pfeffer, Curry und Kreuzkümmel würzen.

6. Von der Blutwurst den Darm (Pelle) abziehen. Blutwurst in etwa 1 cm dicke Scheiben schneiden und in Mehl wenden.

7. Etwas Olivenöl in einer großen Pfanne erhitzen. Die Blutwurstscheiben darin von beiden Seiten kurz anbraten. Haselnusskerne hinzufügen und kurz mitbraten lassen.

8. Die Suppe in Tellern anrichten, mit Schnittlauchröllchen bestreuen, mit Blutwurstscheiben und Haselnusskernen servieren.

Tipps: Vom Speck die Schwarte abschneiden. Den Speck in Streifen schneiden, mit Blutwurst und Haselnusskernen anbraten und in die Suppe geben. Sollten Sie keine Blutwurst mögen, können Sie stattdessen auch 100 g Chorizo oder Cabanossi verwenden. Schneiden Sie die Wurst in etwa 1 cm dicke Scheiben und braten Sie sie in einer Pfanne, ohne sie in Mehl zu wenden. Sie können die Wurstscheiben mit oder ohne das ausgebratene Fett in die Suppe geben.

Lammgulasch | Für Gäste

8–10 Portionen

Pro Portion: E: 25 g, F: 12 g, Kh: 8 g, kJ: 1043, kcal: 249, BE: 0,5

2–3	*mittelgroße Zwiebeln*
2–3	*Knoblauchzehen*
50 g	*abgetropfte, getrocknete Tomaten in Öl*
1 kg	*Lammfleisch (aus der Keule)*
4 EL	*Olivenöl*
	Salz
	gem. Pfeffer
3 Stängel	*Thymian*
1 Stängel	*Rosmarin*
500 ml	*Fleischbrühe*
800 g	*Kürbisfleisch (geputzt, ohne faserigen Innenteil)*
1–2 EL	*Weizenmehl*

Zubereitungszeit: 60 Minuten
Garzeit: 65–70 Minuten

1. Zwiebeln abziehen und in Spalten schneiden. Knoblauch abziehen und in Scheiben schneiden.

2. Von den Tomaten das Öl auffangen und 2 Esslöffel davon abmessen. Tomaten in kleine Würfel schneiden.

3. Lammfleisch mit Küchenpapier abtupfen und in etwa 2 cm große Würfel schneiden, dabei evtl. Sehnen entfernen.

4. Jeweils etwas Olivenöl und etwas von dem aufgefangenen Tomatenöl in einer großen Pfanne erhitzen. Die Lammfleischwürfel darin portionsweise von allen Seiten anbraten. Mit Salz und Pfeffer würzen.

5. Thymian und Rosmarin abspülen, trocken tupfen und zu den Lammfleischwürfeln in die Pfanne geben. Fleischbrühe hinzugießen und zum Kochen bringen. Lammgulasch zugedeckt etwa 50 Minuten garen.

6. Vorbereitetes Kürbisfleisch in etwa 2 cm große Würfel schneiden. Kürbiswürfel mit Mehl vermischen, zum Lammgulasch geben und weitere 15–20 Minuten mitgaren lassen.

7. Thymian- und Rosmarinstängel entfernen. Lammgulasch mit Salz und Pfeffer abschmecken.

Beilage: Gnocchi oder Bandnudeln.

Lauwarmer Linsen-Pilz-Salat I

Kalorienarm

4 Portionen

Pro Portion: E: 14 g, F: 12 g, Kh: 21 g, kJ: 1096, kcal: 261, BE: 1,5

500 ml Gemüsebrühe
75 g rote Linsen
3 Frühlingszwiebeln
75 g magerer Frühstücksspeck, in dünnen Scheiben (Bacon)
5–6 EL Balsamico-Essig
2 TL körniger Senf
Zucker
Salz
gem. Pfeffer
1 kleiner Kopf Salat, z. B. Frisée
500 g gemischte Wild- oder Kulturpilze, z. B. Pfifferlinge, Champignons, Steinpilze, Kräuterseitlinge
2 EL Speiseöl, z. B. Olivenöl
1 Knoblauchzehe
½ Bund frische Kräuter, z. B. Petersilie, Basilikum oder Kerbel
1 kleiner, säuerlicher Apfel, z. B. Cox Orange

Zubereitungszeit: 40 Minuten

1. Brühe in einem Topf zum Kochen bringen. Die Linsen darin zugedeckt 8–10 Minuten bei schwacher Hitze garen.

2. In der Zwischenzeit die Frühlingszwiebeln putzen, abspülen, abtropfen lassen und in Scheiben schneiden. Speckscheiben in einer heißen Pfanne ohne Fett knusprig braten und herausnehmen. Essig zum Bratfett in die Pfanne geben, Senf, Zucker, Salz und Pfeffer unterrühren. Frühlingszwiebelscheiben und Linsen (evtl. mit restlicher Brühe) untermischen.

3. Salat putzen, abspülen und gut abtropfen lassen. Salat in mundgerechte Stücke zupfen. Pilze putzen, evtl. kurz abspülen, gut trocken tupfen und in Scheiben schneiden.

4. Speiseöl in einer Pfanne erhitzen. Knoblauch abziehen, durch eine Knoblauchpresse in die Pfanne drücken und anbraten. Pilze hinzugeben und im Knoblauchöl unter Wenden bei starker Hitze etwa 5 Minuten braten, mit Salz und Pfeffer würzen.

5. Kräuter abspülen, trocken tupfen. Die Blättchen von den Stängeln zupfen, Blättchen klein schneiden. Apfel abspülen, trocken tupfen, evtl. schälen, halbieren, entkernen und in feine Spalten schneiden.

6. Apfelspalten, Pilze und Kräuter unter die Linsen heben. Linsen-Pilz-Salat mit Blattsalat und Speckscheiben anrichten.

Beilage: Brühwürstchen und Roggenbrötchen.

Tipp: Würzen Sie die Pilze zusätzlich mit 1 Esslöffel klein geschnittenem Thymian.

Lebkuchen-Mousse mit Glühweinbirnen

Für Gäste – mit Alkohol

4 Portionen

Pro Portion: E: 14 g, F: 41 g, Kh: 81 g, kJ: 3392, kcal: 811, BE: 6,5

Für die Lebkuchen-Mousse:

3 Blatt weiße Gelatine
3 Eigelb (Größe M)
1 Ei (Größe M)
100 ml Milch (3,5 % Fett)
50 g Zucker
100 g Lebkuchen
100 g Zartbitter-Kuvertüre
1 TL Lebkuchengewürz
4 cl brauner Rum
250 g Schlagsahne (mind. 30 % Fett)

Für die Glühweinbirnen:

1 Bio-Zitrone (unbehandelt, ungewachst)
1 Bio-Orange (unbehandelt, ungewachst)
500 ml Rotwein
200 ml Portwein
200 ml Orangensaft
200 g Zucker
4 Gewürznelken
2 Stangen Zimt
4 mittelgroße Birnen
2 gestr. TL Speisestärke

Zum Garnieren:

1 Lebkuchen
1 Stück Zartbitter-Kuvertüre

Zubereitungszeit: 35 Minuten, ohne Kühlzeit

1. Für die Mousse Gelatine nach Packungsanleitung einweichen. Eigelb, Ei, Milch und Zucker mit einem Schneebesen verrühren und in einer Edelstahlschüssel im Wasserbad schaumig schlagen. Die Schüssel aus dem Wasserbad nehmen. Die Gelatine leicht ausdrücken und unter Rühren in der Creme auflösen.

2. Lebkuchen in sehr kleine Würfel schneiden oder im Zerkleinerer zerbröseln. Kuvertüre in kleine Stücke schneiden. Lebkuchengewürz mit Rum verrühren, mit den Kuvertürestückchen und den Lebkuchenwürfeln oder -bröseln unter die noch warme Eiercreme rühren. Die Creme erkalten lassen.

3. Die Sahne steif schlagen und vorsichtig unter die Creme heben. Mousse in eine Schale füllen und zugedeckt etwa 3 Stunden in den Kühlschrank stellen.

4. Für die Glühweinbirnen Zitrone und Orange heiß abwaschen, abtrocknen und jeweils die Schale abreiben. Rotwein, Portwein, Orangensaft, Zucker, Gewürznelken und Zimtstangen in einen Topf geben und zum Kochen bringen.

5. Birnen abspülen, abtrocknen, der Länge nach halbieren und die Kerngehäuse mit einem Kugelausstecher entfernen. Birnen in den Glühweinsud legen und bei mittlerer Hitze etwa 5 Minuten kochen lassen. Den Topf von der Kochstelle nehmen. Die Birnenhälften in dem Glühweinsud erkalten lassen. Gewürznelken und Zimtstangen entfernen.

6. Die Birnenhälften aus dem Glühweinsud nehmen und trocken tupfen. Von dem Glühweinsud 250 ml abmessen und in einem kleinen Topf zum Kochen bringen. Speisestärke mit etwas Wasser anrühren, unter den Glühweinsud rühren und unter Rühren aufkochen. Glühweinsauce erkalten lassen. Birnenhälften fächerartig aufschneiden.

7. Zum Garnieren Lebkuchen in sehr feine Würfel schneiden. Von der Mousse mithilfe eines Löffels (Löffel jeweils vor dem Abstechen der Nocken in heißes Wasser tauchen) Nocken abstechen und dekorativ mit Birnenfächern, Glühweinsauce und Lebkuchenwürfeln auf Tellern anrichten.

8. Von der Kuvertüre mit einem Sparschäler dünne Späne abziehen und auf die Teller streuen.

Hinweis: Nur ganz frische Eier verwenden (Legedatum beachten, mind. 23 Tage Resthaltbarkeit). Die fertige Speise im Kühlschrank aufbewahren und innerhalb von 24 Stunden verzehren.

Leichtes Tiramisu I

Mit Alkohol

6 Portionen

Pro Portion: E: 10 g, F: 27 g, Kh: 40 g, kJ: 1935, kcal: 462, BE: 3,5

500 g Mascarpone light (ital. Frischkäse)
100 ml Milch (1,5 % Fett)
50 g Zucker
1 Pck. Dr. Oetker Bourbon-Vanille-Zucker
4 EL Amaretto (Mandellikör)
125 ml kalter Espresso oder starker Kaffee
200 g Löffelbiskuits
1 geh. EL gesiebtes Kakaopulver

Zubereitungszeit: 30 Minuten, ohne Durchziehzeit

1. Mascarpone mit Milch, Zucker, Vanille-Zucker und der Hälfte des Amarettos in einer Rührschüssel mit einem Mixer (Rührstäbe) auf niedrigster Stufe glatt rühren. (Hinweis: Als Spritzschutz mit Küchenpapier abdecken.)

2. Restlichen Amaretto mit Espresso oder Kaffee verrühren. Die Hälfte der Löffelbiskuits in eine flache, eckige Auflaufform (etwa 18 x 30 cm) legen, mit der Hälfte der Kaffee-Amaretto-Mischung beträufeln und mit der Hälfte der Mascarponecreme bedecken. Die restlichen Zutaten in gleicher Reihenfolge daraufschichten.

3. Tiramisu mit Frischhaltefolie zugedeckt in den Kühlschrank stellen und einige Stunden oder über Nacht durchziehen lassen. Vor dem Servieren das Tiramisu dick mit Kakao bestäuben.

Tipps: Ein Tiramisu eignet sich gut als Partydessert. Wenn Sie eine größere Auflaufform verwenden, lässt sich das Tiramisu auch nur mit einer Schicht zubereiten. Sie können die Hälfte des Mascarpones durch 250 g Speisequark (20 % Fett) ersetzen oder das Tiramisu auch mit klassischem Mascarpone zubereiten.

Rezeptvarianten: **Tiramisu mit Pfirsichen.** Zusätzlich 470 g abgetropfte Pfirsichhälften (aus der Dose) in dünne Scheiben schneiden. Die Mascarponecreme wie im Rezept beschrieben zubereiten. Die Hälfte der Löffelbiskuits in die Form schichten, mit der Hälfte der Kaffee-Amaretto-Mischung beträufeln. Die Hälfte der Pfirsichscheiben darauflegen, mit der Hälfte der Mascarponecreme bedecken. Restliche Pfirsichscheiben mit den restlichen Zutaten in gleicher Reihenfolge einschichten. Wie unter Punkt 3 beschrieben fortfahren. **Pflaumen-Tiramisu.** 750 g Pflaumen abspülen, trocken tupfen, entstielen, halbieren und entsteinen. Pflaumenhälften noch einmal längs durchschneiden, mit 75 g Zucker und 200 ml Traubensaft in einem Topf zum Kochen bringen und etwa 2 Minuten bei schwacher Hitze kochen lassen. 100 ml Traubensaft mit 1 Päckchen Rote-Grütze-Pulver (Dessertpulver) und 60 g Zucker anrühren, unter die Pflaumenmasse rühren und unter Rühren aufkochen lassen. Das Pflaumenkompott unter gelegentlichem Rühren etwas abkühlen lassen. Mascarponecreme wie im Rezept beschrieben zubereiten. Die Hälfte der Löffelbiskuits in die Form schichten, mit 2 Esslöffeln Pflaumenwein und 50 ml Pflaumensaft beträufeln. Die Hälfte des Pflaumenkompotts lauwarm glatt darauf verstreichen, mit der Hälfte der Mascarponecreme bedecken. Restliches Pflaumenkompott mit den restlichen Zutaten in gleicher Reihenfolge einschichten. Wie unter Punkt 3 beschrieben fortfahren. Statt mit Kakaopulver mit 1 gehäuften Esslöffel Zimtzucker bestreuen.

Linseneintopf mit Speck | Klassisch

4 Portionen

Pro Portion: E: 29 g, F: 28 g, Kh: 49 g, kJ: 2454, kcal: 586, BE: 4,0

1 Zwiebel
125 g durchwachsener Speck, im Stück
2–3 EL Speiseöl
1 EL Currypulver
500 g Kartoffeln
500 ml Fleischbrühe
800 g Linsen mit Suppengrün (aus der Dose)
100 g TK-Suppengrün
1 Apfel
4 Wiener Würstchen
evtl. klein geschnittene Petersilie

Zubereitungszeit: 30 Minuten
Garzeit: etwa 20 Minuten

1. Zwiebel abziehen und klein würfeln. Speck ebenfalls in kleine Würfel schneiden. Speiseöl in einem Topf erhitzen. Zwiebel- und Speckwürfel darin andünsten. Mit Curry bestäuben und kurz mitdünsten lassen.

2. Kartoffeln schälen, abspülen, abtropfen lassen, in Würfel schneiden und zu den Zwiebel- und Speckwürfeln geben. Brühe hinzugießen und zum Kochen bringen. Die Zutaten zugedeckt etwa 15 Minuten bei mittlerer Hitze kochen lassen.

3. Linsen mit der Flüssigkeit und das Suppengrün hinzufügen, wieder zum Kochen bringen.

4. Apfel schälen, vierteln, entkernen, in kleine Stücke schneiden, mit den Wiener Würstchen in den Eintopf geben und etwa 5 Minuten mitgaren lassen.

5. Den Eintopf in Suppenschalen anrichten und nach Belieben mit Petersilie bestreut servieren.

Linsenpfanne I

Einfach

4 Portionen

Pro Portion: E: 30 g, F: 10 g, Kh: 33 g, kJ: 1549, kcal: 370, BE: 2,5

100 g	*Schalotten*
1–2	*Knoblauchzehen*
250 g	*Knollensellerie*
3 EL	*Speiseöl, z. B. Olivenöl*
250 ml	*Gemüsebrühe*
800 g	*abgetropfte Linsen mit Suppengrün (aus der Dose)*
400 g	*abgetropfter, eingelegter Kürbis (aus dem Glas)*
1 EL	*TK-Schnittlauchröllchen*
	Salz
	gem. Pfeffer
	Paprikapulver rosenscharf
200–300 g	*geräucherter Putenbrust- oder Kasseler-Aufschnitt*

Zubereitungszeit: 30 Minuten

1. Schalotten und Knoblauch abziehen. Schalotten in Spalten, Knoblauch in Scheiben schneiden. Sellerie putzen, schälen, abspülen und abtropfen lassen. Den Sellerie in Würfel schneiden.

2. Das Speiseöl in einem Wok oder einer beschichteten Pfanne erhitzen. Die vorbereiteten Zutaten darin unter Rühren etwa 2 Minuten braten. Gemüsebrühe hinzugießen, zum Kochen bringen und zugedeckt bei schwacher Hitze etwa 10 Minuten dünsten.

3. In der Zwischenzeit Linsen und Kürbis in ein Sieb geben, mit kaltem Wasser abspülen und abtropfen lassen. Linsen und Kürbis in den Wok oder die Pfanne geben und alles aufkochen lassen. Schnittlauchröllchen zur Linsenpfanne geben, mit Salz, Pfeffer und Paprika würzen.

4. Den Putenbrust- oder Kasseler-Aufschnitt zu der Linsenpfanne servieren.

Beilage: Spätzle (aus dem Kühlregal) oder aufgebackenes Fladenbrot.

Tipps: Putenbrust- oder Kasseler-Aufschnitt lässt sich gut durch Cocktailwürstchen oder in Scheiben geschnittene Fleischwurst ersetzen. Diese zusammen mit Linsen und Kürbis in den Wok oder in die Pfanne geben und erhitzen. Das Gericht kann statt mit Gemüsebrühe auch mit 125 ml Gemüsebrühe und 125 ml Rotwein zubereitet werden. Anstelle des Fleisches können Sie auch 4 Scheiben (je etwa 75 g) Tofu zuerst in Weizenmehl und dann in Sesamsamen wenden und in erhitztem Speiseöl braten.

Mandarinen-Quark-Speise I

Für Kinder

2 Portionen

Pro Portion: E: 27 g, F: 1 g, Kh: 26 g, kJ: 977, kcal: 233, BE: 2,0

200 g abgetropfte Mandarinen (natursüß, aus der Dose)
400 g Magerquark
2 EL Mineralwasser mit Kohlensäure
2 TL flüssiger Honig
4 EL Mandarinensaft (aus der Dose)

Zubereitungszeit: 5 Minuten

1. Von den Mandarinen den Saft auffangen und 4 Esslöffel davon abmessen. Quark mit Mineralwasser, Honig und Mandarinensaft in eine Rührschüssel geben und mit einem Schneebesen glatt rühren.

2. Die Mandarinen unter den Quark heben und anrichten.

Abwandlungen: Die Quarkspeise lässt sich auch mit 6 abgetropften Aprikosenhälften (etwa 200 g) oder 3 abgetropften Pfirsichhälften (etwa 200 g) zubereiten.

Maronen, glasiert | Raffiniert

4 Portionen

Pro Portion: E: 6 g, F: 12 g, Kh: 87 g, kJ: 2177, kcal: 521, BE: 7,5

1 kg Maronen (Esskastanien)
40 g Butter
20 g Zucker
125 ml Gemüsebrühe

Zubereitungszeit: 20 Minuten
Backzeit: 15–20 Minuten
Garzeit: 15–20 Minuten

1. Den Backofen vorheizen.
Ober-/Unterhitze: etwa 160 °C
Heißluft: etwa 140 °C

2. Maronen kreuzweise einschneiden und auf ein Backblech legen. Das Backblech in den vorgeheizten Backofen schieben. Die Maronen **15–20 Minuten backen.**

3. Sobald sich die Schalenspitzen an den eingeschnittenen Stellen nach außen biegen, die Maronen mit kochendem Wasser übergießen, damit sich die gelbe Haut entfernen lässt. Die Maronen schälen, dabei die pelzige Innenhaut ebenfalls entfernen.

4. Butter in einer Pfanne zerlassen. Zucker hinzufügen. Die Maronen darin etwa 5 Minuten unter Rühren dünsten, bis sie mit einer Butter-Zucker-Schicht überzogen sind.

5. Gemüsebrühe hinzugießen, zum Kochen bringen und die Maronen 10–15 Minuten dünsten.

Maronencreme-Pyramide I

Mit Alkohol – ohne zu backen

10 Stücke

Pro Stück: E: 4 g, F: 28 g, Kh: 37 g, kJ: 1799, kcal: 429, BE: 3,0

Zum Tränken:

125 ml Rotwein
50 g Zucker
1 Stange Zimt
3 Gewürznelken

12 Löffelbiskuits

Für die Schokoladencreme:

150 g Butter (zimmerwarm)
80 g Zucker
1 Pck. Dr. Oetker Vanillin-Zucker
100 g Zartbitter-Schokolade (etwa 50 % Kakaoanteil)
3 EL Schlagsahne
100 g abgetropfte Maronen (Esskastanien, aus der Dose)
3 EL Rotwein
1 frisches Eigelb (Größe M)

Zum Verzieren und Garnieren:

250 g Schlagsahne (mind. 30 % Fett)
½ Pck. Sahnesteif
1 Pck. Dr. Oetker Vanillin-Zucker
50 g Zartbitter-Schokolade (etwa 50 % Kakaoanteil)
6–8 Löffelbiskuits

Zubereitungszeit: 40 Minuten, ohne Kühlzeit

1. Zum Tränken Rotwein mit Zucker, Zimtstange und Gewürznelken in einem Topf aufkochen und erkalten lassen. Zimtstange und Nelken entfernen. Die Löffelbiskuits auf einen Teller legen und mit dem Rotwein tränken.

2. Für die Creme die Butter mit Zucker und Vanillin-Zucker in einer Rührschüssel schaumig rühren. Schokolade in Stücke brechen, in einem kleinen Topf im Wasserbad bei schwacher Hitze unter Rühren schmelzen. Die Sahne gut unterrühren. Die Schokoladen-Sahne-Masse etwas abkühlen lassen und unter die Buttermasse rühren.

3. Die Maronen pürieren oder reiben. Mit Rotwein und Eigelb unter die Schokoladencreme rühren.

4. 2 x 3 getränkte Löffelbiskuits als Boden auf eine mit Backpapier belegte Kuchenplatte legen und gleichmäßig mit der Schokoladencreme bestreichen. Als nächste Lage 2 x 2 getränkte Löffelbiskuits darauflegen und ebenfalls mit der Schokoladencreme bestreichen. Als letzte Lage 2 x 1 getränktes Löffelbiskuit darauflegen und mit Schokoladencreme bestreichen. Die Pyramide mit der restlichen Schokoladencreme bestreichen, dabei oben eine Spitze formen.

5. Zum Verzieren und Garnieren Sahne mit Sahnesteif und Vanillin-Zucker steif schlagen, in einen Spritzbeutel mit kleiner Lochtülle (Ø 5 mm) füllen. Die Pyramide damit verzieren.

6. Die Zartbitter-Schokolade wie unter Punkt 2 beschrieben schmelzen. Die Löffelbiskuits einmal quer durchschneiden, mit dem runden Ende jeweils in die Schokolade tauchen und auf Backpapier legen. Die Schokolade fest werden lassen. Die Pyramide mit den Löffelbiskuits garnieren.

Hinweis: Nur ganz frisches Eigelb für die Creme verwenden (Legedatum beachten, mind. 23 Tage Resthaltbarkeit). Die Pyramide in den Kühlschrank stellen und innerhalb von 24 Stunden verzehren.

Maronenpuffer mit Weintrauben

Raffiniert

4 Portionen

Pro Portion: E: 16 g, F: 45 g, Kh: 81 g, kJ: 3423, kcal: 818, BE: 7,0

285 g abgetropfte Maronen (Esskastanien, aus der Dose)
250 g Schlagsahne
3 Eier (Größe M)
1 Pck. Dr. Oetker Bourbon-Vanille-Zucker
20 g Zucker
100 g Weizenmehl
500 g grüne und blaue Weintrauben
40 g Butterschmalz
70 g gehobelte Mandeln
2 EL Puderzucker

Zubereitungszeit: 40 Minuten, ohne Quellzeit

1. Esskastanien, Sahne, Eier, Vanille-Zucker, Zucker und Mehl in eine hohe Rührschüssel geben und mit einem Pürierstab pürieren. Den Teig etwa 10 Minuten quellen lassen.

2. Weintrauben abspülen, trocken tupfen, entstielen, halbieren und entkernen.

3. Etwas Butterschmalz in einer Pfanne erhitzen. Einige Mandeln in der Pfanne verteilen, 2 Esslöffel Maronenteig daraufgeben und mit einigen Mandeln bestreuen. Den Puffer bei mittlerer Hitze etwa 2 Minuten backen, bis der Teig zu stocken beginnt. Maronenpuffer wenden und von der anderen Seite goldbraun backen.

4. Aus dem restlichen Teig weitere 11 Puffer auf die gleiche Weise backen.

5. Die Puffer mit den Weintraubenhälften anrichten und mit Puderzucker bestäuben.

Maultaschen-Rosenkohl-Auflauf

Macht richtig satt

4 Portionen

Pro Portion: E: 24 g, F: 49 g, Kh: 34 g,
kJ: 2873, kcal: 686, BE: 3,0

600 g	*Rosenkohl*
6–8	*Maultaschen mit Fleischfüllung (300–400 g, aus dem Kühlregal)*
1 EL	*Instant-Gemüsebrühe*
150 g	*Pfifferlinge*
2 EL	*Butter*
	Salz, gem. Pfeffer
	ger. Muskatnuss
200 g	*Schlagsahne*
150 ml	*Gemüsebrühe*
1 EL	*Weizenmehl*
½ Bund	*glatte Petersilie*
3 EL	*Röstzwiebeln (Fertigprodukt)*
125 g	*frisch ger. Bergkäse*

Zubereitungszeit: 50 Minuten
Garzeit: etwa 15 Minuten

1. Rosenkohl von den schlechten Blättern befreien, etwas vom Strunk abschneiden. Die Rosenkohlröschen am Strunk kreuzförmig einschneiden, abspülen und abtropfen lassen.

2. Maultaschen in leicht siedendem Wasser mit Instant-Brühe 3–5 Minuten erhitzen. Anschließend in einem Sieb abtropfen lassen.

3. Den Backofen vorheizen.
Ober-/Unterhitze: etwa 200 °C
Heißluft: etwa 180 °C

4. Pfifferlinge putzen, evtl. kurz abspülen und trocken tupfen. Große Pfifferlinge halbieren. Butter in einer Pfanne zerlassen, Pfifferlinge darin unter Rühren kräftig anbraten. Mit Salz, Pfeffer und Muskat würzen. Die Sahne und Brühe hinzugießen, aufkochen lassen. Mehl mit etwas kaltem Wasser anrühren, unter die Pfifferlinge rühren und bei starker Hitze etwas einkochen lassen.

5. Maultaschen in eine Auflaufform (leicht gefettet) geben. Petersilie abspülen und trocken tupfen. Die Blättchen von den Stängeln zupfen. Blättchen klein schneiden.

6. Rosenkohlröschen halbieren, mit Pfifferlingen und Petersilie mischen und in die Zwischenräume der Maultaschen geben. Mit Röstzwiebeln bestreuen und Käse darauf verteilen.

7. Die Form auf dem Rost in den vorgeheizten Backofen schieben. Den Auflauf **etwa 15 Minuten garen.**

Minifrikadellen à la Coq au Vin

Mit Alkohol

4 Portionen

Pro Portion: E: 38 g, F: 22 g, Kh: 25 g,
kJ: 1964, kcal: 470, BE: 2,0

475 g	*Hähnchenbrustfilet*
½ Bund	*glatte Petersilie*
20 g	*getrocknete Äpfel*
2 EL	*mittelscharfer Senf*
35 g	*Semmelbrösel*
1	*Ei (Größe M)*
	Salz
	gem. schwarzer Pfeffer
200 g	*weiße Champignons*
4 Scheiben	*Frühstücksspeck (Bacon, etwa 75 g)*
etwa 2 Scheiben	*Toastbrot (etwa 75 g)*
30 g	*Butter*
3 EL	*Sonnenblumenöl*
100 g	*abgetropfte Perlzwiebeln (aus dem Glas)*
150 ml	*Rotwein, z. B. Merlot*
1 TL	*Speisestärke*
200 ml	*Hühnerbrühe oder Geflügelfond*

Zubereitungszeit: 70 Minuten

1. Hähnchenbrustfilet mit Küchenpapier abtupfen und in etwa 2 cm große Würfel schneiden.

2. Petersilie abspülen und trocken tupfen. Die Blättchen von den Stängeln zupfen. Die Hälfte der Blättchen grob zerschneiden. Restliche Petersilienblättchen beiseitelegen. Die getrockneten Äpfel in grobe Stücke schneiden.

3. Hähnchenfleischwürfel, grob geschnittene Petersilie, Apfelstücke und Senf im Blitzhacker fein hacken (nicht musig pürieren) und in eine Schüssel geben.

4. Semmelbrösel, Ei, Salz und Pfeffer hinzugeben. Die Masse mit einem Löffel oder mit den Händen gut vermischen.

5. Aus der Hackfleischmasse mit leicht angefeuchteten Händen 16 kleine Frikadellen formen und zugedeckt in den Kühlschrank stellen.

6. Champignons putzen, evtl. kurz abspülen, trocken tupfen und vierteln. Bacon in etwa 2 cm breite Stücke schneiden.

7. Die Toastbrotscheiben in etwa 1 cm große Würfel schneiden. Butter in einer Pfanne zerlassen. Die Brotwürfel darin von allen Seiten goldbraun rösten und herausnehmen.

8. Einen Esslöffel des Sonnenblumenöls zum verbliebenen Bratfett in die Pfanne geben. Die Baconstreifen darin bei mittlerer Hitze goldbraun braten, herausnehmen und auf Küchenpapier abtropfen lassen.

9. Die Champignonstücke und Perlzwiebeln in dem verbliebenen Bratfett in der Pfanne etwa 3 Minuten leicht anbraten, mit Salz würzen und aus der Pfanne nehmen.

10. Restliches Sonnenblumenöl in einer großen Pfanne erhitzen. Die Frikadellen darin von jeder Seite etwa 3 Minuten bei mittlerer Hitze goldbraun braten.

11. Anschließend die Frikadellen mit Rotwein ablöschen, zum Kochen bringen und um die Hälfte einkochen lassen.

12. Die Speisestärke mit 4 Esslöffeln der Brühe oder des Fonds glatt rühren. Die restliche Brühe oder den restlichen Fond hinzugießen und zum Kochen bringen. Die angerührte Speisestärke einrühren und unter Rühren aufkochen lassen.

13. Die Perlzwiebel-Champignon-Mischung hinzugeben. Mit Salz und Pfeffer würzen, etwa 3 Minuten bei schwacher Hitze kochen lassen.

14. Die beiseitegelegten Petersilienblättchen grob zerschneiden. Die Frikadellen mit der Sauce anrichten. Mit den Baconstreifen, den Croûtons und der Petersilie bestreuen.

Beilage: Salzkartoffeln oder Baguette.

Möhrenbraten | Raffiniert

6 Portionen

Pro Portion: E: 36 g, F: 12 g, Kh: 5 g, kJ: 1155, kcal: 276, BE: 0,5

250 g	*dünne Möhren*
	Salz
1 kg	*Schweinefleisch (aus der Keule)*
	gem. Pfeffer
	Paprikapulver edelsüß
1–2 EL	*Speiseöl*
1–2 EL	*Weizenmehl*

Zusätzlich:

1 Stück *Bratfolie oder Bratschlauch*

Zubereitungszeit: 30 Minuten
Garzeit: etwa 1 1/2 Stunden

1. Möhren putzen, dünn schälen, abspülen, abtropfen lassen und in kochendem Salzwasser in etwa 10 Minuten halbgar kochen.

2. Den Backofen vorheizen.
Ober-/Unterhitze: etwa 200 °C
Heißluft: etwa 180 °C

3. Schweinefleisch mit Küchenpapier abtupfen, mit Salz, Pfeffer und Paprika würzen. Fleisch mit einem scharfen Messer so in Faserrichtung einschneiden, dass die Möhren hineingeschoben werden können.

4. Das gespickte Fleisch mit Speiseöl bestreichen, auf ein großes Stück Bratfolie oder in den Bratschlauch geben und auf ein Backblech legen. Die Bratfolie oder den Bratschlauch nach Packungsanleitung verschließen. Das Backblech in den vorgeheizten Backofen schieben. Möhrenbraten **etwa 1 1/2 Stunden garen.**

5. Das Backblech aus dem Backofen nehmen. Die Folie aufschneiden, den Möhrenbraten herausnehmen und kurz ruhen lassen.

6. Den Bratensaft in einem Topf aufkochen lassen. Mehl mit etwas kaltem Wasser anrühren, in den Bratensaft rühren und unter Rühren kurz aufkochen lassen. Die Sauce mit Salz, Pfeffer und Paprika abschmecken.

7. Den Möhrenbraten in Scheiben schneiden, auf einer vorgewärmten Platte anrichten und mit der Sauce servieren.

Beilage: In Butter gedünstete Wintergemüse.

Möhrensuppe mit Ingwer | Preiswert

6 Portionen

Pro Portion: E: 17 g, F: 36 g, Kh: 15 g, kJ: 1916, kcal: 458, BE: 1,0

1 kg	*Möhren*
1	*Zwiebel*
60 g	*frischer Ingwer*
60 g	*Butter oder Margarine*
1 EL	*Currypulver*
1 l	*Gemüsebrühe*
	Salz, gem. Pfeffer
400 ml	*Kokosmilch (aus der Dose)*
300 g	*Kochschinken*
200 g	*Schlagsahne (mind. 30 % Fett)*
30 g	*gehobelte Mandeln*
einige	*Minzeblättchen*

Zubereitungszeit: 30 Minuten
Garzeit: etwa 30 Minuten

1. Möhren putzen, schälen, abspülen, abtropfen lassen und in kleine Würfel schneiden. Zwiebel abziehen und klein würfeln. Ingwer schälen und sehr klein würfeln.

2. Butter oder Margarine in einem großen Topf zerlassen. Möhren-, Zwiebel- und Ingwerwürfel darin unter Rühren andünsten. Curry gut unterrühren. Die Gemüsebrühe hinzugießen, alles zum Kochen bringen und etwa 20 Minuten kochen lassen.

3. Anschließend die Suppe fein pürieren, mit Salz und Pfeffer würzen. Kokosmilch unterrühren und unter Rühren zum Kochen bringen. Die Möhrensuppe etwa 10 Minuten unter gelegentlichem Rühren kochen lassen.

4. In der Zwischenzeit den Schinken in Würfel schneiden. Sahne halbsteif schlagen. Schinkenwürfel in die Suppe geben und darin erhitzen.

5. Die Suppe mit Sahne, Mandeln und abgespülten, trocken getupften Minzeblättchen garniert servieren.

Tipp: Nach Belieben die Mandeln in einer Pfanne ohne Fett bräunen.

Ofengulasch mit Möhren und Kartoffeln I

Deftig – macht richtig satt

4–6 Portionen

Pro Portion: E: 48 g, F: 32 g, Kh: 36 g, kJ: 2646, kcal: 631, BE: 2,5

1 kg Rindergulasch
500 g Zwiebeln
80 g Butter
Salz, gem. Pfeffer
15 g Paprikapulver edelsüß
15 g Paprikapulver rosenscharf
30 g Weizenmehl
1 EL Tomatenmark mit Würzgemüse
1 l Tomatensaft
1 l Rinderfond
150 g Pastinaken
300 g Möhren
600 g Kartoffeln
2 EL klein geschnittene Petersilie

Zubereitungszeit: 40 Minuten
Garzeit: etwa 90 Minuten

1. Rindergulasch mit Küchenpapier abtupfen und in ganz kleine Stücke schneiden (jedes Gulaschstück achteln). Die Zwiebeln abziehen und in feine Würfel schneiden.

2. Den Backofen vorheizen.
Ober-/Unterhitze: etwa 200 °C
Heißluft: etwa 180 °C

3. Butter in einem Bräter zerlassen. Die Fleischstücke darin unter Rühren 3–4 Minuten anbraten. Zwiebelwürfel hinzugeben und weitere 3–4 Minuten mitbraten. Anschließend mit Salz und Pfeffer würzen.

4. Die Fleischstücke mit Paprika und Mehl bestäuben und so lange verrühren (am besten mit einem Kochlöffel), bis von Paprika und Mehl nichts mehr zu sehen ist.

5. Den Bräter auf dem Rost in den vorgeheizten Backofen (unteres Drittel) schieben. Die Fleischwürfel **etwa 10 Minuten garen**. Danach Tomatenmark unterrühren.

6. Tomatensaft und Fond hinzugießen und unterrühren. Die Fleischwürfel sollten mit der Flüssigkeit bedeckt sein.

7. Den Bräter zugedeckt wieder auf dem Rost in den heißen Backofen schieben. Gleichzeitig die Backofentemperatur auf Ober-/Unterhitze: etwa 180 °C, Heißluft: etwa 160 °C herunterschalten. Das Gulasch **weitere etwa 50 Minuten garen.**

8. In der Zwischenzeit Pastinaken und Möhren putzen. Kartoffeln, Pastinaken und Möhren schälen, abspülen, abtropfen lassen und wie das Gulaschfleisch in ganz kleine Würfel schneiden.

9. Die Gemüse- und Kartoffelwürfel zum Gulasch in den Bräter geben und **bei gleicher Backofentemperatur in weiteren etwa 30 Minuten fertig garen.**

10. Das Ofengulasch mit Petersilie bestreuen und servieren.

Tipp: Das Ofengulasch mit 1 Esslöffel Crème fraîche verfeinern.

Orangenente | Für Gäste

4 Portionen

Pro Portion: E: 85 g, F: 80 g, Kh: 22 g, kJ: 4812, kcal: 1147, BE: 2,0

1 küchenfertige Ente (etwa 2,3 kg)
Salz, gem. Pfeffer
5 Stängel Thymian
300 ml Hühnerbrühe
150 ml Orangensaft
gem. Zimt
1 EL flüssiger Honig
4 Orangen
2 TL Speisestärke

Zubereitungszeit: 30 Minuten
Garzeit: etwa 90 Minuten

1. Den Backofen vorheizen.
Ober-/Unterhitze: etwa 180 °C
Heißluft: etwa 160 °C

2. Die Ente innen und außen mit Küchenpapier abtupfen. Mit Salz und Pfeffer würzen. Thymian abspülen, trocken tupfen und in die Ente legen.

3. Die Ente mit der Brustseite nach unten in einen Bräter legen und auf dem Rost in den vorgeheizten Backofen (unteres Drittel) schieben. Die Ente **etwa 90 Minuten garen.**

4. Nach etwa 45 Minuten Garzeit die Ente umdrehen. Hühnerbrühe und Orangensaft hinzugießen, mit Zimt würzen. Honig mit 2 Esslöffeln von dem Bratenfond verrühren. Die Entenbrust kurz vor Ende der Garzeit mehrmals damit bestreichen.

5. Die Orangen so schälen, dass die weiße Haut vollständig mit entfernt wird. Orangen in etwa 1 cm dicke Scheiben schneiden.

6. Die gegarte Ente aus dem Bräter nehmen und auf einer vorgewärmten Platte anrichten.

7. Speisestärke mit kaltem Wasser anrühren und in den Bratenfond rühren. Die Sauce unter Rühren aufkochen lassen. Orangenscheiben in die heiße Sauce legen und mit der Ente servieren.

Beilage: Kroketten oder Salzkartoffeln und Brokkoli.

Tipp: Die angerichtete Ente mit Orangenscheiben und -schalen garnieren.

Orangenhähnchen vom Blech

Einfach

6 Portionen

Pro Portion: E: 56 g, F: 49 g, Kh: 29 g, kJ: 3316, kcal: 793, BE: 2,0

4	*Hähnchenkeulen (je 230–250 g)*
4	*Hähnchenbrustfilets (mit Haut, je etwa 230 g)*
	Salz, gem. Pfeffer
1 TL	*Currypulver, z. B. Thai-Currypulver*
3–4	*Orangen*
125 ml	*Olivenöl*
4	*Knoblauchzehen*
400–500 g	*rote Zwiebeln*
800 g	*neue, kleine Kartoffeln*
einige Stängel	*Thymian*

Zubereitungszeit: 30 Minuten
Garzeit: etwa 75 Minuten

1. Hähnchenkeulen und -brustfilets mit Küchenpapier abtupfen. Die Hähnchenteile mit Salz, Pfeffer und Curry würzen und gut einmassieren. Die Teile mit der Hautseite nach oben in einer Fettpfanne verteilen.

2. Orangen halbieren und den Saft auspressen. Den Orangensaft mit dem Olivenöl in eine Schüssel geben.

3. Knoblauch und Zwiebeln abziehen. Den Knoblauch durch eine Knoblauchpresse in die Orangensaft-Öl-Mischung pressen. Die Zwiebeln sechsteln, sodass kleine Schiffchen entstehen.

4. Kartoffeln gründlich unter fließendem kalten Wasser abbürsten, je nach Größe halbieren oder vierteln. Kartoffeln und Zwiebelschiffchen in die Saft-Öl-Mischung geben.

5. Thymian abspülen und trocken tupfen. Die Blättchen von den Stängeln zupfen. Einige Blättchen zum Garnieren beiseitelegen. Restliche Blättchen ebenfalls in die Saft-Öl-Mischung geben, mit Salz und Pfeffer würzen und alles gut vermengen.

6. Die Kartoffel-Zwiebel-Mischung mit der Saft-Öl-Mischung in die Fettpfanne geben, dabei die Hähnchenteile mit der Saft-Öl-Mischung begießen.

7. Die Fettpfanne in den kalten Backofen (unteres Drittel) schieben.
Ober-/Unterhitze: etwa 200 °C
Heißluft: etwa 180 °C

8. Die Orangenhähnchen **etwa 75 Minuten garen.**

9. Orangenhähnchen vom Blech mit den beiseitegelegten Thymianblättchen garniert servieren.

Tipp: Dazu Fladenbrot reichen, um die restliche, köstliche Orangen-Olivenöl-Mischung vom Blech aufsaugen zu können.

Orangen-Herrencreme I

Für Gäste

8 Portionen

Pro Portion: E: 7 g, F: 25 g, Kh: 38 g, kJ: 1719, kcal: 410, BE: 3,0

4 Blatt weiße Gelatine
2 Pck. Dr. Oetker Pudding-Pulver Vanille-Geschmack
80 g Zucker
750 ml Milch (3,5 % Fett)
250 ml frisch gepresster Orangensaft
1 Pck. Dr. Oetker Finesse Orangenschalen-Aroma
150 g Zartbitter-Schokolade (etwa 50 % Kakaoanteil)
375 g Schlagsahne (mind. 30 % Fett)

Zum Garnieren:

25 g Zartbitter-Raspelschokolade
einige Orangenscheiben oder -filets

Zubereitungszeit: 40 Minuten, ohne Abkühlzeit

1. Die Gelatine nach Packungsanleitung einweichen. Pudding-Pulver und Zucker mit 250 ml von der Milch anrühren. Restliche Milch in einem Topf zum Kochen bringen. Angerührtes Pudding-Pulver in die von der Kochstelle genommene Milch rühren und unter Rühren aufkochen lassen.

2. Den Orangensaft hinzugießen, den Pudding unter Rühren nochmals aufkochen lassen. Den Topf von der Kochstelle nehmen.

3. Die eingeweichte Gelatine ausdrücken und unter den heißen Pudding rühren, Orangenschalen-Aroma ebenfalls unterrühren.

4. Den Pudding in eine Schüssel füllen. Die Puddingoberfläche sofort mit Frischhaltefolie belegen, damit sich keine Haut bildet. Pudding erkalten lassen.

5. Die Schokolade in kleine Stücke hacken. Die Sahne steif schlagen.

6. Den erkalteten Pudding mit einem Mixer (Rührstäbe) aufschlagen, evtl. durch ein Sieb streichen (falls sich Klümpchen gebildet haben sollten). Die Schokostückchen und die Sahne unterheben.

7. Den Pudding in eine Servierschüssel füllen, mit Schokoladenraspeln und Orangenscheiben oder -filets garnieren.

Orangen-Pannacotta mit Rum

Beliebt – mit Alkohol

4 Portionen

Pro Portion: E: 6 g, F: 48 g, Kh: 32 g, kJ: 2557, kcal: 611, BE: 2,5

600 g Schlagsahne
1 Pck. Dr. Oetker Finesse Bourbon-Vanille-Aroma
Salz
1 Pck. Dr. Oetker Finesse Geriebene Zitronenschale
3–4 EL Zucker
1 Bio-Orange (unbehandelt, ungewachst)
4 Blatt weiße Gelatine
3 EL Rum

Für die Sauce:

200 ml Orangensaft
1–2 EL Zucker

Zubereitungszeit: 40 Minuten, ohne Kühlzeit

1. Sahne mit Vanille-Aroma, 1 Prise Salz, Zitronenschale und Zucker in einem kalt ausgespülten Topf zum Kochen bringen und etwa 10 Minuten ohne Deckel bei schwacher Hitze kochen. Orange heiß abwaschen, abtrocknen und die Schale dünn abreiben, Orange beiseitelegen. 3–4 Minuten vor Ende der Kochzeit die abgeriebene Orangenschale in die Sahne geben und kurz mitkochen lassen. Den Topf von der Kochstelle nehmen.

2. Gelatine nach Packungsanleitung einweichen. Eingeweichte Gelatine ausdrücken und in der heißen Sahne unter Rühren auflösen. Rum unterrühren.

3. Die Sahnemasse in 4 kalt ausgespülte Förmchen oder Tassen (je etwa 150 ml Inhalt) gießen und etwas abkühlen lassen. Förmchen oder Tassen mit der Pannacotta-Creme mindestens 3 Stunden oder über Nacht in den Kühlschrank stellen.

4. Die beiseitegelegte Orange so schälen, dass die weiße Haut vollständig mit entfernt wird, Orange filetieren, den Saft dabei auffangen. Aus den Orangenresten ebenfalls den Saft ausdrücken.

5. Für die Sauce den aufgefangenen Saft mit Orangensaft auf 200 ml auffüllen, in einem Topf mit Zucker zum Kochen bringen und zu einem leicht dicklichen Sirup einkochen. Sauce abkühlen lassen und in den Kühlschrank stellen.

6. Pannacotta mit einem Messer vom Förmchen- oder Tassenrand lösen, kurz in sehr heißes Wasser stellen und auf Dessertteller stürzen.

7. Pannacotta mit der Sauce übergießen und mit den Orangenfilets belegen.

Tipps: Statt Orangenfilets abgetropfte Mandarinen aus der Dose verwenden, die Orange dann auspressen und den Saft für die Sauce verwenden. Pannacotta mit abgespülten, trocken getupften Melisseblättchen garnieren.

Rezeptvarianten: **Pannacotta mit Beerensauce.** Dafür Pannacotta nach Rezept, aber ohne abgeriebene Orangenschale zubereiten. Für die Beerensauce 300 g Beerenfrüchte, z.B. Erdbeeren, Himbeeren oder aufgetaute TK-Beerencocktail pürieren und 1 Päckchen Dr. Oetker Bourbon-Vanille-Zucker unterrühren.
Pannacotta mit Joghurt. Dafür Pannacotta nach Rezept, aber nur mit 350 g Schlagsahne zubereiten. Nach dem Unterrühren der aufgelösten Gelatine 250 g Vollmilch- oder Vanillejoghurt hinzugeben und wie beschrieben weiter zubereiten.

Orangen-Tiramisu

Gut vorzubereiten – mit Alkohol

4 Portionen

Pro Portion: E: 9 g, F: 25 g, Kh: 55 g, kJ: 2144, kcal: 511, BE: 4,5

150 g Cantuccini (ital. Mandelgebäck)
5 EL starker Kaffee
3 Orangen
4 EL Orangenlikör
15 g Puderzucker
150 g Joghurt (3,5 % Fett)
200 g Vanillejoghurt
200 g Schlagsahne (mind. 30 % Fett)

Zum Bestäuben:

1 EL Kakaopulver

Zubereitungszeit: 25 Minuten, ohne Durchziehzeit

1. Cantuccini in eine große, flache Auflaufform legen und mit Kaffee tränken.

2. Orangen so schälen, dass die weiße Haut vollständig entfernt wird. Orangen filetieren, dabei den Saft auffangen. Filets in Stücke schneiden.

3. Filetstücke mit dem Saft auf den Cantuccini verteilen und mit Orangenlikör beträufeln, mit Puderzucker bestäuben und 1–2 Stunden durchziehen lassen.

4. Beide Joghurtsorten miteinander verrühren, Sahne steif schlagen und unterheben. Die Joghurtsahne auf den Orangenfilets verteilen. Tiramisu bis zum Servieren in den Kühlschrank stellen.

5. Orangen-Tiramisu vor dem Servieren mit Kakao bestäuben.

Tipps: Bestreuen Sie die Joghurtsahne mit 1 Päckchen Dr. Oetker Finesse Orangenschalen-Aroma, bevor das Tiramisu in den Kühlschrank gestellt wird. Garnieren Sie die Oberfläche mit einigen Orangenzesten (Streifen, Foto).

Rezeptvariante: **Beeren-Tiramisu.** Dafür 150 g Amarettini (ital. Mandelmakronen) in eine flache Auflaufform geben und mit 5 Esslöffeln starkem Kaffee tränken. 300 g verlesene, abgespülte, trocken getupfte Beerenfrüchte darauf verteilen, mit 4 Esslöffeln Himbeergeist beträufeln und mit 15 g Puderzucker bestäuben, bei Zimmertemperatur durchziehen lassen. 350 g Beerenjoghurt mit 200 g steif geschlagener Schlagsahne vermengen und auf den Beerenfrüchten verteilen. Das Tiramisu vor dem Servieren mit Raspelschokolade bestreuen.

Orangen-Weinschaum-Speise

Gut vorzubereiten – mit Alkohol

4 Portionen

Pro Portion: E: 6 g, F: 13 g, Kh: 31 g, kJ: 1338, kcal: 319, BE: 2,5

2	*Orangen (je etwa 150 g)*
4 EL	*Orangenlikör*
2 gestr. TL	*gem. Gelatine, weiß*
3 EL	*kaltes Wasser*
100 ml	*Orangensaft*
2	*Eigelb (Größe M)*
80 g	*Zucker*
125 ml	*Weißwein*
2	*Eiweiß (Größe M)*
125 g	*Schlagsahne (mind. 30 % Fett)*

Zubereitungszeit: 30 Minuten, ohne Quell- und Kühlzeit

1. Orangen so schälen, dass die weiße Haut vollständig mit entfernt wird. Orangen filetieren und in Stücke schneiden. Die Orangenstücke mit Likör in 4 Dessertgläsern verteilen.

2. Die Gelatine mit Wasser nach Packungsanleitung in einem kleinen Topf anrühren und quellen lassen. Gequollene Gelatine im Topf unter Rühren bei schwacher Hitze auflösen, dann den Orangensaft unterrühren.

3. Eigelb mit Zucker cremig schlagen. Nach und nach Wein hinzugießen. Orangen-Gelatine-Flüssigkeit unterrühren und in den Kühlschrank stellen.

4. Eiweiß und Sahne getrennt steif schlagen. Wenn die Orangen-Wein-Flüssigkeit anfängt zu gelieren, Eiweiß und Sahne unterheben. Die Creme in den vorbereiteten Gläsern verteilen. Die Gläser in den Kühlschrank stellen und die Orangen-Weinschaum-Speise fest werden lassen.

Tipp: Die Orangen-Weinschaum-Speise mit Orangenschalenstreifen, Orangenfilets und abgespülten, trocken getupften Minzeblättchen garnieren.

Pak Choi | Schnelle Beilage

4 Portionen

Pro Portion: E: 2 g, F: 10 g, Kh: 3 g, kJ: 443, kcal: 106, BE: 0,0

500 g Pak Choi (chinesischer Senfkohl)
2 Zwiebeln
2 EL Olivenöl
1 EL Butter
2 Knoblauchzehen
Salz
gem. Pfeffer
evtl. 1 EL Sojasauce

Zubereitungszeit: 25 Minuten
Garzeit: etwa 10 Minuten

1. Pak-Choi-Stauden putzen und die Stielenden abschneiden. Pak Choi abspülen und abtropfen lassen. Pak-Choi-Stauden in einzelne Blätter teilen.

2. Zwiebeln abziehen und klein würfeln. Olivenöl in einem Topf erhitzen, Butter darin zerlassen. Zwiebelwürfel hinzugeben und glasig dünsten. Knoblauch abziehen, in Scheiben schneiden und mit andünsten.

3. Die Pak-Choi-Blätter hinzugeben und zugedeckt etwa 10 Minuten dünsten. Das Gemüse mit Salz, Pfeffer und evtl. Sojasauce abschmecken.

Tipp: Schnell ist auch **Pak Choi mit Mie-Nudeln und Viktoriabarschfilet** im Wok zubereitet. Dazu 500 g Viktoriabarschfilet (in etwa 2 cm große Würfel geschnitten) mit 1 Esslöffel China-Gewürzzubereitung würzen. 800 g Pak Choi putzen, in einzelne Blätter teilen, diese gründlich abspülen und gut abtropfen lassen. Die Stängel von den Blättern schneiden. Stängel und Blätter jeweils getrennt in etwa 1 cm breite Streifen schneiden. 3 Schalotten abziehen. 20 g frischen Ingwer schälen. Schalotten und Ingwer fein würfeln. 100 g Shiitakepilze putzen, evtl. kurz abspülen, trocken tupfen und in Scheiben schneiden. 250 g Mie-Nudeln (asiatische Instant-Nudeln) nach Packungsanleitung zubereiten. 6 Esslöffel Erdnussöl in einem Wok erhitzen. Fischwürfel darin unter Rühren anbraten, herausnehmen und warm stellen. Pak-Choi-Stängel und Pilzscheiben im verbliebenen Bratfett unter Rühren andünsten. Die Schalotten- und Ingwerwürfel hinzufügen, kurz mitdünsten. Pak-Choi-Blätter unterrühren, mit 1 Esslöffel gehackten Korianderblättchen und je 2 Esslöffeln Fisch- und Austernsauce würzen. Nudeln unterheben. Die Fischwürfel in den Wok geben und sofort servieren.

Pak Choi mit Fischfilet und Garnelen | Asiatisch inspiriert

4 Portionen

Pro Portion: E: 33 g, F: 15 g, Kh: 7 g, kJ: 1253, kcal: 298, BE: 0,5

1 1/4 kg Pak Choi (chinesischer Senfkohl)
250 g rote Zwiebeln
4 EL Speiseöl, z. B. Maiskeimöl
500 ml Gemüsebrühe
Salz, gem. Pfeffer
2–3 TL Sojasauce
12 kleine Garnelen (etwa 150 g, geschält und entdarmt)
500 g Kabeljaufilet
1 EL Limettensaft
2 EL Sesamöl

Zubereitungszeit: 30 Minuten
Garzeit: 10–15 Minuten

1. Den Backofen vorheizen.
Ober-/Unterhitze: etwa 180 °C
Heißluft: etwa 160 °C

2. Pak Choi putzen und die Stielenden abschneiden. Pak Choi abspülen und abtropfen lassen. Zwiebeln abziehen und in Streifen schneiden.

3. Das Speiseöl in einem großen Bräter erhitzen. Die Zwiebelstreifen darin andünsten. Pak Choi hinzufügen und unter Rühren etwa 10 Minuten anbraten.

4. Gemüsebrühe hinzugießen. Das Gemüse mit Salz, Pfeffer und Sojasauce würzen.

5. Den Bräter auf dem Rost in den vorgeheizten Backofen schieben. Pak Choi **10–15 Minuten schmoren.**

6. In der Zwischenzeit die Garnelen und das Fischfilet kurz unter fließendem kalten Wasser abspülen und trocken tupfen. Das Fischfilet in 4 gleich große Stücke schneiden. Die Garnelen und die Filets mit Limettensaft beträufeln, mit Salz und Pfeffer würzen.

7. Sesamöl in einer großen Pfanne erhitzen. Die Fischfiletstücke und die Garnelen darin unter gelegentlichem Rühren etwa 10 Minuten braten.

8. Geschmorten Pak Choi mit Garnelen und Fischfiletstücken anrichten und servieren.

Pak Choi und breite grüne Bohnen | Asiatisch inspiriert

4 Portionen

Pro Portion: E: 6 g, F: 3 g, Kh: 10 g, kJ: 398, kcal: 95, BE: 0,5

600 g	*Pak Choi (chinesischer Senfkohl)*
600 g	*breite grüne Bohnen*
	Salz
1 walnussgroßes Stück	*frischer Ingwer*
200 ml	*Gemüsebrühe*
1 EL	*Wasabipaste*
	gem. Pfeffer
2 EL	*geschälte Sesamsamen*

Zusätzlich:

2	*Bratschläuche*

Zubereitungszeit: 30 Minuten
Garzeit: etwa 20 Minuten

1. Die Pak-Choi-Stauden putzen und die Stielenden abschneiden. Pak-Choi-Stauden abspülen und abtropfen lassen. Von den Bohnen die Enden abschneiden, evtl. abfädeln. Bohnen abspülen, abtropfen lassen und in etwa 5 cm lange Stücke schneiden.

2. Wasser in einem großen Topf zum Kochen bringen, Salz hinzufügen. Pak Choi und Bohnenstücke darin nacheinander je etwa 3 Minuten blanchieren, anschließend mit kaltem Wasser abschrecken und in einem Sieb gut abtropfen lassen.

3. Ingwer schälen und fein hacken. Die Gemüsebrühe mit gehacktem Ingwer und Wasabipaste verrühren, mit Salz und Pfeffer würzen.

4. Den Backofen vorheizen.
Ober-/Unterhitze: etwa 180 °C
Heißluft: etwa 160 °C

5. Die Bratschläuche zunächst von einer Seite nach Packungsanleitung fest verschließen. Jeweils die Hälfte von dem Pak-Choi-Gemüse und den Bohnenstücken in einen Bratschlauch füllen und je die Hälfte der gewürzten Gemüsebrühe hinzugießen.

6. Die Bratschläuche nach Packungsanleitung verschließen und nebeneinander auf ein Backblech legen.

7. Das Backblech in den vorgeheizten Backofen schieben. Das Gemüse **etwa 20 Minuten garen.**

8. Zum Servieren die Bratschläuche öffnen und das Gemüse mit Sesam bestreut servieren.

Pastetchen mit Champignonfüllung

Klassisch – schnell

4 Portionen

Pro Portion: E: 10 g, F: 41 g, Kh: 18 g, kJ: 2044, kcal: 487, BE: 1,5

4 Blätterteigpasteten (Fertigprodukt)
50 g Butter
20 g Weizenmehl
250 g Schlagsahne
Salz
gem. Pfeffer
Paprikapulver edelsüß
425 g abgetropfte, kleine, ganze Champignons (aus der Dose)
12 ½ g TK-Kräutermischung (½ Pck.)

Zubereitungszeit: 25 Minuten

1. Blätterteigpasteten nach Packungsanleitung im Backofen erwärmen.

2. Butter in einem Topf zerlassen. Mehl darin unter Rühren so lange darin erhitzen, bis es hellgelb ist. Sahne hinzugießen, mit einem Schneebesen durchschlagen, darauf achten, dass keine Klümpchen entstehen. Die Sauce zum Kochen bringen, bei schwacher Hitze etwa 5 Minuten unter gelegentlichem Rühren kochen lassen.

3. Die Sauce mit Salz, Pfeffer und Paprika würzen. Champignons und Kräuter unterrühren. Die Pasteten mit der Champignon-Kräuter-Sauce füllen, den Deckel auflegen und sofort servieren.

Beilage: Reis.

Abwandlung: Sie können zusätzlich 100 g Kochschinken fein würfeln und in der Sauce erwärmen. Dann die Sauce mit einem kleinen Schuss Sherry abschmecken.

Pastinakengratin | Preiswert

4 Portionen

Pro Portion: E: 22 g, F: 27 g, Kh: 37 g, kJ: 2070, kcal: 495, BE: 2,5

1,2 kg Pastinaken
150 g Joghurt (3,5 % Fett)
100 g Magerquark
100 ml Milch (3,5 % Fett)
2 Eier (Größe M)
ger. Muskatnuss
Salz, gem. Pfeffer
120 g ger. Höhlenkäse
1 Bund Frühlingszwiebeln
60 g gehackte Haselnusskerne

Zubereitungszeit: 30 Minuten
Garzeit: etwa 40 Minuten

1. Den Backofen vorheizen.
Ober-/Unterhitze: etwa 180 °C
Heißluft: etwa 160 °C

2. Pastinaken putzen, schälen, abspülen, abtropfen lassen, in etwa 2 mm dicke Scheiben schneiden und dachziegelartig in eine runde Gratinform (Ø 30 cm, gefettet) schichten.

3. Joghurt mit Quark, Milch und Eiern verschlagen. Mit Muskat, Salz und Pfeffer würzen. Die Masse auf den Pastinakenscheiben verteilen und mit Käse bestreuen.

4. Die Form auf dem Rost in den vorgeheizten Backofen schieben. Das Gratin **etwa 30 Minuten garen.**

5. Frühlingszwiebeln putzen, abspülen, abtropfen lassen und in Scheiben schneiden. Die Form nach etwa 30 Minuten Garzeit aus dem Backofen nehmen und die Frühlingszwiebelscheiben und Haselnusskerne auf dem Gratin verteilen.

6. Die Form wieder auf dem Rost in den heißen Backofen schieben. Das Gratin **bei gleicher Backofentemperatur in weiteren etwa 10 Minuten fertig garen.**

Pastinaken-Möhren-Gemüse I

Einfach – schnelle Beilage

4 Portionen

Pro Portion: E: 2 g, F: 11 g, Kh: 20 g, kJ: 850, kcal: 203, BE: 1,5

300 g Möhren
700 g Pastinaken
50 g Butter
125 ml Gemüsebrühe
Salz, gem. Pfeffer
1 EL klein geschnittene, glatte Petersilie

Zubereitungszeit: 25 Minuten
Garzeit: 11–13 Minuten

1. Möhren und Pastinaken putzen, schälen, abspülen und abtropfen lassen. Möhren in dünne Scheiben schneiden. Von den Pastinaken die Spitze in dünne Scheiben schneiden, das untere Ende vierteln und in dünne Scheiben schneiden.

2. Butter in einem Topf zerlassen. Die Möhrenscheiben darin bei schwacher Hitze etwa 5 Minuten unter Rühren dünsten. Die Pastinakenscheiben hinzugeben und Gemüsebrühe hinzugießen.

3. Das Gemüse mit Salz und Pfeffer würzen, zum Kochen bringen und zugedeckt in 6–8 Minuten gar dünsten, dabei gelegentlich umrühren.

4. Das Gemüse mit Salz und Pfeffer abschmecken und mit Petersilie bestreut servieren.

Pastinaken-Weizen-Risotto mit glasierten Zwiebeln

Mit Alkohol – vegetarisch

4 Portionen

Pro Portion: E: 22 g, F: 43 g, Kh: 112 g, kJ: 4057, kcal: 968, BE: 9,0

150 g ganze Weizenkörner
300 g Zwiebeln
1 Knoblauchzehe
125 g Bergkäse, im Stück
1 Bund Petersilie
500 g Pastinaken
2–2,2 l Gemüsebrühe
100 g Butter
300 g Risotto-Reis
200 ml trockener Weißwein
Salz
gem. schwarzer Pfeffer
2 geh. EL Zucker
200 ml Birnensaft
2 EL Balsamico-Essig
4 EL Walnussöl

Zubereitungszeit: 50 Minuten, ohne Einweichzeit

1. Am Vortag die Weizenkörner in eine Schüssel geben, mit kaltem Wasser übergießen, sodass sie ganz bedeckt sind, und anschließend die Weizenkörner über Nacht einweichen.

2. Am nächsten Tag die Weizenkörner abgießen, in einen Topf geben, so viel Wasser hinzugießen, dass sie ganz bedeckt sind, zum Kochen bringen. Weizenkörner zugedeckt 40–45 Minuten bei schwacher Hitze kochen lassen. Den Topf von der Kochstelle nehmen.

3. In der Zwischenzeit Zwiebeln und Knoblauch abziehen. 100 g der Zwiebeln in kleine Würfel schneiden. Knoblauch in dünne Scheiben schneiden. Restliche Zwiebeln zuerst in dünne Scheiben schneiden, dann in Ringe teilen. Bergkäse entrinden und fein reiben.

4. Petersilie abspülen und trocken tupfen. Die Blättchen von den Stängeln zupfen. Blättchen klein schneiden. Pastinaken putzen, schälen, abspülen, abtropfen lassen und in dünne Scheiben schneiden, große Pastinaken evtl. zuvor durchschneiden.

5. Die Brühe aufkochen lassen. Die Hälfte der Butter in einem Topf zerlassen. Die Zwiebelwürfel und Knoblauchscheiben darin bei mittlerer Hitze andünsten. Den Reis hinzugeben und kurz glasig-weiß andünsten. Mit Wein ablöschen und fast vollständig einkochen lassen.

6. Weizenkörner hinzugeben, ein Achtel der heißen Brühe hinzugießen und bei mittlerer Hitze kochen lassen. Mit Salz und Pfeffer würzen.

7. Das Risotto etwa 20 Minuten unter häufigem Rühren al dente garen. Dabei nach und nach die restliche, heiße Brühe (sobald die Brühe vom Reis aufgenommen wurde) hinzugießen.

8. Die Pastinakenscheiben nach etwa 10 Minuten Garzeit unter den Reis rühren und mitgaren lassen.

9. In der Zwischenzeit restliche Butter in einer Pfanne zerlassen. Zwiebelringe mit Zucker, etwas Salz und Pfeffer kräftig andünsten.

10. Nach und nach den Birnensaft mit dem Balsamico-Essig hinzugeben und immer wieder ganz einkochen lassen, bis die Zwiebelringe weich sind.

11. Den geriebenen Bergkäse und die Petersilie unter das Risotto rühren, evtl. nachwürzen. Pastinaken-Weizen-Risotto anrichten. Glasierte Zwiebelringe darauf verteilen und mit Walnussöl beträufeln.

Perlhuhn auf Balsamico-Linsen

Raffiniert

8 Portionen

Pro Portion: E: 74 g, F: 29 g, Kh: 35 g, kJ: 2945, kcal: 703, BE: 3,0

Für das Perlhuhn:

2 küchenfertige Perlhühner (je etwa 1,3 kg)
Salz
gem. Pfeffer
90 g Zwiebeln
250 g Möhren
150 g Petersilienwurzeln
6 EL Olivenöl
120 g gewürfelter Schinken (aus dem Kühlregal)
250 ml Hühnerbrühe

Für die Balsamico-Linsen:

500 g Beluga-Linsen oder Bio-Linsen
1 EL mittelscharfer Senf
5 EL Balsamico-Essig

Zubereitungszeit: 40 Minuten
Garzeit: etwa 3 1/2 Stunden

1. Den Backofen bei Ober-/Unterhitze auf 95 °C vorheizen. Die Perlhühner innen und außen mit Küchenpapier abtupfen, innen und außen mit Salz und Pfeffer würzen.

2. Zwiebeln abziehen und fein würfeln. Möhren und Petersilienwurzeln putzen, schälen, abspülen, abtropfen lassen und in kleine Würfel schneiden.

3. Das Olivenöl in einem großen Bräter erhitzen, die Perlhühner darin unter Wenden anbraten. Zwiebelwürfel hinzufügen und mitbraten lassen. Dann die Möhren-, Petersilienwurzel- und Schinkenwürfel hinzugeben, kurz mit anbraten. Hühnerbrühe hinzugießen und zum Kochen bringen.

4. Den Bräter auf dem Rost in den vorgeheizten Backofen (untere Schiene) schieben. Die Perlhühner **etwa 3 1/2 Stunden garen.**

5. Etwa 35 Minuten vor Ende der Garzeit die Linsen nach Packungsanleitung zubereiten.

6. Den Backofengrill auf etwa 240 °C vorheizen. Die gegarten Perlhühner aus dem Bräter nehmen, auf eine hitzebeständige Platte legen und auf dem Rost unter den vorgeheizten Backofengrill schieben. Die Perlhühner 5–10 Minuten von beiden Seiten knusprig braun grillen.

7. Die vorbereiteten Linsen in den Bratensud geben, unterrühren, evtl. nochmals kurz erwärmen, mit Senf und Essig abschmecken. Die Perlhühner mit den Balsamico-Linsen anrichten und servieren.

Beilage: Bratkartoffeln mit Frühlingszwiebeln.

Tipp: Statt Perlhühner können Sie auch Poularden verwenden.

Petersilienwurzel-Couscous-Ragout mit Lamm | Arabisch inspiriert

4 Portionen

Pro Portion: E: 33 g, F: 30 g, Kh: 80 g, kJ: 3063, kcal: 729, BE: 6,5

500 g Petersilienwurzeln
Salz
200 g Couscous
1 Bund glatte Petersilie
8 getrocknete Feigen
2 Knoblauchzehen
500 g schieres Lammfleisch (aus dem Rücken)
4 EL Olivenöl
gem. Pfeffer
80 g Rosinen
Saft von 1 Limette

Zum Bestreuen:
1 EL rosa Pfefferbeeren

Zubereitungszeit: 45 Minuten

1. Die Petersilienwurzeln putzen, schälen, abspülen, abtropfen lassen und in Würfel schneiden. Wasser in einem Topf zum Kochen bringen, Salz hinzugeben. Petersilienwurzelwürfel darin etwa 3 Minuten blanchieren, mit kaltem Wasser abschrecken und in einem Sieb abtropfen lassen.

2. Den Couscous nach Packungsanleitung zubereiten (quellen lassen).

3. Petersilie abspülen und trocken tupfen. Die Blättchen von den Stängeln zupfen. Einige Blättchen zum Garnieren beiseitelegen. Restliche Blättchen klein schneiden.

4. Von den Feigen die Stielansätze abschneiden. Die Feigen in kleine Stücke schneiden. Knoblauch abziehen und in Scheiben schneiden.

5. Lammfleisch mit Küchenpapier abtupfen und in kleine Würfel schneiden.

6. Die Hälfte des Olivenöls in einer Pfanne erhitzen. Die Lammfleischwürfel darin von allen Seiten kurz und kräftig braten, mit Salz und Pfeffer würzen. Die Fleischwürfel aus der Pfanne nehmen und zugedeckt warm stellen.

7. Den gequellten Couscous mit einer Gabel etwas auflockern.

8. Das restliche Olivenöl zum verbliebenen Bratfett in die Pfanne geben und erhitzen. Petersilienwurzeln, Feigen, Rosinen und Knoblauch darin kurz unter Rühren anbraten. Couscous unterrühren.

9. Zuletzt die warm gestellten Lammfleischwürfel und die Petersilie unterrühren.

10. Das Ragout mit Salz, Pfeffer und Limettensaft abschmecken, mit rosa Pfefferbeeren bestreut und beiseitegelegten Petersilienblättchen garniert servieren.

Tipps: Das Ragout kann statt mit Couscous auch mit Bulgur oder Reis zubereitet werden. Bei der Zubereitung dann die jeweilige Packungsanleitung beachten. Die Rosinen lassen sich durch entsteinte, getrocknete Aprikosen oder Cranberrys ersetzen.

Pfannkuchen mit Quittenkompott I

Mit Alkohol

4 Portionen

Pro Portion: E: 18 g, F: 21 g, Kh: 87 g, kJ: 2775, kcal: 663, BE: 7,0

Für den Pfannkuchenteig:

250 g Weizenmehl
4 Eier (Größe M)
Salz
1 EL Rum
500 ml Milch (3,5 % Fett)

50 g Butter oder Margarine

Für das Quittenkompott:

2 Quitten
etwas Zitronensaft
100 ml Weißwein
100 ml Orangensaft
100 ml Birnensaft
1–2 EL Zucker
2 EL Quittengelee
50 g Cranberrys
vorbereitete Minzestreifen

Zum Bestäuben:

1–2 EL Puderzucker

Zubereitungszeit: 45 Minuten, ohne Ruhezeit

1. Für den Teig Mehl in eine Rührschüssel geben. Eier mit 1 Prise Salz, Rum und Milch verschlagen. Nach und nach unter Rühren zum Mehl geben. Darauf achten, dass keine Klümpchen entstehen. Den Teig 20–30 Minuten ruhen lassen.

2. Etwas Butter oder Margarine in einer beschichteten Pfanne zerlassen. Eine dünne Teiglage mit einer drehenden Bewegung gleichmäßig auf dem Boden der Pfanne verteilen. Den Pfannkuchen von beiden Seiten goldbraun backen.

3. Bevor der Pfannkuchen gewendet wird, wieder etwas Butter oder Margarine in die Pfanne geben. Pfannkuchen herausnehmen und warm stellen. Aus dem restlichen Teig 7 weitere Pfannkuchen backen.

4. Für das Kompott Quitten schälen, vierteln, entkernen und in dünne Spalten schneiden. Quittenspalten mit Zitronensaft beträufeln.

5. Wein in einen Topf gießen. Quittenspalten, Orangen- und Birnensaft hinzufügen, zum Kochen bringen. Quittenspalten darin bei schwacher Hitze etwa 30 Minuten garen.

6. Das Quittenkompott mit Zucker und Quittengelee abschmecken.

7. Danach Cranberrys abspülen und trocken tupfen. Cranberrys und Minzestreifen zum Kompott geben und untermischen.

8. Die Pfannkuchen auf Tellern anrichten und mit Puderzucker bestäuben. Das Quittenkompott dazureichen.

Tipps: Quittenkompott zu Waffeln und Vanilleeis servieren. Es können auch 2 Esslöffel Granatapfelkerne statt der Cranberrys unter das Kompott gegeben werden. Sie können die Pfannkuchen auch mit Apfel- oder Birnenkompott servieren. Garen Sie dann das Kompott aber nur 5–8 Minuten. Würzen Sie das Apfelkompott mit gemahlenem Zimt und das Birnenkompott mit gemahlenen Nelken.

Pikanter Eiersalat mit Curry-Mandarinen-Dressing

Raffiniert – schnell

4 Portionen

Pro Portion: E: 18 g, F: 30 g, Kh: 18 g, kJ: 1744, kcal: 418, BE: 1,5

Für den Salat:

2 EL geröstete, ungesalzene Erdnusskerne
6–8 hart gekochte Eier
2 Frühlingszwiebeln
500 g Chicorée

Für das Curry-Mandarinen-Dressing:

175 g abgetropfte Mandarinen (aus der Dose)
200 g saure Sahne
150 g Crème fraîche
Salz
gem. Pfeffer
1–2 TL Currypulver

Zubereitungszeit: 30 Minuten

1. Für den Salat Erdnusskerne grob hacken. Eier pellen und vierteln. Frühlingszwiebeln putzen, abspülen, abtropfen lassen und in dünne Scheiben schneiden. Chicorée putzen, abspülen, abtropfen lassen und halbieren. Den Strunk herausschneiden. Von dem Chicorée einige Blätter ablösen, restlichen Chicorée in Streifen schneiden.

2. Für das Dressing 2 Esslöffel von den Mandarinen in einer Schüssel fein zerdrücken. Saure Sahne und Crème fraîche unterrühren. Das Dressing mit Salz, Pfeffer und Curry würzig abschmecken.

3. Die ganzen Chicoréeblätter auf Tellern anrichten. Die Erdnusskerne mit Eierspalten, Frühlingszwiebelscheiben, Chicoréestreifen und restlichen Mandarinen vorsichtig miteinander vermischen und auf die Chicoréeblätter geben. Curry-Mandarinen-Dressing darauftraufeln und den Salat mit Curry bestäuben.

Tipp: Statt Mandarinen aus der Dose können Sie auch frische Mango verwenden. Den Salat dann rasch verzehren, da ein in Mangos enthaltenes eiweißspaltendes Enzym Milchprodukte zersetzt und das Dressing nach einiger Zeit leicht bitter schmeckt.

Pilzpfanne mit Schinken I

Einfach – schnell

4 Portionen

Pro Portion: E: 10 g, F: 10 g, Kh: 13 g, kJ: 702, kcal: 168, BE: 0,5

250 g Champignons
250 g Austernpilze
250 g Shiitakepilze
3–4 EL Speiseöl, z. B. Sonnenblumenöl
75 g gewürfelter Schinken (aus dem Kühlregal)
1 Zwiebel
Salz
gem. Pfeffer
1–2 EL Balsamico-Essig
1 Bund Frühlingszwiebeln
1–2 Stängel Rosmarin

Zubereitungszeit: 25 Minuten

1. Pilze putzen, evtl. kurz abspülen und trocken tupfen. Größere Pilze in Stücke schneiden. Speiseöl in einer großen Pfanne erhitzen. Schinkenwürfel darin knusprig ausbraten, herausnehmen und beiseitestellen.

2. Zwiebel abziehen, in Würfel schneiden und in dem verbliebenen Bratfett glasig dünsten. Pilze hinzugeben und darin portionsweise etwa 5 Minuten unter Rühren braten, mit Salz und Pfeffer würzen. Essig hinzugeben.

3. In der Zwischenzeit Frühlingszwiebeln putzen, abspülen, abtropfen lassen und schräg in Scheiben schneiden. Frühlingszwiebelscheiben zu den Pilzen in die Pfanne geben, weitere 2–3 Minuten braten. Mit etwas Salz und reichlich frisch gemahlenem Pfeffer würzen.

4. Rosmarin abspülen und trocken tupfen. Die Nadeln von den Stängeln zupfen. Die Pilzpfanne mit den beiseitegelegten Schinkenwürfeln und Rosmarinnadeln bestreuen.

Tipps: Dazu passen ofenwarmes Baguette oder Semmelknödel (aus dem Kochbeutel). Oder servieren Sie die Pilzpfanne zu gegrilltem Fleisch. Wer es cremiger mag, kann 150 g Crème fraîche oder Crème légère mit den Frühlingszwiebeln hinzugeben.

Pilzragout mit Schupfnudeln

Raffiniert

3 Portionen

Pro Portion: E: 20 g, F: 38 g, Kh: 60 g, kJ: 2755, kcal: 655, BE: 5,0

250 g	*braune Champignons*
1	*Zwiebel*
500 g	*Schupfnudeln (aus dem Kühlregal)*
2 EL	*Butter*
80 g	*gewürfelter Schinken (aus dem Kühlregal)*
	Salz
	gem. Pfeffer
2 EL	*Bratenfond (aus dem Glas)*
200 g	*Schlagsahne*
evtl.	*Saucenbinder*
½ Bund	*glatte Petersilie*

Zubereitungszeit: 30 Minuten

1. Die Champignons putzen, evtl. kurz abspülen und trocken tupfen. Die Champignons je nach Größe halbieren oder vierteln. Zwiebel abziehen und in kleine Würfel schneiden.

2. Die Schupfnudeln nach Packungsanleitung zubereiten.

3. Die Hälfte der Butter in einer großen Pfanne zerlassen. Die Schupfnudeln darin von allen Seiten leicht anbraten und herausnehmen.

4. Restliche Butter in dem verbliebenen Bratfett zerlassen. Die Zwiebel- und Schinkenwürfel darin unter Rühren andünsten. Champignons hinzugeben und mitdünsten lassen, mit Salz und Pfeffer würzen. Bratenfond und Sahne hinzugießen, zum Kochen bringen. Pilzragout etwa 5 Minuten garen, evtl. mit etwas Saucenbinder andicken.

5. Die Petersilie abspülen und trocken tupfen. Die Blättchen von den Stängeln zupfen. Einige Blättchen zum Garnieren beiseitelegen. Restliche Blättchen klein schneiden.

6. Klein geschnittene Petersilie mit den Schupfnudeln unter das Pilzragout rühren, evtl. nochmals kurz erhitzen. Pilzragout auf Tellern anrichten und mit den beiseitegelegten Petersilienblättchen garniert servieren.

Tipp: Reichen Sie kurz gebratenes Fleisch und einen gemischten Blatt- oder Tomatensalat dazu.

Pot au Feu mit Rinderhaxe und Huhn

Raffiniert – für Gäste

4 Portionen

Pro Portion: E: 73 g, F: 65 g, Kh: 5 g, kJ: 3748, kcal: 896, BE: 0,5

2 dicke Scheiben	*Rinderhaxe (mit Knochen, je etwa 250 g)*
1	*küchenfertiges Suppenhuhn (etwa 1 1/2 kg)*
1 Bund	*Suppengrün (Möhre, Sellerie, Porree)*
1–2	*Frühlingszwiebeln*
2 l	*kaltes Wasser*
1 Bund	*gemischte Kräuter, z. B. Petersilie, Thymian, Kerbel*
1	*Lorbeerblatt*
	Salz, gem. Pfeffer
	ger. Muskatnuss
je 100 g	*Möhren, weiße Rüben, Knollensellerie, Porree (Lauch), Wirsing*
1 l	*Rinderfond*

Zubereitungszeit: 60 Minuten
Garzeit: etwa 100 Minuten

1. Rinderhaxenscheiben mit Küchenpapier abtupfen. Suppenhuhn innen und außen ebenfalls mit Küchenpapier abtupfen.

2. Suppengrün und Frühlingszwiebeln putzen, abspülen, abtropfen lassen.

3. Zwei Liter Wasser in einem großen Topf zum Kochen bringen. Haxenscheiben, Suppenhuhn und vorbereitetes Suppengrün und Frühlingszwiebeln hinzugeben, zum Kochen bringen. Die Kräuter abspülen, trocken tupfen und mit dem Lorbeerblatt hinzufügen. Mit Salz, Pfeffer und Muskat würzen.

4. Die Zutaten wieder zum Kochen bringen und zugedeckt bei schwacher Hitze etwa 1 1/2 Stunden kochen lassen.

5. Möhren, Rüben und Sellerie putzen, schälen, abspülen, abtropfen lassen. Porree putzen, die Stange längs halbieren, gründlich waschen, abtropfen lassen. Wirsing putzen, vierteln und den Strunk herausschneiden. Wirsing abspülen und abtropfen lassen. Möhren und Rüben in Scheiben, Sellerie in Rauten, Wirsingblätter in Vierecke und Porree in Streifen schneiden.

6. Rinderfond in einem Topf zum Kochen bringen. Vorbereitetes Gemüse darin in etwa 5 Minuten bissfest garen.

7. Gegarte Rinderhaxenscheiben und das Suppenhuhn aus der Brühe nehmen, etwas abkühlen lassen. Die Brühe durch ein Sieb in einen Topf gießen. Das Fleisch jeweils von den Knochen lösen, in mundgerechte Stücke schneiden, wieder in die Brühe geben.

8. Gegarte Gemüsestücke mit dem Rinderfond ebenfalls in die Brühe geben, zum Kochen bringen und bei schwacher Hitze um ein Viertel einkochen lassen. Die Suppe nochmals mit Salz und Pfeffer abschmecken.

Tipps: Mit gegrilltem Knoblauchbrot servieren. Pot au Feu ist eine Spezialität der französischen Küche. Die Bouillon wird im Allgemeinen mit gerösteten Weißbrotscheiben als Vorspeise serviert. Dazu isst man Fleisch und Gemüse, manchmal auch Salzkartoffeln.

Pot au Feu vom Rind mit Apfelkren

Für Gäste – mit Alkohol

6 Portionen

Pro Portion: E: 47 g, F: 10 g, Kh: 27 g, kJ: 1710, kcal: 409, BE: 2,0

1,2 kg Tafelspitz (vom Rind)
100 g Markknochen vom Rind
Salz
3 Gewürznelken
10 schwarze Pfefferkörner
1 Lorbeerblatt
1 braune Zwiebel
2 Knoblauchzehen

Für den Apfelkren:

3 Äpfel, z. B. Boskop
50 ml Weißwein
Saft von 1 Zitrone
½ frischer Meerrettich
gem. Pfeffer
Zucker

2 Bund Suppengrün (Möhren, Sellerie, Porree)
500 g kleine, neue Kartoffeln
1 Bund glatte Petersilie

Zubereitungszeit: 30 Minuten
Garzeit: etwa 2 Stunden

1. Tafelspitz und Knochen in einem großen Topf mit Wasser bedeckt zum Kochen bringen. Dann Tafelspitz und Knochen in ein Sieb geben und mit kaltem Wasser abspülen.

2. Tafelspitz und Knochen wieder in den Topf geben und 1 Esslöffel Salz hinzufügen. So viel kaltes Wasser hinzugießen, dass das Fleisch und die Knochen gut bedeckt sind. Anschließend das Ganze zum Kochen bringen. Dabei den Schaum mit einer Schaumkelle abschöpfen und so lange abschäumen, bis sich kein Schaum mehr bildet.

3. Dann Gewürznelken, Pfefferkörner und das Lorbeerblatt hinzugeben. Zwiebel und Knoblauch halbieren und ungeschält hinzufügen.

4. Den Tafelspitz mit den Knochen zugedeckt etwa 90 Minuten bei schwacher Hitze kochen lassen.

5. In der Zwischenzeit für den Apfelkren die Äpfel schälen, vierteln, entkernen und grob würfeln. Die Apfelwürfel in einen Topf geben, sofort mit Weißwein und Zitronensaft vermischen und anschließend zum Kochen bringen.

6. Apfelwürfel zugedeckt etwa 10 Minuten bei schwacher Hitze weich dünsten lassen.

7. Die Apfelmasse durch ein feines Sieb streichen. Meerrettich putzen, schälen, abspülen, trocken tupfen und direkt in das Apfelpüree reiben. Mit Salz, Pfeffer und Zucker abschmecken.

8. Suppengrün putzen, abspülen und abtropfen lassen. Kartoffeln gründlich unter fließendem kalten Wasser abbürsten und trocken tupfen.

9. Nach etwa 90 Minuten Garzeit (vorher das Fleisch mit einem Holzspieß prüfen, ob es gar ist) das vorbereitete Suppengrün und die Kartoffeln hinzugeben, wieder zum Kochen bringen und zugedeckt weitere etwa 30 Minuten garen. Evtl. verdampfte Flüssigkeit durch Wasser ersetzen.

10. Den Tafelspitz, das Gemüse und die Kartoffeln aus der Brühe nehmen. Die Brühe evtl. durch ein Sieb gießen.

11. Tafelspitz in Scheiben und die Gemüsezutaten in Stücke schneiden. Fleischscheiben, Gemüsestücke und Kartoffeln wieder in die Brühe geben.

12. Petersilie abspülen und trocken tupfen. Die Blättchen von den Stängeln zupfen. Die Blättchen klein schneiden. Pot au Feu mit Petersilie bestreut servieren. Apfelkren dazureichen.

Tipp: Kren ist die österreichische Bezeichnung für Meerrettich.

Pot au Feu von der Hirschschulter | Mit Alkohol

6 Portionen

Pro Portion: E: 54 g, F: 15 g, Kh: 16 g, kJ: 1880, kcal: 449, BE: 1,5

1 Hirschschulter (ohne Knochen, etwa 1 1/2 kg)
Salz
gem. Pfeffer
2 Orangen
4 EL Olivenöl
500 ml Wildfond
600 ml Fleischbrühe
80 ml trockener Madeira (Likörwein)
2 Lorbeerblätter
3 Gewürznelken
2 Möhren (etwa 200 g)
1 Petersilienwurzel (etwa 100 g)
120 g Knollensellerie
150 g festkochende Kartoffeln
120 g Weißkohl
150 g Zuckerschoten
150 g grüne Bohnen
120 g gegarte Rote Bete (vakuumverpackt)

Zubereitungszeit: 35 Minuten
Garzeit: etwa 70 Minuten

1. Die Hirschschulter mit Küchenpapier abtupfen, enthäuten und entsehnen. Das Fleisch in etwa 1 1/2 cm große Würfel schneiden, mit Salz und Pfeffer würzen. Orangen halbieren und den Saft auspressen.

2. Das Olivenöl in einem großen Topf erhitzen. Die Fleischwürfel darin portionsweise von allen Seiten anbraten. Dann Wildfond, Fleischbrühe, Orangensaft und Madeira hinzugießen. Lorbeerblätter und Gewürznelken hinzugeben. Die Zutaten zugedeckt bei schwacher Hitze etwa 70 Minuten kochen lassen.

3. Die Möhren, Petersilienwurzel und Sellerie putzen. Kartoffeln, Möhren, Petersilienwurzel und den Sellerie schälen, abspülen, abtropfen lassen und in etwa 1 cm große Würfel schneiden.

4. Weißkohl putzen, evtl. den Stunk herausschneiden, abspülen, abtropfen lassen und in Streifen schneiden.

5. Von den Zuckerschoten und Bohnen die Enden abschneiden, evtl. abfädeln. Zuckerschoten und Bohnen abspülen, abtropfen lassen und in etwa 2 cm lange Stücke schneiden.

6. Etwa 15 Minuten vor Ende der Garzeit zuerst die Kartoffel-, Petersilienwurzel- und Selleriewürfel zum Fleisch in den Topf geben und unterrühren. Dann nach und nach Bohnenstücke und Möhrenwürfel und zuletzt Weißkohlstreifen und Zuckerschotenstücke hinzugeben und mitgaren.

7. Rote Bete in Würfel schneiden, nach Ende der Garzeit in den Eintopf geben und mit erwärmen.

8. Den Eintopf nochmals kurz aufkochen lassen, mit Salz und Pfeffer abschmecken.

Tipps: Für dieses Gericht können Sie auch andere verhältnismäßig preisgünstige Fleischstücke, z.B. Brust, verwenden. Auch Fleischstücke vom Wildschwein, Reh oder Hirsch eignen sich gut. Sie können das Rezept auch mit TK-Zuckerschoten zubereiten.

Preiselbeer-Schichtdessert I

Für Gäste – mit Alkohol

4 Portionen

Pro Portion: E: 4 g, F: 25 g, Kh: 37 g, kJ: 1729, kcal: 413, BE: 3,0

75 g Schwarzbrot
50 g ger. Zartbitter-Schokolade (etwa 50 % Kakaoanteil)
25 g brauner Zucker
25 ml brauner Rum
250 g Schlagsahne (mind. 30 % Fett)
1 Pck. Dr. Oetker Vanillin-Zucker
1 Pck. Sahnesteif
etwa 125 g Preiselbeerkompott (aus dem Glas)

Zubereitungszeit: 25 Minuten, ohne Kühlzeit

1. Schwarzbrot fein zerbröseln und in eine Schüssel geben. Schokolade, Zucker und Rum gut untermischen. Sahne mit Vanillin-Zucker und Sahnesteif steif schlagen.

2. Den Boden einer Glasschüssel mit etwa der Hälfte der Schwarzbrotmischung bedecken. Zuerst die Hälfte der Preiselbeeren, danach die Hälfte der Sahne einschichten. Diesen Vorgang wiederholen.

3. Das Dessert zugedeckt einige Stunden in den Kühlschrank stellen.

Tipp: Wenn Kinder mitessen, den Rum durch Apfelsaft ersetzen.

Putenoberkeule I
Klassisch
4 Portionen

Pro Portion: E: 59 g, F: 55 g, Kh: 15 g, kJ: 3380, kcal: 808, BE: 1,0

1	*Putenoberkeule (mit Knochen, etwa 1 kg)*
	Salz
	gem. Pfeffer
200 g	*durchwachsener Speck, im Stück*
1 l	*heißes Wasser oder Hühnerbrühe*
500 g	*kleine Zwiebeln*
200 g	*Möhren*
1	*kleine Petersilienwurzel*
1 Stange	*Porree (Lauch)*
200 g	*Knollensellerie*
250 g	*Tomaten*
1 Stängel	*Rosmarin*
100 g	*saure Sahne*
evtl. etwas	*Weizenmehl*

Zusätzlich:

4 EL	*Speiseöl für die Fettpfanne*

Zubereitungszeit: 30 Minuten
Garzeit: etwa 75 Minuten

1. Den Backofen vorheizen.
Ober-/Unterhitze: etwa 180 °C
Heißluft: etwa 160 °C

2. Putenoberkeule mit Küchenpapier abtupfen, mit Salz und Pfeffer einreiben. Speck in Streifen schneiden. Eine Fettpfanne (mit Speiseöl bestrichen) mit den Speckstreifen auslegen. Die Putenoberkeule mit der Haut nach oben darauflegen.

3. Die Fettpfanne in den vorgeheizten Backofen schieben. Die Putenoberkeule **etwa 75 Minuten garen.**

4. Sobald der Bratensatz bräunt, etwas heißes Wasser oder Brühe hinzugießen. Die Putenoberkeule ab und zu mit dem Bratensatz begießen. Verdampfte Flüssigkeit nach und nach durch heißes Wasser oder Brühe ersetzen.

5. Zwiebeln abziehen. Möhren putzen, schälen, abspülen und abtropfen lassen. Petersilienwurzel putzen, schälen, abspülen und abtropfen lassen. Möhren und Petersilienwurzel klein schneiden.

6. Den Porree putzen, die Stange längs halbieren, gründlich waschen, abtropfen lassen und in Streifen schneiden. Sellerie putzen, schälen, abspülen, abtropfen lassen und grob würfeln.

7. Nach etwa 40 Minuten Garzeit die Zwiebeln mit dem vorbereiteten, klein geschnittenen Gemüse zu der Putenoberkeule in die Fettpfanne geben und mitgaren lassen. Mit Salz und Pfeffer würzen.

8. Tomaten abspülen, trocken tupfen und die Stängelansätze herausschneiden. Rosmarin abspülen und trocken tupfen. Die Nadeln von dem Stängel zupfen. Tomaten nach etwa 60 Minuten Garzeit zu der Putenoberkeule in die Fettpfanne legen und mit Rosmarinnadeln bestreuen.

9. Die gegarte Putenoberkeule mit den Speckstreifen, Zwiebeln und Tomaten auf einer vorgewärmten Platte anrichten und warm stellen.

10. Bratensatz mit restlichem Wasser oder restlicher Brühe loskochen und mit dem klein geschnittenen Gemüse durch ein Sieb in einen Topf streichen. Saure Sahne evtl. mit Mehl anrühren, in den Bratenfond rühren und unter Rühren kurz aufkochen lassen. Die Sauce mit Salz und Pfeffer abschmecken. Die Putenoberkeule mit der Sauce servieren.

Räuberbraten mit Steckrüben

Preiswert

6–8 Portionen

Pro Portion: E: 43 g, F: 40 g, Kh: 28 g, kJ: 2691, kcal: 642, BE: 2,5

1 Brötchen (Semmel) vom Vortag
100 g Zwiebeln
2 Knoblauchzehen
1 1/4 kg Gehacktes (halb Rind-, halb Schweinefleisch)
80 g gewürfelter Schinkenspeck
2 Eier (Größe M)
1 EL mittelscharfer Senf
1 EL ger. Meerrettich
Salz
gem. Pfeffer
5 EL Speiseöl, z. B. Rapsöl
250 ml Barbecue-Sauce
200 ml Fleischbrühe
250 g rote Paprikaschoten

Für die Steckrüben:

1 1/4 kg Steckrübe
150 ml Wasser
1/2 gestr. TL Salz
1 EL Zucker
60 g Butter
einige Stängel glatte Petersilie

Zubereitungszeit: 40 Minuten
Garzeit: etwa 4 Stunden

1. Den Backofen bei Ober-/Unterhitze auf 95 °C vorheizen. Brötchen in kaltem Wasser einweichen und ausdrücken. Zwiebeln und Knoblauch abziehen, in kleine Würfel schneiden.

2. Das Gehackte in eine Schüssel geben. Zwiebel-, Knoblauch-, Schinkenspeckwürfel, Eier, Senf und Meerrettich hinzugeben. Die Zutaten zu einem Teig verkneten. Mit Salz und Pfeffer würzen.

3. Aus dem Fleischteig mit angefeuchteten Händen 2 längliche Laibe (je etwa 7 cm dick) formen. Speiseöl in einem Bräter erhitzen. Die Fleischlaibe darin (evtl. nacheinander) von allen Seiten etwa 10 Minuten gut anbraten.

4. Barbecue-Sauce und Fleischbrühe zum Hackbraten in den Bräter gießen und kurz zum Kochen bringen. Den Bräter auf dem Rost in den vorgeheizten Backofen (unteres Drittel) schieben. Die beiden Hackbraten **etwa 4 Stunden garen.**

5. Etwa 2 Stunden vor Ende der Garzeit die Paprikaschoten halbieren, entstielen, entkernen und die weißen Scheidewände entfernen. Schoten abspülen, abtropfen lassen und in feine Streifen schneiden. Paprikastreifen auf die Hackbraten legen und mitgaren lassen. Räuberbraten fertig garen.

6. Etwa 30 Minuten vor Ende der Garzeit Steckrübe putzen, schälen, abspülen, abtropfen lassen und in etwa 2 cm große Würfel schneiden. Die Steckrübenwürfel mit Wasser, Salz, Zucker und Butter in einem Topf zum Kochen bringen. Zugedeckt etwa 10 Minuten bei schwacher Hitze garen.

7. Petersilie abspülen und trocken tupfen. Die Blättchen von den Stängeln zupfen. Blättchen klein schneiden. Das Gemüse mit Salz und Pfeffer abschmecken, Petersilie unterrühren.

8. Die Räuberbraten aus dem Bräter nehmen, in Scheiben schneiden, mit den Steckrüben und der Sauce servieren.

Beilage: Salzkartoffeln.

Rehkeule in Preiselbeersauce

Für Gäste – mit Alkohol

6 Portionen

Pro Portion: E: 46 g, F: 18 g, Kh: 10 g, kJ: 1700, kcal: 406, BE: 1,0

1 Rehkeule (etwa 2 ½ kg)
je 2 Stängel Thymian und Rosmarin
2 Lorbeerblätter
2 EL flüssiger Honig
1 TL gem. Koriander
1 Msp. gem. Piment (Nelkenpfeffer)
1 Stange Porree (Lauch)
2 Möhren
200 g Knollensellerie
1 Gemüsezwiebel (etwa 150 g)
2 EL Butterschmalz
1 EL Tomatenmark
400 ml Rotwein
3 EL Preiselbeeren (aus dem Glas)
Salz
400 ml Wasser
gem. Pfeffer
2 EL kalte Butter

Zubereitungszeit: 50 Minuten, ohne Durchziehzeit
Garzeit: 2–2 ½ Stunden

1. Die Rehkeule mit Küchenpapier abtupfen und evtl. enthäuten. Thymian und Rosmarin abspülen, trocken tupfen. Die Blättchen bzw. Nadeln von den Stängeln zupfen. Blättchen und Nadeln klein schneiden. Lorbeerblätter in kleine Stücke brechen. Kräuter und Lorbeer mit Honig, Koriander und Piment verrühren. Die Rehkeule damit bestreichen und in einen großen Gefrierbeutel geben. Den Beutel verschließen. Rehkeule über Nacht im Kühlschrank durchziehen lassen.

2. Porree putzen, die Stange längs halbieren, gründlich waschen, abtropfen lassen und in kleine Stücke schneiden. Möhren und Sellerie putzen, schälen, abspülen, abtropfen lassen und in kleine Würfel schneiden. Die Zwiebel abziehen, klein würfeln.

3. Den Backofen vorheizen.
Ober-/Unterhitze: etwa 160 °C
Heißluft: etwa 140 °C

4. Butterschmalz in einem Bräter zerlassen. Vorbereitetes Gemüse darin anbraten. Tomatenmark unterrühren und anrösten. Mit der Hälfte des Rotweins ablöschen, zum Kochen bringen und einkochen lassen. Restlichen Rotwein und 2 Esslöffel Preiselbeeren hinzugeben.

5. Die Rehkeule aus dem Beutel nehmen, mit Salz bestreuen und auf das Gemüse legen. Das Wasser hinzugießen.

6. Dann den Bräter auf dem Rost in den vorgeheizten Backofen schieben. Die Rehkeule **2–2 ½ Stunden garen.** Verdampfte Flüssigkeit nach und nach durch Wasser ersetzen.

7. Die gegarte Rehkeule aus dem Bräter nehmen und zugedeckt warm stellen. Den Bratenfond durch ein Sieb in einen Topf gießen, etwas einkochen lassen, restliche Preiselbeeren unterrühren. Die Sauce mit Salz und Pfeffer abschmecken. Topf von der Kochstelle nehmen und dann die Butter in kleinen Stücken unter die Sauce rühren.

8. Das Fleisch von dem Knochen lösen und in Scheiben schneiden. Ausgetretenen Fleischsaft in die Sauce geben. Das Fleisch mit der Sauce auf vorgewärmten Tellern anrichten.

Beilage: **Salzkartoffeln und Porreegemüse.** Für das Porreegemüse 1 kg Porree (Lauch) putzen, gründlich waschen, abtropfen lassen und schräg in etwa 3 cm lange Stücke schneiden. 125 ml Gemüsebrühe in einem Topf zum Kochen bringen. Die Porreestücke darin zugedeckt 10–15 Minuten garen. 4 Stängel Thymian abspülen, trocken tupfen, Blättchen abzupfen und klein schneiden. Kurz vor Ende der Garzeit 80 g Butter in einer Pfanne zerlassen. 3–4 Esslöffel Semmelbrösel darin goldbraun rösten, Thymian hinzugeben und erhitzen. Porree abgießen, abtropfen lassen und mit dem Fleisch und der Sauce auf Tellern anrichten. Die Bröselbutter auf den Porreestücken verteilen (Foto).

Rehschäufele in beschwipster Wacholdersauce

Mit Alkohol – für Gäste

4 Portionen

Pro Portion: E: 60 g, F: 20 g, Kh: 15 g, kJ: 2299, kcal: 549, BE: 1,0

1 Rehschulter (mit Knochen, etwa 1 1/4 kg)
1 Bund Suppengrün (Möhren, Sellerie, Porree)
500 g Tomaten
Salz
gem. Pfeffer
3 EL Speiseöl, z. B. Rapsöl
30 g Weizenmehl
300 ml trockener Rotwein
1 Knoblauchzehe
2 Lorbeerblätter
5 Gewürznelken
10 Pfefferkörner
je 1 TL gerebelter Thymian und Rosmarin
400 ml Wildfond oder Brühe
1–2 EL Crème fraîche
2 EL Doppelwacholder
Zucker

Zubereitungszeit: 40 Minuten
Garzeit: 1 1/2–2 Stunden

1. Die Rehschulter mit Küchenpapier abtupfen und enthäuten.

2. Das Suppengrün putzen. Dazu Möhren und Sellerie putzen, schälen, abspülen, abtropfen lassen und in Würfel schneiden.

3. Den Porree putzen, die Stange längs halbieren, gründlich waschen, abtropfen lassen und in Stücke schneiden.

4. Tomaten kreuzweise einschneiden und mit kochendem Wasser übergießen. Nach 1–2 Minuten herausnehmen und mit kaltem Wasser abschrecken. Die Tomaten häuten, halbieren und die Stängelansätze herausschneiden. Die Tomaten in kleine Stücke schneiden.

5. Die Rehschulter mit Salz und Pfeffer würzen. Speiseöl in einem Bräter erhitzen. Die Schulter darin von allen Seiten gut anbraten.

6. Gemüse- und Tomatenwürfel kurz mitbraten lassen. Die Rehschulter und das Gemüse mit Mehl bestäuben, bräunen lassen und mit etwas Rotwein ablöschen.

7. Knoblauch abziehen, durch eine Knoblauchpresse drücken, mit Lorbeerblättern, Gewürznelken, Pfefferkörnern, Thymian und Rosmarin zum Fleisch in den Bräter geben.

8. Die Rehschulter zugedeckt 1 1/2–2 Stunden bei mittlerer Hitze schmoren. Nach und nach verdampfte Flüssigkeit durch restlichen Rotwein, Wildfond oder Brühe ersetzen.

9. Die gegarte Rehschulter aus dem Bräter nehmen. Den Bratenfond nach Belieben durch ein Sieb gießen, dabei das Gemüse passieren. Die Sauce nochmals kurz aufkochen lassen, Crème fraîche und Wacholder unterrühren.

10. Die Wacholdersauce mit Salz, Pfeffer und 1 Prise Zucker abschmecken.

Beilage: Spätzle, Semmel- oder Kartoffelklöße.

Rheinischer Sauerbraten | Klassisch

8 Portionen

Pro Portion: E: 57 g, F: 22 g, Kh: 25 g, kJ: 2572, kcal: 614, BE: 2,0

Für die Marinade:

2 Möhren
3 Petersilienwurzeln
1 Stück Knollensellerie
1 Zwiebel
Salz
2 Lorbeerblätter
je 1/2 TL Pfeffer- und Senfkörner
3 Gewürznelken
1 Knoblauchzehe
1 Stängel Thymian
5 Pimentkörner
250 ml Kräuter- oder Weißweinessig
1 l Rindfleischbrühe
1 l Rotwein

2 kg Rindfleisch (aus der Keule, ohne Knochen)
2 EL Schweineschmalz
2 EL Zuckerrübensirup (Rübenkraut)
2 EL Preiselbeeren (aus dem Glas)

Für die Sauce:

2 EL Crème fraîche
evtl. etwas Speisestärke
100 g Rosinen
4 EL gehobelte, gebräunte Mandeln
gem. Pfeffer

Zubereitungszeit: 50 Minuten, ohne Marinierzeit
Garzeit: etwa 2 Stunden

1. Für die Marinade Möhren, Petersilienwurzeln und Sellerie putzen, schälen, abspülen, abtropfen lassen, in Stücke schneiden. Zwiebel abziehen und grob würfeln. Vorbereitetes Gemüse in einen Topf geben. Restliche Zutaten für die Marinade hinzufügen, aufkochen und abkühlen lassen. Die Marinade in eine große Schale oder Auflaufform geben.

2. Rindfleisch mit Küchenpapier abtupfen, in die Marinade legen und zugedeckt in den Kühlschrank stellen.

3. Das Rindfleisch mindestens 24 Stunden marinieren. Bei einem dicken Fleischstück sollte man die Einlegezeit noch etwas verlängern, damit die Marinade gut durchzieht.

4. Den Backofen vorheizen.
Ober-/Unterhitze: etwa 200 °C
Heißluft: etwa 180 °C

5. Rindfleisch aus der Marinade nehmen und trocken tupfen. Die Marinade durch ein Sieb in einen Topf gießen.

6. Schweineschmalz in einem Bräter erhitzen. Das Rindfleisch darin von allen Seiten scharf anbraten. Gut abgetropftes Gemüse (aus der Marinade) kurz mitbraten lassen.

7. Sirup und Preiselbeeren hinzugeben. Aufgefangene Marinade hinzugießen.

8. Den Bräter zugedeckt auf dem Rost in den vorgeheizten Backofen schieben. Den Sauerbraten **etwa 2 Stunden garen.**

9. Den gegarten Sauerbraten aus dem Bräter nehmen und warm stellen.

10. Für die Sauce den Sud durch ein Sieb passieren und Crème fraîche unterrühren. Die Sauce nach Belieben mit angerührter Speisestärke binden. Rosinen und Mandeln unterrühren. Mit Salz und Pfeffer abschmecken.

11. Den Sauerbraten in Scheiben schneiden und in die Sauce legen.

12. Vor dem Servieren die Fleischscheiben aus der Sauce nehmen, auf einer Platte anrichten und mit der Sauce übergießen. Oder die Sauce zum Sauerbraten dazureichen.

Beilage: Kartoffelklöße und Rotkohl.

Rheinisches Sauergulasch

Würzig

8–10 Portionen

Pro Portion: E: 35 g, F: 10 g, Kh: 16 g, kJ: 1277, kcal: 305, BE: 1,0

1,4 kg	*Rindfleisch (aus der Hüfte)*
6–8	*mittelgroße Zwiebeln*
1 Pck.	*Sauerbratengewürz*
350 ml	*Weißweinessig*
500 ml	*Wasser*
50 g	*Butterschmalz*
	Salz
	gem. Pfeffer
125 g	*Rosinen*
500 ml	*Fleischbrühe*
3 TL	*Bratenfond (Fertigprodukt)*
etwas	*Zucker*

Zubereitungszeit: 70 Minuten, ohne Marinierzeit
Garzeit: etwa 55 Minuten

1. Rindfleisch mit Küchenpapier abtupfen, in etwa 3 cm große Würfel schneiden und in eine Schüssel geben. Zwiebeln abziehen, in Streifen schneiden und zu den Fleischwürfeln geben. Sauerbratengewürz daraufstreuen. Essig und Wasser hinzugießen. Das Fleisch zugedeckt in den Kühlschrank stellen und etwa 2 Tage marinieren, dabei gelegentlich wenden.

2. Butterschmalz in einem großen Topf zerlassen. Die Fleischwürfel aus der Marinade nehmen, trocken tupfen und in 2 Portionen in dem Butterschmalz von allen Seiten anbraten, bis das Fleisch anfängt braun zu werden. Mit Salz und Pfeffer würzen. Zwiebeln aus der Marinade nehmen, zu den Fleischwürfeln in den Topf geben und mitgaren lassen.

3. Die Marinade durch ein Sieb gießen. Rosinen in den Fleischtopf geben, etwas von der Marinade und der Fleischbrühe hinzugeben, zum Kochen bringen und zugedeckt etwa 50 Minuten garen. Während der Garzeit nach und nach restliche Marinade und Brühe hinzugießen.

4. Den Bratenfond unterrühren, zum Kochen bringen und etwa 5 Minuten kochen lassen. Sauergulasch mit Salz, Pfeffer und Zucker abschmecken.

Beilage: Kartoffelknödel.

Tipp: Sie können das Sauerbratengewürz auch in einen kleinen Papierbeutel (z. B. Teefilter) geben, verschließen und in die Schüssel legen. Dann muss die Marinade nicht durch ein Sieb gegossen werden.

Rinderfilet mit Zwiebel-Apfel-Gemüse I

Etwas teurer – für Gäste

4 Portionen

Pro Portion: E: 33 g, F: 28 g, Kh: 20 g, kJ: 1966, kcal: 469, BE: 1,5

4 Rinderfilets (je etwa 150 g)
Salz
gem. Pfeffer
400 g Zwiebeln
6 EL Olivenöl
500 g Äpfel
30 g Butter
1 TL klein geschnittener Beifuß
1 EL Zucker
3 Stängel glatte Petersilie

Zubereitungszeit: 30 Minuten
Garzeit: etwa 26 Minuten

1. Den Backofen bei Ober-/Unterhitze auf 80 °C vorheizen. Einen feuerfesten Teller oder eine Auflaufform mit niedrigem Rand auf dem Rost (mittlere Schiene) mit erwärmen.

2. Rinderfilets mit Küchenpapier abtupfen, mit Salz und Pfeffer würzen.

3. Zwiebeln abziehen, halbieren und in dünne Scheiben schneiden. Olivenöl in einer Pfanne erhitzen. Die Filets darin von jeder Seite etwa 3 Minuten braten.

4. Rinderfilets aus der Pfanne nehmen, auf dem vorgewärmten Teller oder in der Auflaufform auf dem Rost in den Backofen schieben. Die Rinderfilets **etwa 20 Minuten garen.**

5. In der Zwischenzeit die Zwiebelscheiben im verbliebenen Bratfett unter mehrmaligem Wenden goldbraun rösten. Äpfel schälen, vierteln, entkernen, in etwa 2 cm große Würfel schneiden und zu den Zwiebelscheiben geben. Das Zwiebel-Apfel-Gemüse etwa 8 Minuten braten. Dann die Butter hinzugeben. Das Gemüse mit Beifuß, Zucker, Salz und Pfeffer würzen.

6. Petersilie abspülen und trocken tupfen. Die Blättchen von den Stängeln zupfen, Blättchen klein schneiden. Die Rinderfilets mit Petersilie bestreuen und mit dem Zwiebel-Apfel-Gemüse anrichten.

Beilage: Kartoffelbrei oder Röstkartoffeln.

Rindergulasch mit Wirsing

Raffiniert – mit Alkohol

8–10 Portionen

Pro Portion: E: 36 g, F: 18 g, Kh: 10 g, kJ: 1574, kcal: 376, BE: 1,0

1,4 kg	*Rindfleisch (aus der Hüfte)*
	Salz
	gem. Pfeffer
4 EL	*Speiseöl*
2 EL	*Tomatenmark*
300 ml	*Bratenfond oder Fleischbrühe*
½ Kopf	*Wirsing (etwa 400 g)*
4	*große Möhren (etwa 400 g)*
4	*weiße Rüben (etwa 400 g)*
je 1	*rote, gelbe und grüne Paprikaschote (etwa 450 g)*
200 ml	*Portwein*
1 Bund	*Kerbel*
100 g	*kalte Butter*

Zubereitungszeit: 60 Minuten
Garzeit: etwa 110 Minuten

1. Rindfleisch mit Küchenpapier abtupfen und in etwa 2 cm große Würfel schneiden. Mit Salz und Pfeffer würzen.

2. Speiseöl in einem Bräter erhitzen. Die Fleischwürfel darin in 2 Portionen von allen Seiten kräftig anbraten. Tomatenmark unterrühren. Fond oder Brühe hinzugießen und zum Kochen bringen. Die Fleischwürfel zugedeckt bei schwacher Hitze etwa 60 Minuten garen, evtl. etwas Wasser hinzugießen.

3. Von dem Wirsing die äußeren Blätter entfernen. Wirsing halbieren und den Strunk herausschneiden. Wirsinghälfte in Stücke schneiden, abspülen und abtropfen lassen. Möhren und Rüben putzen, schälen, abspülen, abtropfen lassen und in Stifte schneiden. Paprikaschoten halbieren, entstielen, entkernen und die weißen Scheidewände entfernen. Die Schoten abspülen, trocken tupfen und in Würfel schneiden.

4. Möhren-, Rübenstifte und Paprikawürfel zum Gulasch in den Bräter geben, mit Salz und Pfeffer würzen und zugedeckt weitere etwa 30 Minuten bei schwacher Hitze mitgaren lassen. Dann die Wirsingstücke hinzufügen. Gulasch noch etwa 20 Minuten garen. Portwein hinzugießen und erhitzen. Gulasch nochmals mit Salz und Pfeffer abschmecken.

5. Kerbel abspülen und trocken tupfen (einige Spitzen zum Garnieren beiseitelegen). Die Blättchen von den Stängeln zupfen. Butterstückchen zum Gulasch geben und unterrühren. Kerbelblättchen hinzugeben. Rindergulasch mit den beiseitegelegten Kerbelspitzen garniert servieren.

Rinderhüftsteak in Zitronen-Kapern-Sauce | Beliebt

4 Portionen

Pro Portion: E: 43 g, F: 25 g, Kh: 11 g, kJ: 1911, kcal: 457, BE: 1,0

Für das Gemüse:

2 Möhren
2 Petersilienwurzeln
300 g Knollensellerie
1 Stange Porree (Lauch)
2 EL abgetropfte Kapern (aus dem Glas)

4 Rinderhüftsteaks (je etwa 180 g)
Salz, gem. Pfeffer
1 1/2 EL Weizenmehl
4 Stängel Thymian
2 EL Butterschmalz

30 g Butter
abgeriebene Schale von 1/2 Bio-Zitrone (unbehandelt, ungewachst)
125 ml Kalbs- oder Gemüsefond
Zucker
200 ml Rinderfond
30 g kalte Butter
evtl. einige Stängel Thymian
evtl. einige Bio-Zitronenspalten (unbehandelt, ungewachst)

Zubereitungszeit: 50 Minuten
Garzeit: etwa 8 Minuten

1. Für das Gemüse Möhren, Petersilienwurzeln und Sellerie putzen, schälen, abspülen, abtropfen lassen und in feine Streifen schneiden. Porree putzen, die Stange längs halbieren, gründlich waschen, abtropfen lassen und ebenfalls in Streifen schneiden. Kapern klein schneiden.

2. Rinderhüftsteaks mit Küchenpapier abtupfen. Mit Salz und Pfeffer würzen und leicht mit Mehl bestäuben. Thymian abspülen und trocken tupfen.

3. Butterschmalz in einer großen Pfanne erhitzen. Die Steaks darin von beiden Seiten bei starker Hitze anbraten. Die Hitze reduzieren. Thymianstängel in die Pfanne geben. Die Steaks in 5–6 Minuten bei mittlerer Hitze fertig braten. Die Hüftsteaks sollten innen noch rosa sein.

4. In der Zwischenzeit Butter in einem Topf zerlassen. Die Gemüsestreifen darin andünsten.

5. Zitronenschale und Kapernstücke unterrühren. Den Fond hinzugießen und zum Kochen bringen. Das Gemüse zugedeckt etwa 6 Minuten bei schwacher Hitze dünsten. Mit Salz und Zucker würzen.

6. Die Steaks aus der Pfanne nehmen und warm stellen. Das Bratfett abgießen. Verbliebenen Bratensatz mit Rinderfond ablöschen und kräftig aufkochen. Die Pfanne von der Kochstelle nehmen. Die Butter in kleinen Stücken in den Fond rühren.

7. Das Fleisch mit dem Gemüse und dem Fond anrichten. Nach Belieben mit abgespülten, trocken getupften Thymianstängeln und Zitronenspalten garnieren.

Rinderschulter, geschmort

Dauert länger

4 Portionen

Pro Portion: E: 56 g, F: 24 g, Kh: 29 g, kJ: 2407, kcal: 575, BE: 2,0

1 kg Rinderschulter
Salz, gem. Pfeffer
4 EL Olivenöl
3 Zwiebeln
1 EL Tomatenmark
500–750 ml Fleischbrühe
2 Lorbeerblätter
1 EL mittelscharfer Senf
500 g Kartoffeln
300 g Knollensellerie
400 g Möhren
1 Stange Porree (Lauch)
2 TL Speisestärke

Zubereitungszeit: 40 Minuten
Garzeit: etwa 2 Stunden 10 Minuten

1. Das Rindfleisch mit Küchenpapier abtupfen, evtl. Sehnen und Fett abschneiden, mit Salz und Pfeffer würzen.

2. Das Olivenöl in einem Bräter erhitzen. Das Rindfleisch darin von allen Seiten anbraten. Die Zwiebeln abziehen, vierteln und mit anbraten. Tomatenmark unterrühren und kurz mit anrösten. 500 ml Fleischbrühe hinzugießen und zum Kochen bringen. Lorbeerblätter und Senf hinzugeben. Das Rindfleisch zugedeckt bei schwacher Hitze etwa 2 Stunden 10 Minuten schmoren, dabei ab und zu wenden.

3. Kartoffeln schälen, abspülen, abtropfen lassen. Sellerie und Möhren putzen, schälen, abspülen und abtropfen lassen. Kartoffeln, Sellerie und Möhren grob zerschneiden. Porree putzen, die Stange längs halbieren, gründlich waschen, abtropfen lassen und in 2–3 cm große Stücke schneiden.

4. Nach etwa 80 Minuten Garzeit zuerst die Kartoffeln zum Rindfleisch geben, nach weiteren 10 Minuten Sellerie und Möhren und kurz vor Ende der Garzeit den Porree hinzugeben. Evtl. restliche Brühe hinzugießen. Alles wieder zum Kochen bringen und zugedeckt bei schwacher Hitze fertig garen.

5. Das gegarte Rindfleisch aus dem Sud nehmen, etwas ruhen lassen und in Scheiben schneiden. Die Speisestärke mit kaltem Wasser anrühren, in den Sud rühren und unter Rühren aufkochen lassen. Die Sauce mit Salz, Pfeffer und Senf abschmecken. Die Sauce mit den Kartoffeln und dem Gemüse zum Rindfleisch servieren.

Beilage: Kartoffelklöße oder Spätzle.

Roh gebratene Schwarzwurzeln mit Rosenkohl und Sesam

Vegan

4 Portionen

Pro Portion: E: 6 g, F: 12 g, Kh: 5 g, kJ: 634, kcal: 152, BE: 0,5

2 Bio-Zitronen (unbehandelt, ungewachst)
1 l kaltes Wasser
600 g Schwarzwurzeln
300 g Rosenkohl
2 EL Olivenöl
Salz
gem. schwarzer Pfeffer
1 große Tomate
2 EL geröstete Sesamsamen
1 EL schwarzer Sesamsamen (erhältlich im Asialaden)

Zubereitungszeit: 45 Minuten
Garzeit: etwa 10 Minuten

1. Die Zitronen heiß abwaschen, abtrocknen und die Schale abreiben. Zitronen halbieren und den Saft auspressen. Den Zitronensaft mit Wasser in einer Schüssel verrühren. Die Schwarzwurzeln unter fließendem kalten Wasser gründlich abbürsten, mit einem Sparschäler sorgfältig schälen (dabei am besten Einweghandschuhe tragen, um sich vor dem sehr klebrigen Saft zu schützen), abspülen und abtropfen lassen. Die Wurzeln in das Zitronenwasser legen, damit die Stangen weiß bleiben.

2. Von dem Rosenkohl die äußeren Blätter entfernen und etwas vom Strunk abschneiden. Röschen am Strunk kreuzförmig einschneiden, abspülen und gut abtropfen lassen. Anschließend die Rosenkohlröschen halbieren.

3. Die Schwarzwurzeln abspülen, abtropfen lassen und schräg in etwa 3 cm lange Stücke schneiden. Olivenöl in einer großen Pfanne erhitzen. Die Schwarzwurzelstücke darin etwa 10 Minuten unter mehrmaligem Wenden knackig braun braten. Mit Salz, Pfeffer und Zitronenschale würzen.

4. In der Zwischenzeit den Rosenkohl in kochendem Wasser 1–2 Minuten blanchieren, anschließend mit kaltem Wasser abschrecken und abtropfen lassen. Die Tomate abspülen, trocken tupfen, vierteln und entkernen. Tomate in kleine Würfel schneiden.

5. Nach etwa 5 Minuten Bratzeit, wenn die Schwarzwurzeln anfangen braun zu werden (sie sollen knackig sein), den Rosenkohl hinzugeben und etwa 5 Minuten mitbraten lassen. Das Gemüse nochmals mit Salz, Pfeffer und Zitronenschale abschmecken. Zuletzt den gerösteten und schwarzen Sesam mit den Tomatenwürfeln unterrühren. Das Gemüse anrichten und sofort servieren.

Rosa gebratene Entenbrust mit Spekulatiuskruste I

Leckeres Weihnachtsessen

4 Portionen

Pro Portion: E: 33 g, F: 50 g, Kh: 35 g, kJ: 3009, kcal: 719, BE: 3,0

1 Stängel Rosmarin
150 g Spekulatius
80 g Butter (zimmerwarm)
1 Eigelb (Größe M)
1 TL flüssiger Honig
Salz
4 Entenbrüste (je etwa 200 g)
gem. Pfeffer
2 EL Speiseöl
4 EL Feigensenf
3 Stängel Majoran

Zubereitungszeit: 30 Minuten
Garzeit: 6–10 Minuten

1. Rosmarin abspülen und trocken tupfen. Die Nadeln von dem Stängel zupfen, die Nadeln klein schneiden. Spekulatius in einen Gefrierbeutel geben, Beutel fest verschließen. Spekulatius mit einer Teigrolle grob zerkleinern.

2. Butter mit einem Mixer (Rührstäbe) schaumig rühren, Eigelb unterrühren. Rosmarin, Spekulatiusbrösel und Honig unter die Buttermasse rühren. Mit Salz würzen.

3. Die Entenbrüste mit Küchenpapier abtupfen. Auf der Hautseite mit einem scharfen Messer in die Fettschicht ein Rautenmuster schneiden. Entenbrüste auf der Fleischseite mit Salz und Pfeffer würzen.

4. Den Backofen vorheizen.
Ober-/Unterhitze: etwa 160 °C
Heißluft: etwa 140 °C

5. Speiseöl in einer großen Pfanne erhitzen. Die Entenbrüste mit der Hautseite nach unten in die Pfanne legen und gut anbraten. Entenbrüste umdrehen und kurz auf der Fleischseite braten.

6. Entenbrüste aus der Pfanne nehmen, mit der Hautseite nach oben auf ein Backblech legen und mit Feigensenf bestreichen.

7. Die Spekulatiusmasse gleichmäßig auf den Entenbrüsten verteilen.

8. Das Backblech in den vorgeheizten Backofen schieben. Die Entenbrüste **6–10 Minuten garen.**

9. Majoran abspülen, trocken tupfen und in kleine Zweige zupfen. Die Entenbrüste vom Backblech nehmen und etwa 4 Minuten ruhen lassen.

10. Die Entenbrüste aufschneiden, mit Majoran anrichten und servieren.

Beilage: **Schwarzwurzel-Wirsing-Gemüse.** Dafür 400 g Schwarzwurzeln unter fließendem kalten Wasser gründlich bürsten, schälen, Wurzelspitzen und Blattansätze entfernen. Schwarzwurzeln abspülen und sofort in Milchwasser (250 ml Milch, 500 ml Wasser) legen, damit sie weiß bleiben. Wurzeln in etwa 3 cm lange Stücke schneiden. 70 ml Gemüsefond und 30 g Butter zum Kochen bringen. Die Schwarzwurzelstücke hinzugeben und zugedeckt etwa 15 Minuten dünsten, dann mit einer Schaumkelle herausnehmen. Fond etwas einkochen lassen, 1 Esslöffel Crème double unterrühren. Mit Salz, Pfeffer und Zucker abschmecken. 300 g geputzten Wirsingkohl abspülen, abtropfen lassen, halbieren und den Strunk herausschneiden. Wirsinghälften in Streifen schneiden. 1 Schalotte abziehen, in kleine Würfel schneiden. 30 g geräucherten, durchwachsenen Speck fein würfeln. 20 g Butter zerlassen. Schalotten- und Speckwürfel darin anbraten. Wirsingstreifen hinzugeben, mitdünsten lassen, mit 70 ml Gemüsefond ablöschen. Wirsingstreifen zugedeckt bissfest garen. Mit Salz, Pfeffer und Muskatnuss abschmecken und unter das Schwarzwurzelgemüse geben. Gemüse anrichten, mit etwas Crema di Balsamico (oder dickflüssigem Balsamico-Essig) beträufeln und sofort servieren.

Tipp: Wenn Sie keine Spekulatius bekommen, verwenden Sie einen anderen Butterkeks und würzen Sie die Masse für die Kruste mit jeweils 1 Messerspitze gemahlenem Zimt, Nelken und Kardamom.

Rosenkohl-Champignon-Salat mit Curry und Koriander

Preiswert – schnell

4 Portionen (als Vorspeise)

Pro Portion: E: 7 g, F: 6 g, Kh: 27 g, kJ: 813, kcal: 194, BE: 2,0

500 g	*Rosenkohl*
	Salz
2 EL	*Distelöl*
2 TL	*Currypulver*
125 g	*Rosinen*
100 ml	*Gemüsebrühe*
150 g	*frische, rosé Champignons*
1	*Fleischtomate*
4 Stängel	*Koriander*

Zubereitungszeit: 30 Minuten

1. Von dem Rosenkohl die äußeren Blätter entfernen und etwas vom Strunk abschneiden. Röschen am Strunk kreuzförmig einschneiden, abspülen und abtropfen lassen. Rosenkohlröschen halbieren. Den Rosenkohl in kochendem Salzwasser bissfest garen.

2. Rosenkohl mit kaltem Wasser abschrecken, abtropfen lassen und in eine Schüssel geben.

3. Distelöl in einem kleinen Topf erhitzen. Curry und Rosinen darin andünsten. Gemüsebrühe hinzugießen und aufkochen lassen. Brühe auf dem Rosenkohl verteilen, gut vermischen und auf einer Platte anrichten.

4. Die Champignons putzen, evtl. kurz abspülen, gut trocken tupfen und in dünne Scheiben schneiden oder hobeln. Die Tomate abspülen, vierteln, entkernen und den Stängelansatz herausschneiden. Tomate in kleine Würfel schneiden.

5. Die Champignonscheiben und Tomatenwürfel auf dem Rosenkohl verteilen. Koriander abspülen und trocken tupfen. Die Blättchen von den Stängeln zupfen. Den Salat mit Korianderblättchen garniert servieren.

Rosenkohlcremesuppe mit Brezelchips

Vegetarisch

4 Portionen

Pro Portion: E: 8 g, F: 11 g, Kh: 16 g, kJ: 873, kcal: 208, BE: 1,5

500 g Rosenkohl
250 ml Salzwasser
1 Laugenbrezel
30 g Butter
500 ml Gemüsebrühe
1 Eigelb (Größe M)
1 EL Crème fraîche
Salz
Zucker
Cayennepfeffer
ger. Muskatnuss
1 EL klein geschnittene Petersilie

Zubereitungszeit: 45 Minuten
Garzeit: etwa 10 Minuten

1. Rosenkohl von den schlechten Blättern befreien und etwas vom Strunk abschneiden. Rosenkohlröschen am Strunk kreuzförmig einschneiden, abspülen, abtropfen lassen und in kochendem Salzwasser etwa 10 Minuten garen.

2. In der Zwischenzeit Brezel in Scheiben schneiden. Die Butter in einer Pfanne zerlassen, die Brezelscheiben darin unter Wenden goldbraun rösten, herausnehmen und auf einen Teller legen.

3. Kurz vor Ende der Garzeit der Rosenkohlröschen etwa 10 Röschen mit einem Schaumlöffel aus dem Topf nehmen und beiseitelegen. Die restlichen Rosenkohlröschen in dem Kochsud pürieren.

4. Die Brühe hinzugießen und zum Kochen bringen. Eigelb und Crème fraîche mit 3 Esslöffeln der Suppe verrühren, dann unter die restliche Suppe schlagen und erhitzen (nicht mehr kochen lassen).

5. Die Suppe mit Salz, 1 Prise Zucker, Cayennepfeffer und Muskat würzen. Beiseitegelegten Rosenkohl jeweils vierteln oder in Blätter zerteilen und in die Suppe geben. Die Suppe in Tellern anrichten, mit Petersilie und evtl. etwas Cayennepfeffer bestreuen. Nach Belieben einige Brezelchips in die Suppe geben und servieren. Restliche Brezelchips dazureichen.

Rosenkohleintopf | Schön wärmend

4 Portionen

Pro Portion: E: 23 g, F: 39 g, Kh: 27 g, kJ: 2396, kcal: 573, BE: 2,0

1 kg Rosenkohl
500 g Kartoffeln
2 Zwiebeln
40 g Butter
250 ml Wasser
1 EL Instant-Gemüsebrühe
125 ml Milch (3,5 % Fett)
Salz
gem. Pfeffer
ger. Muskatnuss
150 g Crème fraîche
75 g durchwachsener Speck
4 Wiener Würstchen

Zubereitungszeit: 30 Minuten
Garzeit: etwa 25 Minuten

1. Rosenkohl von den schlechten äußeren Blättchen befreien und etwas vom Strunk abschneiden. Die Rosenkohlröschen am Strunk kreuzweise einschneiden. Rosenkohlröschen abspülen, abtropfen lassen und halbieren.

2. Kartoffeln schälen, abspülen, abtropfen lassen und in Würfel schneiden.

3. Die Zwiebeln abziehen und ebenfalls in kleine Würfel schneiden.

4. Butter in einem Topf zerlassen. Rosenkohl darin unter Rühren andünsten, Kartoffelwürfel mit den Zwiebelwürfeln hinzugeben und kurz unter Rühren mitdünsten lassen.

5. Wasser in einem Topf zum Kochen bringen, mit der Instant-Gemüsebrühe und der Milch in den Eintopf geben und wieder zum Kochen bringen. Den Eintopf mit Salz, Pfeffer und Muskat würzen.

6. Den Rosenkohleintopf zugedeckt bei mittlerer Hitze etwa 25 Minuten kochen lassen.

7. Crème fraîche hinzugeben und vorsichtig unterrühren. Den Eintopf nochmals mit Salz, Pfeffer und Muskat abschmecken.

8. Den Speck in feine Streifen schneiden. Eine kleine Pfanne erhitzen. Die Speckstreifen darin unter Rühren anbraten.

9. Die Wiener Würstchen in dünne Scheiben schneiden. Die Würstchenscheiben in den Eintopf geben, unterrühren und darin erhitzen.

10. Den fertigen Eintopf in Suppenschalen anrichten, mit den gebratenen Speckstreifen bestreuen und sofort servieren.

Beilage: Vollkorn- oder Mehrkornbrot.

Tipp: Probieren Sie den Eintopf auch einmal mit geräucherten Würstchen wie Debreziner, Mettendchen, Cabanossi, Kaminwurzen oder Landjägern. Dann können Sie den Speck weglassen. Anstelle des Rosenkohls schmeckt auch anderer Kohl, wie zum Beispiel Weißkohl oder Wirsing, sehr gut in diesem Eintopf. Schneiden Sie den Kohl nach dem Putzen und Abspülen in grobe Streifen und dünsten Sie ihn an. Sie können auch Crème fraîche durch Schlagsahne ersetzen. Für Vegetarier nehmen Sie statt der Wiener Würstchen geräucherten Tofu oder Tofuwürstchen und ersetzen den durchwachsenen Speck durch Röstzwiebeln (Fertigprodukt). Die Zwiebeln vor dem Servieren auf den Eintopf streuen und die vegetarische Version zusätzlich mit etwas Räuchersalz abschmecken.

Rosenkohl-Hackfleisch-Auflauf

Macht richtig satt

8 Portionen

Pro Portion: E: 45 g, F: 44 g, Kh: 28 g, kJ: 2931, kcal: 699, BE: 2,5

1 kg TK-Rosenkohl
4 EL Speiseöl
1,2 kg Rindergehacktes
etwa 100 g Tomatenmark (aus Tube oder Glas)
2 Pck. Gemüsecremesuppe (für insgesamt 1 l Flüssigkeit)
1 Pck. Kartoffelpüree (für ½ l Flüssigkeit)
Salz, gem. Pfeffer
100 g Semmelbrösel
100 g Butter
150 g durchwachsener Speck, im Stück
1 Stängel Majoran

Zubereitungszeit: 40 Minuten, ohne Auftauzeit
Backzeit: etwa 25 Minuten je Form

1. Rosenkohl nach Packungsanleitung auftauen lassen.

2. Speiseöl in einer großen Pfanne erhitzen. Gehacktes darin evtl. in 2 Portionen unter Rühren anbraten, dabei die Fleischklümpchen mit einer Gabel zerdrücken. Tomatenmark unterrühren. Gemüsecremesuppe nach Packungsanleitung zubereiten und hinzufügen.

3. Den Backofen vorheizen.
Ober-/Unterhitze: etwa 180 °C
Heißluft: etwa 160 °C

4. Aufgetauten Rosenkohl zur Hackfleischmasse geben und unter Rühren etwa 10 Minuten garen. Püreepulver hinzufügen und unter Rühren aufkochen lassen. Mit Salz und Pfeffer würzen. Die Hackfleisch-Rosenkohl-Masse in zwei große, flache Auflauf- oder Gratinformen (gefettet) geben und mit Semmelbröseln bestreuen. Butter in Flöckchen daraufsetzen.

5. Die Formen nacheinander (bei Heißluft zusammen) auf dem Rost in den vorgeheizten Backofen schieben. Den Rosenkohl-Hackfleisch-Auflauf **etwa 25 Minuten je Form backen.**

6. Speck in kleine Würfel schneiden und in einer heißen Pfanne knusprig ausbraten. Majoran abspülen, trocken tupfen und evtl. in Stücke zupfen. Die Speckwürfel vor dem Servieren auf dem Auflauf verteilen und mit Majoran garnieren.

Rosenkohl-Maronen-Gemüse

Raffiniert

4 Portionen

Pro Portion: E: 7 g, F: 23 g, Kh: 34 g, kJ: 1637, kcal: 391, BE: 3,0

375 g Maronen (Esskastanien)
100 g Butter
500 g Rosenkohl
Salz, gem. Pfeffer
ger. Muskatnuss

Zubereitungszeit: 75 Minuten
Backzeit: 15–20 Minuten
Garzeit: Maronen 10–15 Minuten, Rosenkohl etwa 15 Minuten

1. Den Backofen vorheizen.
Ober-/Unterhitze: etwa 180 °C
Heißluft: etwa 160 °C

2. Maronen kreuzweise einschneiden und auf ein Backblech legen. Das Backblech in den vorgeheizten Backofen schieben. Die Maronen **15–20 Minuten backen.**

3. Sobald sich die Schalenspitzen an den eingeschnittenen Stellen nach außen biegen, die Maronen mit kochendem Wasser übergießen, damit sich die gelbe Haut entfernen lässt. Die Maronen schälen, dabei die pelzige Innenhaut ebenfalls entfernen.

4. Die Hälfte der Butter in einer Pfanne zerlassen, die Maronen darin goldgelb rösten, evtl. etwas Wasser hinzugießen und zugedeckt 15–20 Minuten garen. Maronen warm stellen.

5. Von dem Rosenkohl die äußeren Blätter entfernen und etwas vom Strunk abschneiden. Die Röschen am Strunk kreuzweise einschneiden. Rosenkohl abspülen, abtropfen lassen und in kochendem Salzwasser etwa 15 Minuten garen. Rosenkohl in einem Sieb abtropfen lassen.

6. Restliche Butter zerlassen. Rosenkohlröschen darin schwenken. Warm gestellte Maronen untermischen. Mit Salz, Pfeffer und Muskat abschmecken.

Rosenkohltopf mit karamellisierten Nüssen I

Raffiniert – vegetarisch

4 Portionen

Pro Portion: E: 13 g, F: 21 g, Kh: 51 g, kJ: 1850, kcal: 442, BE: 4,0

800 g	*Rosenkohl*
	Salz
4	*Möhren*
500 g	*festkochende Kartoffeln*
1	*Zwiebel*
2 EL	*Rapsöl*
250 ml	*Gemüsebrühe*
	gem. Pfeffer
60 g	*Walnusskerne*
20 g	*Butter*
60 g	*Zucker*
40 g	*flüssiger Honig*
1–2 EL	*kaltes Wasser*
1–2 EL	*Schnittlauchröllchen*

Zubereitungszeit: 40 Minuten
Garzeit: etwa 25 Minuten

1. Rosenkohl von den schlechten Blättern befreien und etwas vom Strunk abschneiden. Rosenkohlröschen am Strunk kreuzförmig einschneiden, abspülen, abtropfen lassen und in kochendem Salzwasser etwa 5 Minuten vorgaren. Anschließend den Rosenkohl mit kaltem Wasser abschrecken und abtropfen lassen.

2. In der Zwischenzeit Möhren putzen. Möhren und Kartoffeln schälen, abspülen, abtropfen lassen und in kleine Würfel schneiden. Zwiebel abziehen und würfeln.

3. Das Rapsöl in einem Topf erhitzen. Die Zwiebelwürfel darin glasig dünsten. Die Möhren- und Kartoffelwürfel hinzugeben und mitdünsten lassen.

4. Die Brühe hinzugießen und zum Kochen bringen. Das Gemüse mit Salz und Pfeffer würzen und etwa 10 Minuten bei schwacher Hitze garen, dabei gelegentlich umrühren.

5. Die Walnusskerne grob hacken. Die Butter in einer Pfanne zerlassen. Den Zucker darin unter Rühren karamellisieren. Walnusskerne, Honig und kaltes Wasser mit einem Holzlöffel unterrühren und kurz aufkochen lassen. Die karamellisierten Walnusskerne auf einen Bogen Backpapier geben und erkalten lassen.

6. Den vorgegarten Rosenkohl unter das Gemüse rühren und weitere etwa 10 Minuten garen.

7. Karamellisierte Walnusskerne hacken. Den Rosenkohltopf mit den karamellisierten Nüssen und den Schnittlauchröllchen bestreut servieren.

Rote-Bete-Auflauf mit Speck und Salbei | Würzig

4 Portionen

Pro Portion: E: 22 g, F: 26 g, Kh: 43 g, kJ: 2137, kcal: 512, BE: 3,5

750 g–1 kg	*zarte Rote Bete*
1	*Zwiebel*
½ Bund	*frischer Salbei*
1 EL	*Butterschmalz*
	Salz
	gem. Pfeffer
1 Prise	*gem. Kreuzkümmel (Cumin)*
	Saft und abger. Schale von
½	*Bio-Orange (unbehandelt, ungewachst)*
200–250 ml	*Gemüsebrühe*

Für das Kartoffelpüree:

750 g	*vorwiegend mehligkochende Kartoffeln*
100 g	*Speck- oder Schinkenwürfel*
200–225 ml	*Milch (3,5 % Fett)*
200 g	*Weichkäse mit Rotschmierrinde, z. B. Chaumes, Munster*
evtl. einige	*Salbeiblättchen*

Zubereitungszeit: 45 Minuten
Garzeit: etwa 50 Minuten

1. Den Backofen vorheizen.
Ober-/Unterhitze: etwa 180 °C
Heißluft: etwa 160 °C

2. Rote Bete gründlich waschen, schälen, abtropfen lassen und in schmale Spalten schneiden. Zwiebel abziehen und klein würfeln. Salbei abspülen und trocken tupfen. Die Blättchen von den Stängeln zupfen.

3. Butterschmalz in einer Pfanne erhitzen. Zwiebelwürfel und Rote-Bete-Spalten darin evtl. portionsweise andünsten. Die Salbeiblättchen hinzugeben, mit Salz, Pfeffer und Cumin würzen. Das Gemüse in eine Auflaufform (gefettet) geben. Orangensaft und -schale hinzugeben, Brühe hinzugießen. Die Form zugedeckt auf dem Rost in den vorgeheizten Backofen schieben. Den Auflauf **etwa 35 Minuten garen.**

4. In der Zwischenzeit für das Püree Kartoffeln schälen, abspülen, abtropfen lassen, in Stücke schneiden. Kartoffelstücke in einem Topf knapp mit Wasser bedeckt zugedeckt zum Kochen bringen und Salz hinzugeben. Kartoffelstücke etwa 15 Minuten garen. Speck- oder Schinkenwürfel in einer Pfanne knusprig ausbraten. Milch erwärmen. Kartoffeln abgießen, abdämpfen und fein zerstampfen. Dabei nach und nach Milch hinzugießen und zu einem cremigen Kartoffelpüree verarbeiten. Speck- oder Schinkenwürfel unterheben. Käse in Scheiben schneiden.

5. Die Form aus dem Backofen nehmen und den Deckel entfernen. Kartoffelpüree auf dem Auflauf verteilen und mit Käsescheiben belegen. Die Form wieder auf dem Rost in den heißen Backofen schieben. Den Auflauf **bei gleicher Backofentemperatur in weiteren etwa 15 Minuten fertig garen.** Nach Belieben mit abgespülten, trocken getupften Salbeiblättchen belegen.

Rote-Bete-Gemüse I

Raffiniert – vegetarisch

4 Portionen

Pro Portion: E: 4 g, F: 20 g, Kh: 17 g, kJ: 1104, kcal: 266, BE: 1,0

750 g Rote-Bete-Knollen
etwa 400 g Gemüsezwiebeln
40 g Butter oder Margarine
Salz
gem. Pfeffer
250 ml Gemüsebrühe
150 g Crème fraîche
2 EL Schnittlauchröllchen

Zubereitungszeit: 20 Minuten
Garzeit: etwa 30 Minuten

1. Rote Bete unter fließendem kalten Wasser gründlich abbürsten, schälen (am besten mit Gummihandschuhen, da die Rote Bete stark färbt), abspülen, abtropfen lassen und in dünne Scheiben schneiden. Große Scheiben halbieren oder vierteln. Gemüsezwiebeln abziehen und in Scheiben schneiden.

2. Butter oder Margarine in einem Topf zerlassen. Die Rote-Bete- und Zwiebelscheiben darin unter Rühren kurz dünsten. Mit Salz und Pfeffer würzen. Gemüsebrühe hinzugießen. Das Gemüse zugedeckt etwa 30 Minuten bei schwacher Hitze garen, dabei gelegentlich umrühren.

3. Das Rote-Bete-Gemüse in einer Schale oder auf einer Platte anrichten. Crème fraîche auf das Gemüse geben und mit Schnittlauchröllchen bestreut servieren.

Tipps: Sie können auch vakuumierte, geschälte Rote Bete oder abgetropfte Rote Bete aus dem Glas verwenden. Die Garzeit beträgt dann insgesamt nur etwa 15 Minuten. Rote-Bete-Gemüse mit Kräuter- oder Meerrettichquark servieren.

Rotkohl | Klassisch

4 Portionen

Pro Portion: E: 4 g, F: 13 g, Kh: 32 g, kJ: 1116, kcal: 268, BE: 2,0

1 kg Rotkohl
375 g saure Äpfel, z. B. Cox Orange oder Boskop
2 Zwiebeln
5 EL Speiseöl oder 50 g Gänseschmalz
1 Lorbeerblatt
3 Gewürznelken
3 Wacholderbeeren
5 Pimentkörner
Salz, gem. Pfeffer
Zucker
2 Stangen Zimt
2 EL Rotweinessig
3 EL Johannisbeergelee
125 ml Wasser

Zubereitungszeit: 35 Minuten
Garzeit: 45–60 Minuten

1. Von dem Rotkohl die äußeren Blätter entfernen. Kohl vierteln, abspülen, abtropfen lassen und den Strunk herausschneiden. Den Kohl sehr fein schneiden oder hobeln. Äpfel schälen, vierteln und entkernen. Äpfel klein schneiden. Zwiebeln abziehen und würfeln.

2. Speiseöl oder Schmalz in einem Topf erhitzen. Die Zwiebelwürfel darin kurz dünsten. Rotkohlstreifen und Apfelstücke hinzugeben und unter gelegentlichem Rühren mit andünsten.

3. Lorbeerblatt, Gewürznelken, Wacholderbeeren, Pimentkörner, Salz, Pfeffer, Zucker, Zimt, Essig, Johannisbeergelee und Wasser hinzufügen. Den Rotkohl zugedeckt 45–60 Minuten bei schwacher Hitze gar dünsten, dabei gelegentlich umrühren. Rotkohl mit Salz, Pfeffer und Zucker abschmecken.

Tipps: Es ist empfehlenswert, Rotkohl in größeren Mengen zuzubereiten und ihn dann portionsweise einzufrieren. Der Rotkohl sollte dann noch „Biss" haben, also nicht zu gar sein. Sie können den Rotkohl statt mit Wasser mit der gleichen Menge Weiß- oder Rotwein dünsten oder anstelle von Johannisbeergelee 2 Esslöffel Preiselbeerkompott oder Kirschgrütze unterrühren. Sie können die Gewürze auch in einen Kaffeefilter oder Teebeutel geben und mit einem Band verschließen, dann lassen sich die Gewürze ganz einfach aus dem Gemüse entfernen.

Rotkohl-Rohkost-Salat | Fruchtig

4 Portionen

Pro Portion: E: 6 g, F: 6 g, Kh: 17 g, kJ: 643, kcal: 154, BE: 1,5

600 g Rotkohl
2 Orangen (etwa 300 g)

Für die Sauce:

1 Banane (etwa 150 g)
300 g Joghurt (1,5 % Fett)
1 EL Nussöl
2 EL Schnittlauchröllchen
Salz
gem. Pfeffer

15 g Pinienkerne

Zubereitungszeit: 30 Minuten

1. Rotkohl putzen, vierteln und den Strunk herausschneiden. Rotkohl auf einem Gemüsehobel hobeln. Die Orangen so schälen, dass die weiße Haut mit entfernt wird. Die Orangen filetieren, dabei den Saft auffangen.

2. Für die Salatsauce die Banane schälen, in Stücke schneiden, mit Joghurt und Nussöl in einen hohen Rührbecher geben. Die Zutaten mit einem Pürierstab fein pürieren. Dann die Sauce mit dem aufgefangenen Orangensaft und den Schnittlauchröllchen verrühren, mit Salz und Pfeffer würzen.

3. Den Rotkohl mit den Orangen in einer Schüssel mischen. Die Sauce daraufgeben. Den Salat mit Pinienkernen bestreut servieren.

Tipp: Die Pinienkerne schmecken intensiver, wenn Sie sie vorher in einer Pfanne ohne Fett unter Wenden goldbraun rösten.

Rotkohlsalat mit Sesam und Tofubröseln | Vegetarisch

4 Portionen

Pro Portion: E: 8 g, F: 16 g, Kh: 5 g, kJ: 832, kcal: 198, BE: 0,5

1 kleiner Rotkohl (300–400 g)
1 mittelgroße Zwiebel
2–3 EL Weißweinessig
Salz
gem. weißer Pfeffer
Zucker
4 EL Sonnenblumenöl
2 EL Sesamsamen
125 g Tofu

Zubereitungszeit: 50 Minuten, ohne Durchziehzeit

1. Vom Rotkohl die groben, äußeren Blätter entfernen. Kohl vierteln und den Strunk herausschneiden. Kohlviertel abspülen, abtropfen lassen und sehr fein schneiden oder hobeln. Zwiebel abziehen und sehr fein würfeln.

2. Essig mit Salz, Pfeffer und 1 Prise Zucker in einer Schüssel verrühren, Sonnenblumenöl unterschlagen. Rotkohlstreifen und die Zwiebelwürfel unter die Marinade mischen. Den Salat zugedeckt etwa 30 Minuten durchziehen lassen.

3. Sesam in einer Pfanne ohne Fett unter Rühren kurz anrösten. Tofu mit den Händen zerbröseln. Sesam und Tofubrösel auf dem Salat verteilen.

Salat von roten Linsen I

Gut vorzubereiten – schnell

4 Portionen

Pro Portion: E: 34 g, F: 10 g, Kh: 73 g, kJ: 2169, kcal: 518, BE: 6,0

500 g rote Linsen
700 ml Gemüsebrühe
3 EL Raps- oder Olivenöl
5–6 EL Weißweinessig
2 kleine rote Zwiebeln
2 kleine rote Äpfel
1 rote Paprikaschote
Salz
gem. Pfeffer
2 EL klein geschnittene Petersilie

Zubereitungszeit: 30 Minuten

1. Linsen mit der Gemüsebrühe in einem Topf zum Kochen bringen. Die Linsen bei schwacher Hitze unter mehrmaligem Rühren etwa 12 Minuten (Packungsanleitung beachten) garen. Den Topf von der Kochstelle nehmen. Raps- oder Olivenöl und Essig unter die Linsen rühren.

2. Zwiebeln abziehen. Äpfel abspülen, abtrocknen, vierteln und entkernen. Zwiebeln und Äpfel mit der Schale fein würfeln. Paprikaschote halbieren, entstielen, entkernen und die weißen Scheidewände entfernen. Schote abspülen, abtropfen lassen und würfeln.

3. Zwiebel-, Apfel- und Paprikawürfel zu den Linsen geben und unterrühren. Salat mit Salz und Pfeffer würzen, Petersilie unterheben.

Tipp: Der Salat kann lauwarm oder kalt serviert werden.

Sauerkrautkuchen mit Gitter

Würzig – preiswert

6–8 Portionen

Pro Portion: E: 28 g, F: 74 g, Kh: 26 g, kJ: 3719, kcal: 892, BE: 2,0

Für den schnellen Blätterteig:

200 g Weizenmehl
200 g Doppelrahm-Frischkäse
200 g Butter
Salz

Für den Belag:

200 g mittelalter Gouda, im Stück
2 mittelgroße Zwiebeln
2 EL Speiseöl
500 g abgetropftes Sauerkraut (aus der Dose)
2 Eier (Größe M)
Cayennepfeffer
1–2 gestr. TL Kümmelsamen
6 Mettwürstchen
2 EL rote Paprikaschotenwürfel

1 Eigelb
etwas klein geschnittene Kresse
einige Schnittlauchröllchen

Zubereitungszeit: 50 Minuten, ohne Kühlzeit
Backzeit: etwa 30 Minuten

1. Für den Blätterteig Mehl in eine Rührschüssel geben. Frischkäse, Butter und 1 Prise Salz hinzufügen. Die Zutaten mit einem Mixer (Knethaken) zunächst kurz auf niedrigster, dann auf höchster Stufe zu einem glatten Teig verarbeiten.

2. Den Teig in Frischhaltefolie gewickelt einige Stunden oder über Nacht in den Kühlschrank legen.

3. Für den Belag Käse in kleine Würfel schneiden. Die Zwiebeln abziehen und klein würfeln. Speiseöl in einem Topf erhitzen. Zwiebelwürfel darin glasig dünsten. Gut ausgedrücktes Sauerkraut hinzugeben und etwa 10 Minuten mitdünsten. Sauerkrautmasse abkühlen lassen.

4. Den Backofen vorheizen.
Ober-/Unterhitze: etwa 200 °C
Heißluft: etwa 180 °C

5. Eier und Käsewürfel unter die Sauerkrautmasse rühren. Mit Cayennepfeffer und Kümmel würzen.

6. Zwei Drittel des Teiges in einer Fettpfanne (30 x 40 cm, gefettet) ausrollen. Die Sauerkrautmasse darauf verteilen. Die Mettwürstchen in etwa 1 cm dicke Scheiben schneiden und auf die Sauerkrautmasse legen. Mit Paprikawürfeln bestreuen.

7. Restlichen Teig auf der leicht bemehlten Arbeitsfläche zu einem Rechteck (etwa 20 x 30 cm) ausrollen und mit einem Gitterroller darüberrollen. Teiggitter vorsichtig auseinanderziehen und auf die Sauerkrautmasse legen. Die Ränder gut andrücken. Das Teiggitter mit verschlagenem Eigelb bestreichen. Das Backblech in den vorgeheizten Backofen schieben. Den Sauerkrautkuchen **etwa 30 Minuten backen.**

8. Den Sauerkrautkuchen vor dem Servieren mit Kresse und Schnittlauchröllchen bestreuen.

Sauerkrautpuffer mit Kasseler

Würzig – schnell (im Foto hinten)
2 Portionen

Pro Portion: E: 34 g, F: 38 g, Kh: 31 g, kJ: 2587, kcal: 618, BE: 2,5

300 g mehligkochende Kartoffeln
1 Zwiebel
300 g abgetropftes, frisches Sauerkraut
3–4 Wacholderbeeren
1 Ei (Größe M)
1 EL Speisestärke
Salz
Zucker
gem. Pfeffer
200 ml Gemüsebrühe
2 Scheiben Kasseler (ohne Knochen, je etwa 150 g)
8 EL Rapsöl

Zubereitungszeit: 30 Minuten

1. Kartoffeln schälen, abspülen, abtropfen lassen und fein raspeln. Zwiebel abziehen und in kleine Würfel schneiden. Sauerkraut ausdrücken.

2. Kartoffelraspel mit Zwiebelwürfeln und Sauerkraut vermengen. Wacholderbeeren zerdrücken, mit Ei und Speisestärke unter die Sauerkraut-Kartoffel-Mischung rühren. Die Masse mit Salz, Zucker und Pfeffer würzen.

3. Gemüsebrühe in einer Pfanne oder einem Topf zum Kochen bringen. Kasselerscheiben mit Küchenpapier abtupfen und in der Brühe etwa 10 Minuten garen.

4. Etwas von dem Rapsöl in einer Pfanne erhitzen. Die Puffermasse nochmals gut durchrühren, portionsweise mit einem Esslöffel in die Pfanne geben und etwas flach drücken. Die Puffer bei mittlerer Hitze von beiden Seiten knusprig braun braten.

5. Die fertigen Puffer mit einem Pfannenwender aus der Pfanne nehmen, überschüssiges Fett mit Küchenpapier abtupfen. Puffer warm stellen.

6. Aus dem restlichen Teig auf die gleiche Weise weitere 5 Puffer braten. Die Sauerkrautpuffer mit den Kasselerscheiben anrichten und servieren.

Tipps: Sie können auch Sauerkraut aus der Dose verwenden. Wer es etwas schärfer mag, kann eine in Scheiben geschnittene Peperoni dazu servieren. Statt der Kasselerscheiben können Sie auch 2 Scheiben Leberkäse in der Pfanne anbraten und zu den Puffern servieren.

Abwandlung: Für eine vegetarische Variante die Sauerkrautpuffer anstatt mit Kasseler mit **Kräuterschmand** servieren. Dafür 200 g Schmand (Sauerrahm) und 300 g Joghurt (3,5 % Fett) verrühren, evtl. etwas Mineralwasser hinzufügen und zu einer geschmeidigen Masse verrühren. 2 Esslöffel gemischte Kräuter, z. B. Schnittlauch und Petersilie, unterrühren, mit Salz, Pfeffer und Zucker abschmecken. Die Sauerkrautpuffer mit dem Kräuterschmand anrichten und servieren.

Rezeptvariante: Möhrenpuffer (im Foto vorn). Dafür 250 g Möhren putzen, schälen, abspülen und gut abtropfen lassen. Möhren grob raspeln und in eine Schüssel geben. 1 Ei (Größe M), 1 Esslöffel Weizenmehl, 1 Esslöffel Doppelrahm-Frischkäse und 1 Teelöffel mittelscharfen Senf hinzugeben und unterarbeiten. Die Masse mit Salz und Pfeffer abschmecken. Dann die Puffer wie ab Punkt 4 beschrieben weiter zubereiten.

Sauerkrautrolle

Deftig – für Gäste

10 Portionen

Pro Portion: E: 8 g, F: 10 g, Kh: 28 g, kJ: 996, kcal: 238, BE: 2,5

Für die Füllung:

1 EL Butter oder Margarine
500 g Sauerkraut
1 Zwiebel
1 Lorbeerblatt
2 Gewürznelken
3 Wacholderbeeren
3 Pimentkörner
evtl. etwas Wasser

Für den Hefeteig:

200 g Weizenmehl (Type 550)
175 g Roggenmehl (Type 1150)
1 Pck. Dr. Oetker Trockenbackhefe
1 gestr. TL Zucker
250 ml lauwarmes Wasser
2 gestr. TL Salz
2 TL Kümmelsamen
3 EL Speiseöl

4 Wiener Würstchen (je etwa 20 cm lang)

Zubereitungszeit: 50 Minuten, ohne Abkühlzeit
Ruhe-/Gehzeit: etwa 60 Minuten
Backzeit: 45–50 Minuten

1. Für die Füllung Butter oder Margarine zerlassen, Sauerkraut evtl. mit einer Küchenschere etwas kleiner schneiden und in dem zerlassenen Fett andünsten. Die Zwiebel abziehen, mit dem Lorbeerblatt und den Gewürznelken spicken. Gespickte Zwiebel mit den Wacholderbeeren und Pimentkörnern zum Sauerkraut geben.

2. Das Sauerkraut etwa 15 Minuten dünsten, dabei evtl. etwas Wasser hinzufügen, damit es nicht anbrennt. Die Zwiebel herausnehmen. Das Sauerkraut erkalten lassen, anschließend die restlichen Gewürze entfernen.

3. Für den Hefeteig beide Mehlsorten in eine Rührschüssel geben und in die Mitte eine Vertiefung eindrücken. Trockenbackhefe hineinstreuen, Zucker und etwas von dem Wasser hinzufügen, mit einer Gabel verrühren und etwa 10 Minuten gehen lassen.

4. Restliche Zutaten für den Teig hinzugeben. Die Zutaten mit einem Mixer (Knethaken) zunächst kurz auf niedrigster, dann auf höchster Stufe in etwa 5 Minuten zu einem glatten Teig verarbeiten. Den Teig zugedeckt so lange an einem warmen Ort gehen lassen, bis er sich sichtbar vergrößert hat (etwa 30 Minuten).

5. Den gegangenen Teig auf der leicht bemehlten Arbeitsfläche nochmals kurz durchkneten. Anschließend zu einem Rechteck (etwa 35 x 25 cm) ausrollen. Die Hälfte des Sauerkrauts der Länge nach in die Mitte auf den Teig geben. 3 Würstchen der Länge nach darauflegen. Das letzte Würstchen in 3 gleich große Stückchen schneiden und jeweils hinter eines der 3 Würstchen legen. Restliches Sauerkraut darauf verteilen.

6. Zunächst eine der Teigseiten darüberklappen und mit Wasser bestreichen. Die andere Teigseite daraufklappen und gut andrücken. Die Teigenden der Rolle ebenfalls mit Wasser bestreichen und gut zusammendrücken.

7. Die Rolle mit der Naht nach unten auf ein Backblech (mit Backpapier belegt) legen und mehrmals mit einer Gabel einstechen. Die Sauerkrautrolle nochmals zugedeckt so lange an einem warmen Ort gehen lassen, bis sie sich sichtbar vergrößert hat (etwa 20 Minuten).

8. In der Zwischenzeit den Backofen vorheizen.
Ober-/Unterhitze: etwa 200 °C
Heißluft: etwa 180 °C

9. Die Sauerkrautrolle mit Wasser bestreichen. Das Backblech in den vorgeheizten Backofen schieben. Die Sauerkrautrolle **45–50 Minuten backen.**

10. Das Backblech auf einen Kuchenrost stellen. Sauerkrautrolle etwas abkühlen lassen und lauwarm servieren.

Sauerkrautsuppe mit Croûtons I

Mit Alkohol – gut vorzubereiten

8–10 Portionen

Pro Portion: E: 6 g, F: 28 g, Kh: 21 g, kJ: 1755, kcal: 419, BE: 1,5

Für die Croûtons:

8 Scheiben Weißbrot
80–100 g Butter

Für die Suppe:

3 mittelgroße Zwiebeln
3 EL Butter oder Margarine
750 g Sauerkraut
600 ml Weißwein
1 ½ l Gemüsebrühe
75 g Weizenmehl
375 g Schlagsahne
Salz, gem. Pfeffer
etwas Zucker

Zubereitungszeit: 60 Minuten
Garzeit: etwa 30 Minuten

1. Für die Croûtons Weißbrot entrinden und in kleine Würfel schneiden. Jeweils die Hälfte der Butter in einer Pfanne zerlassen. Die Weißbrotwürfel darin in 2 Portionen von allen Seiten goldbraun braten und herausnehmen.

2. Für die Suppe Zwiebeln abziehen, halbieren und in kleine Würfel schneiden. Butter oder Margarine in einem großen Topf zerlassen. Die Zwiebelwürfel darin andünsten. Sauerkraut auseinanderzupfen, hinzufügen und mitdünsten lassen.

3. Weißwein und Gemüsebrühe hinzugießen, zum Kochen bringen und etwa 25 Minuten kochen lassen.

4. Mehl mit Sahne anrühren, in die Suppe rühren und unter Rühren zum Kochen bringen. Die Suppe 4–5 Minuten bei schwacher Hitze kochen lassen, dabei ab und zu umrühren. Mit Salz, Pfeffer und Zucker abschmecken.

5. Die Suppe in vorgewärmte Suppentassen oder -teller füllen. Die Croûtons darauf verteilen und sofort servieren.

Tipps: Sie können die Suppe bereits am Vortag vorbereiten. Die Suppe dann aber erst kurz vor dem Servieren mit dem mit Sahne angerührten Mehl andicken. Auch die Croûtons können bereits fertig geröstet in einer gut schließenden Dose mindestens 1 Tag aufbewahrt werden.

Abwandlung: Die Suppe wird sättigender, wenn Sie geräucherte Mettwürstchen mitkochen. Die Würstchen dann vor dem Servieren in Scheiben schneiden. Sie können auch Brühwürstchen zu der Suppe reichen.

Schellfisch, pochiert | Für Gäste

4 Portionen

Pro Portion: E: 36 g, F: 16 g, Kh: 16 g, kJ: 1517, kcal: 362, BE: 1,0

700 g	*Schellfisch (vom Fischhändler geschuppt und filetiert)*
	Salz, gem. Pfeffer
4	*Schalotten*
4	*Möhren*
30 g	*Butter*
etwa 30 g	*Weizenmehl*
200 ml	*Gemüsebrühe*
200 ml	*Milch (3,5 % Fett)*
2 EL	*mittelscharfer Senf*
6 EL	*Schlagsahne*
1	*Lorbeerblatt*
50 ml	*Weißweinessig*
100 ml	*Wasser*
1 Kästchen	*Kresse*

Zubereitungszeit: 40 Minuten

1. Schellfischfilets kurz unter fließendem kalten Wasser abspülen und trocken tupfen. Die Filets jeweils waagerecht halbieren. Mit Salz und Pfeffer würzen.

2. Schalotten abziehen, 2 Schalotten in Würfel, die restlichen Schalotten in dünne Scheiben schneiden. Möhren putzen, schälen, abspülen, abtropfen lassen und in dünne Scheiben schneiden.

3. Butter in einem Topf zerlassen, Schalottenwürfel darin andünsten. Mehl hinzugeben und unter Rühren so lange erhitzen, bis es goldgelb ist. Gemüsebrühe und Milch hinzugießen, mit einem Schneebesen gut durchschlagen. Dabei darauf achten, dass keine Klümpchen entstehen. Mit Senf, Sahne und etwas Salz würzen. Die Sauce zum Kochen bringen und bei schwacher Hitze etwa 10 Minuten kochen lassen, dabei gelegentlich umrühren.

4. Schalotten- und Möhrenscheiben mit dem Lorbeerblatt in eine große Pfanne legen. Essig, Salz und Wasser hinzugeben und zum Kochen bringen. Filets mit der Hautseite nach oben auf das Gemüse legen und zugedeckt etwa 5 Minuten dünsten.

5. Kresse abspülen, trocken tupfen und vom Beet schneiden. Die gegarten Schellfischfilets vorsichtig mit einer Schaumkelle aus dem Sud nehmen. Das Gemüse mit dem Schellfisch auf einer vorgewärmten Platte anrichten und mit Kresse garnieren. Die Senfsauce dazureichen.

Schlemmertopf | Preiswert

4 Portionen

Pro Portion: E: 18 g, F: 43 g, Kh: 29 g, kJ: 2430, kcal: 583, BE: 2,5

600 g	*gegarte Pellkartoffeln*
4 EL	*Butterschmalz*
	Salz, gem. Pfeffer
1	*mittelgroße Zwiebel*
150 g	*Kochschinken*
1 EL	*Butter oder Margarine*
1 Stange	*Porree (Lauch)*
150 g	*Crème fraîche*
3	*Eier (Größe M)*
	Kümmelsamen

Zubereitungszeit: 40 Minuten
Garzeit: 20–25 Minuten

1. Kartoffeln pellen und in Scheiben schneiden. Butterschmalz in einer Pfanne zerlassen. Kartoffelscheiben darin unter mehrmaligem Wenden goldbraun braten. Mit Salz und Pfeffer würzen. Zwiebel abziehen, in kleine Würfel schneiden, kurz vor Ende der Bratzeit zu den Kartoffelscheiben geben und mitbraten lassen.

2. Den Backofen vorheizen.
Ober-/Unterhitze: etwa 200 °C
Heißluft: etwa 180 °C

3. Schinken in kleine Würfel schneiden. Butter oder Margarine in einer Pfanne zerlassen. Schinkenwürfel darin anbraten. Porree putzen, die Stange längs halbieren, gründlich waschen, abtropfen lassen, in kleine Stücke schneiden, zu den Schinkenwürfeln geben und kurz mit andünsten.

4. Die Bratkartoffeln in eine ofenfeste Form oder Auflaufform (gefettet) geben. Die Schinken-Porree-Masse gleichmäßig darauf verteilen. Mit Salz und Pfeffer würzen. Crème fraîche mit Eiern verschlagen, mit Salz, Pfeffer und Kümmel verrühren und auf dem Schlemmertopf verteilen. Die Form zugedeckt auf dem Rost in den vorgeheizten Backofen schieben. Den Schlemmertopf **20–25 Minuten garen.**

Schlesischer Bigos | Mit Alkohol

6 Portionen

Pro Portion: E: 42 g, F: 50 g, Kh: 30 g,
kJ: 3425, kcal: 819, BE: 2,5

1 kg Schweinebug (Schweineschulter)
Salz, gem. Pfeffer
100 g durchwachsener Speck, im Stück
3 Zwiebeln
3 Äpfel
2 EL Schweineschmalz
1 kg frisches Sauerkraut
Zucker
1 Gewürzbeutel (bestehend aus 1 TL Kümmelsamen, 6 Wacholderbeeren, 1 Lorbeerblatt)
500 ml trockener Riesling
1 kg festkochende Kartoffeln
200 g Knoblauchwurst

Zubereitungszeit: 45 Minuten
Garzeit: etwa 60 Minuten

1. Schweinebug mit Küchenpapier abtupfen und in etwa 30 g schwere Würfel schneiden. Fleischwürfel mit Salz und Pfeffer würzen. Speck in Streifen schneiden. Zwiebeln abziehen und in kleine Würfel schneiden. Äpfel schälen, vierteln und entkernen. Apfelviertel in Spalten schneiden.

2. Den Backofen vorheizen.
Ober-/Unterhitze: etwa 200 °C
Heißluft: etwa 180 °C

3. Schmalz in einem großen Topf oder Bräter erhitzen. Die Zwiebelwürfel und Speckstreifen darin andünsten. Fleischwürfel hinzugeben und kurz mitbraten lassen. Sauerkraut mit einer Gabel auseinanderzupfen und darauf verteilen. Apfelspalten daraufgeben und mit etwas Zucker bestreuen. Den Gewürzbeutel hineinlegen. Die Zutaten mit Wein übergießen und zum Kochen bringen. Den Topf oder Bräter zugedeckt auf dem Rost in den vorgeheizten Backofen schieben. Bigos **etwa 30 Minuten garen.**

4. In der Zwischenzeit Kartoffeln schälen, abspülen, abtropfen lassen und in dünne Scheiben schneiden oder hobeln. Knoblauchwurst in Scheiben schneiden.

5. Nach etwa 30 Minuten Garzeit zuerst die Kartoffelscheiben, dann die Wurstscheiben auf das Sauerkraut schichten. Evtl. etwas Wasser hinzugießen. Die Backofentemperatur um etwa 20 °C herunterschalten. Bigos zugedeckt **weitere etwa 30 Minuten garen.**

6. Bigos (Gewürzbeutel entfernen) in tiefen Tellern anrichten und servieren.

Beilage: Frisches Bauernbrot.

Tipp: Für die Zubereitung des Bigos eignet sich eine irdene Form (Auflaufform), in der auch gut serviert werden kann. Dann die angedünsteten Zutaten mit Sauerkraut, Apfelspalten, Kartoffelscheiben, Wurstscheiben und Gewürzbeutel in die Form schichten, mit Wein übergießen und wie beschrieben garen.

Schottische Graupensuppe !

Raffiniert

4 Portionen

Pro Portion: E: 12 g, F: 7 g, Kh: 17 g, kJ: 787, kcal: 188, BE: 1,5

160 g Lammkeulenfleisch
2 EL Speiseöl
60 g Möhrenwürfel
60 g Staudenselleriewürfel
60 g Wirsing, in Würfeln
80 g Graupen
800 ml Lammfond oder -brühe
Salz
gem. Pfeffer

Zum Bestreuen:

2 EL klein geschnittene Petersilie

Zubereitungszeit: 25 Minuten
Garzeit: etwa 50 Minuten

1. Lammkeulenfleisch mit Küchenpapier abtupfen und in kleine Würfel schneiden. Speiseöl in einem Topf erhitzen. Zuerst die Fleischwürfel darin von allen Seiten leicht andünsten, dann die Gemüsewürfeln hinzugeben und ebenfalls leicht andünsten.

2. Graupen in ein Sieb geben, mit kaltem Wasser abspülen, abtropfen lassen und hinzufügen.

3. Lammfond oder -brühe hinzugießen, zum Kochen bringen und zugedeckt etwa 50 Minuten bei schwacher Hitze kochen lassen. Mit Salz und Pfeffer abschmecken.

4. Die Graupensuppe in Tellern verteilen und mit Petersilie bestreut servieren.

Schwarzwurzelauflauf I

Vegetarisch

4 Portionen

Pro Portion: E: 23 g, F: 33 g, Kh: 39 g, kJ: 2491, kcal: 597, BE: 3,5

1375 ml Wasser
4 EL Weißweinessig
1 kg Schwarzwurzeln
1 gestr. TL Salz

40 g frischer Ingwer
1 Stange Porree (Lauch)
400 g Eierspätzle oder Gnocchi (aus dem Kühlregal)
3 Eier (Größe M)
100 ml Kochsud (von den Schwarzwurzeln)
150 g Crème fraîche
Salz
gem. Pfeffer
ger. Muskatnuss
125 g ger. Emmentaler
2 EL Sesamsamen

Zubereitungszeit: 50 Minuten
Garzeit: etwa 40 Minuten

1. Ein Liter von dem Wasser mit der Hälfte des Essigs verrühren. Die Schwarzwurzeln unter fließendem kalten Wasser gründlich abbürsten (am besten mit Gummihandschuhen, da die Schwarzwurzeln stark färben), dünn schälen, abspülen und abtropfen lassen.

2. Die Schwarzwurzeln einige Zeit in das Essigwasser legen, damit die Stangen weiß bleiben, abtropfen lassen und in Stücke schneiden.

3. Das restliche Wasser mit Salz und dem restlichen Essig zum Kochen bringen. Die Schwarzwurzeln hinzugeben, wieder zum Kochen bringen und in etwa 15 Minuten knapp gar kochen.

4. Die Schwarzwurzeln in einem Sieb abtropfen lassen, dabei den Kochsud auffangen, 100 ml abmessen und beiseitestellen.

5. Den Backofen vorheizen.
Ober-/Unterhitze: etwa 200 °C
Heißluft: etwa 180 °C

6. Ingwer schälen und in kleine Würfel schneiden. Porree putzen, die Stange längs halbieren, gründlich waschen, abtropfen lassen und in etwa 2 cm lange Stücke schneiden.

7. Schwarzwurzeln mit Spätzle oder Gnocchi, Porreestücken und Ingwerwürfeln vermischen und in eine Auflaufform (gefettet) geben.

8. Die Eier mit dem abgemessenen Kochsud und Crème fraîche verschlagen, mit Salz, Pfeffer und Muskat würzen. Die Eier-Crème-fraîche-Sauce auf dem Auflauf verteilen. Den Auflauf zuerst mit Käse und anschließend mit den Sesamsamen bestreuen.

9. Die Form auf dem Rost in den vorgeheizten Backofen (unteres Drittel) schieben. Den Schwarzwurzelauflauf **etwa 40 Minuten garen.**

Schwarzwurzeln in Sahnesauce

Für Gäste

4 Portionen

Pro Portion: E: 4 g, F: 17 g, Kh: 9 g, kJ: 841, kcal: 202, BE: 0,5

2 l	*Wasser*
3 EL	*Weißweinessig oder Zitronensaft*
1 kg	*Schwarzwurzeln*
1 gestr. TL	*Salz*

Für die Sahnesauce:

30 g	*Butter oder Margarine*
25 g	*Weizenmehl*
100 g	*Schlagsahne*
275 ml	*Kochwasser (von den Schwarzwurzeln)*
1	*Eigelb (Größe M)*
2 EL	*kaltes Wasser*
	Salz, gem. weißer Pfeffer
	ger. Muskatnuss
1–2 EL	*klein geschnittene Petersilie*

Zubereitungszeit: 30 Minuten
Garzeit: 10–15 Minuten

1. Die Hälfte des Wassers mit dem Essig oder Zitronensaft verrühren. Schwarzwurzeln unter fließendem kalten Wasser gründlich abbürsten (am besten mit Gummihandschuhen, da die Schwarzwurzeln stark färben). Schwarzwurzeln dünn schälen, abspülen, abtropfen lassen. Schwarzwurzeln etwa 15 Minuten in das Essigwasser legen, damit die Stangen weiß bleiben, dann abtropfen lassen und in etwa 3 cm lange Stücke schneiden.

2. Das restliche Wasser in einem Topf zum Kochen bringen. Schwarzwurzeln und Salz hineingeben, zugedeckt 10–15 Minuten bei schwacher Hitze garen. Die Schwarzwurzeln mit einer Schaumkelle herausnehmen, in eine vorgewärmte Schüssel geben und warm stellen. 275 ml von dem Kochwasser abmessen.

3. Für die Sahnesauce Fett in einem Topf zerlassen. Mehl darin unter Rühren so lange erhitzen, bis es hellgelb ist. Sahne und das abgemessene Kochwasser nach und nach hinzugießen. Mit einem Schneebesen gut durchschlagen, dabei darauf achten, dass keine Klümpchen entstehen. Sauce kurz aufkochen.

4. Das Eigelb und Wasser in einer kleinen Schüssel verschlagen, 4 Esslöffel von der Sauce unterrühren. Die Eigelbmasse unter Rühren in die restliche Sauce geben (die Sauce nicht mehr kochen lassen, da das Eigelb sonst gerinnt). Die Sauce mit Salz, Pfeffer und Muskat abschmecken. Petersilie unterrühren. Die Schwarzwurzeln mit der Sauce vermengen.

Schwarzwurzelsalat | Preiswert

4 Portionen

Pro Portion: E: 2 g, F: 12 g, Kh: 9 g, kJ: 774, kcal: 185, BE: 0,5

320 g abgetropfte Schwarzwurzeln (aus dem Glas)
50 g Feldsalat
100 g Möhren
2 Orangen
1–2 EL Obstessig
3–4 EL Orangensaft (von den Orangen)
2 EL Sonnenblumenöl
2–3 EL Nussöl
Salz, gem. Pfeffer
Cayennepfeffer

Zubereitungszeit: 35 Minuten, ohne Durchziehzeit

1. Schwarzwurzeln mit kaltem Wasser abspülen und in einem Sieb abtropfen lassen. Feldsalat verlesen und die Wurzelansätze abschneiden. Feldsalat gründlich waschen und trocken schleudern.

2. Die Möhren putzen, schälen, abspülen, abtropfen lassen und in sehr dünne, etwa 3 cm lange Streifen schneiden.

3. Orangen so schälen, dass die weiße Haut mit entfernt wird. Die Fruchtfilets zwischen den Trennhäuten herausschneiden, dabei den Saft auffangen.

4. Obstessig mit 3–4 Esslöffeln Orangensaft in einer Schüssel verrühren. Das Sonnenblumen- und Nussöl unterschlagen. Mit Salz, Pfeffer und Cayennepfeffer würzen. Schwarzwurzeln, Möhrenstreifen und Orangenfilets hinzugeben und untermischen. Den Schwarzwurzelsalat mindestens 30 Minuten durchziehen lassen.

5. Den Schwarzwurzelsalat mit Salz und Pfeffer abschmecken, mit dem Feldsalat auf Tellern anrichten und sofort servieren.

Schweinebraten mit Rotkohl

Klassisch

6 Portionen

Pro Portion: E: 58 g, F: 35 g, Kh: 28 g, kJ: 2829, kcal: 675, BE: 2,0

Für den Schweinebraten:

1,4 kg Schweinefleisch (aus der Unterschale)
Salz
gem. Pfeffer
4 Zwiebeln
150 g Knollensellerie
4 EL Speiseöl, z. B. Rapsöl oder Sonnenblumenöl
1 EL Tomatenmark
1 EL mittelscharfer Senf

Für den Rotkohl:

1 Kopf Rotkohl (etwa 1,4 kg)
50 g Schweineschmalz
120 g gewürfelter, roher Schinken
75 ml Rotweinessig
500 ml Fleischbrühe
8 Gewürznelken
3 Lorbeerblätter
1/4 TL gem. Zimt
1 gestr. EL Zucker
2 Äpfel
120 g Johannisbeergelee

250 ml Fleischbrühe
100 g Schlagsahne

Zubereitungszeit: 30 Minuten
Garzeit: etwa 5 Stunden

1. Den Backofen bei Ober-/Unterhitze auf 80 °C vorheizen. Für den Schweinebraten Schweinefleisch mit Küchenpapier abtupfen, mit Salz und Pfeffer würzen.

2. Zwiebeln abziehen und in kleine Würfel schneiden. Den Sellerie schälen, abspülen, abtropfen lassen und ebenfalls klein würfeln. Speiseöl in einem großen, flachen Bräter erhitzen. Das Schweinefleisch darin etwa 10 Minuten von allen Seiten gut anbraten.

3. Etwa die Hälfte der Zwiebelwürfel und die Selleriewürfel hinzugeben, kurz mit anbraten. Tomatenmark und Senf unterrühren.

4. Den Bräter auf dem Rost in den vorgeheizten Backofen (unteres Drittel) schieben. Den Schweinebraten **etwa 5 Stunden garen.**

5. Etwa 1 Stunde vor Ende der Garzeit für den Rotkohl vom Rotkohl die groben, äußeren Blätter entfernen. Den Kohl vierteln und den Strunk herausschneiden. Kohlviertel abspülen, abtropfen lassen und in feine Streifen schneiden.

6. Schweineschmalz in einem Topf zerlassen. Restliche Zwiebelwürfel und Schinkenwürfel darin anbraten. Essig und Brühe hinzugießen.

7. Rotkohlstreifen, Gewürznelken, Lorbeerblätter, Zimt, Zucker und Pfeffer hinzufügen.

8. Die Zutaten zum Kochen bringen und zugedeckt etwa 40 Minuten bei schwacher Hitze kochen lassen.

9. Äpfel schälen, vierteln, entkernen und in kleine Würfel schneiden. Apfelwürfel mit dem Johannisbeergelee unter den Rotkohl rühren, nochmals kurz aufkochen lassen. Den Rotkohl mit Salz und Pfeffer abschmecken.

10. Den gegarten Schweinebraten aus dem Backofen nehmen und warm stellen.

11. Die Brühe zum Bratensatz in den Bräter geben und unter Rühren zum Kochen bringen, Sahne unterrühren. Die Sauce pürieren, mit Salz und Pfeffer abschmecken.

12. Den Schweinebraten in Scheiben schneiden, mit dem Rotkohl und der Sauce servieren.

Tipps: Servieren Sie den Schweinebraten mit Semmelknödeln aus dem Kühlregal. Sie können stattdessen auch Kartoffelknödel, Böhmische Knödel, Salzkartoffeln oder Schupfnudeln dazureichen. Oder Sie bereiten die Laugenbrezelklöße von Seite 88 zu und servieren diese zum Schweinebraten.

Schweinehaxen in Biersauce mit Jägerkohl | Mit Alkohol

6 Portionen

Pro Portion: E: 105 g, F: 49 g, Kh: 14 g, kJ: 3984, kcal: 952, BE: 1,0

4 Schweinehinterhaxen (etwa 3,6 kg)
Salz, gem. Pfeffer
gem. Kümmel oder Kümmelsamen
4 EL Speiseöl, z. B. Rapsöl
125 ml Schwarzbier
1 EL Tomatenmark
1 EL Paprikapulver edelsüß
375 ml Schwarzbier
250 ml Fleischbrühe

Für den Jägerkohl:
4 Zwiebeln
1,2 kg Weißkohl
50 g Schweineschmalz
150 g gewürfelter roher Schinken
100–150 ml Gemüsebrühe

1 EL Speisestärke
1–2 EL kaltes Wasser

Zubereitungszeit: 30 Minuten
Garzeit: etwa 2 1/2 Stunden

1. Den Backofen vorheizen.
Ober-/Unterhitze: etwa 200 °C
Heißluft: etwa 180 °C

2. Von den Haxen die Schwarte und das Fett entfernen. Die Haxen mit Küchenpapier abtupfen, mit Salz, Pfeffer und Kümmel würzen.

3. Speiseöl in einem großen, flachen Bräter erhitzen. Die Haxen darin von allen Seiten bei mittlerer bis starker Hitze gut anbraten, dann mit Bier ablöschen.

4. Den Bräter auf dem Rost (unteres Drittel) in den vorgeheizten Backofen schieben. Die Haxen ohne Deckel **etwa 2 1/2 Stunden garen.**

5. Tomatenmark mit Paprika, Bier und Fleischbrühe verrühren, nach und nach zu den Haxen geben und ab und zu damit begießen. Die Haxen während der Garzeit ab und zu wenden.

6. Für den Jägerkohl etwa 50 Minuten vor Ende der Garzeit Zwiebeln abziehen und klein würfeln. Weißkohl putzen, vierteln und den Strunk herausschneiden. Kohlviertel abspülen, abtropfen lassen und in feine Streifen oder in kleine Quadrate schneiden.

7. Schmalz in einem großen Topf zerlassen. Die Zwiebel- und Schinkenwürfel darin andünsten. Weißkohlstreifen hinzugeben und unter Rühren mit andünsten. Gemüsebrühe hinzugießen, mit Salz, Pfeffer und Kümmel würzen. Den Jägerkohl zugedeckt bei mittlerer Hitze 20–30 Minuten dünsten. Dabei den Kohl gelegentlich umrühren.

8. Die gegarten Haxen aus dem Backofen nehmen und warm stellen.

9. Die Bratenfond zum Kochen bringen. Speisestärke mit Wasser anrühren, in den Fond rühren und unter Rühren kurz aufkochen lassen. Die Biersauce mit Salz und Pfeffer abschmecken.

10. Das Fleisch nach Belieben von den Knochen schneiden, in Scheiben schneiden, mit dem Jägerkohl und der Biersauce anrichten und servieren.

Beilage: Salzkartoffeln.

Schweinelendchen im Wirsingmantel

Mit Alkohol – für Gäste
4 Portionen

Pro Portion: E: 45 g, F: 51 g, Kh: 5 g, kJ: 2920, kcal: 699, BE: 0,5

600 g Schweinefilet (Lendchen)
4 EL Speiseöl
Salz
gem. Pfeffer
150 g Kalbfleisch
150 g Crème fraîche
6 große Wirsingblätter
2 Schalotten
150 g Champignons
100 g Butter
ger. Muskatnuss
4 cl Weinbrand

Für die Sauce:
250 ml brauner Kalbsfond
125 g Schlagsahne
6 cl Weißwein
evtl. 1–2 Stängel Salbei

Zubereitungszeit: 50 Minuten
Garzeit: etwa 30 Minuten

1. Schweinefilet mit Küchenpapier abtupfen, evtl. enthäuten und entsehnen.

2. Speiseöl in einer Pfanne erhitzen, das Schweinefilet darin kurz von allen Seiten anbraten, herausnehmen, mit Salz und Pfeffer würzen. Schweinefilet erkalten lassen.

3. In der Zwischenzeit das Kalbfleisch mit Küchenpapier abtupfen, durch die feinste Scheibe des Fleischwolfs drehen, mit Crème fraîche vermischen und in den Kühlschrank stellen.

4. Die Wirsingblätter abspülen, abtropfen lassen und in kochendem Salzwasser kurz blanchieren. Wirsingblätter mit einem Schaumlöffel herausnehmen, trocken tupfen und jeweils die Mittelrippen entfernen.

5. Schalotten abziehen und fein würfeln. Champignons putzen, evtl. kurz abspülen, trocken tupfen und in Würfel schneiden.

6. Von der Butter 1 Esslöffel abnehmen und in einer Pfanne zerlassen. Schalotten- und Champignonwürfel darin andünsten, herausnehmen und danach abkühlen lassen.

7. Den Backofen vorheizen.
Ober-/Unterhitze: etwa 200 °C
Heißluft: etwa 180 °C

8. Die Champignonmasse mit der kalt gestellten Kalbfleischfarce vermengen, mit Salz, Pfeffer, Muskat und Weinbrand würzen.

9. Die Wirsingblätter nebeneinanderlegen und mit der Farce bestreichen. Das Schweinefilet darauflegen und in den Wirsingblättern einwickeln.

10. Das Schweinefilet in eine Auflaufform (gefettet) legen. Die restliche Butter in Flöckchen darauf verteilen.

11. Die Form auf dem Rost in den vorgeheizten Backofen schieben. Das Filet **etwa 30 Minuten garen.**

12. In der Zwischenzeit für die Sauce Kalbsfond, Sahne und Weißwein in einem kleinen Topf zum Kochen bringen und sämig einkochen lassen.

13. Nach Belieben Salbei abspülen und trocken tupfen. Die Blättchen von den Stängeln zupfen. Blättchen klein schneiden. Die Sauce mit Salbei, Salz und Pfeffer abschmecken.

14. Das gegarte Schweinefilet in Scheiben schneiden, auf einer vorgewärmten Platte anrichten und servieren. Die Sauce dazureichen.

Beilage: Petersilienkartoffeln und gemischter Salat.

Tipp: Das Kalbfleisch evtl. beim Metzger durch einen Fleischwolf durchdrehen lassen.

Schweinerollbraten mit Backobst | Raffiniert – mit Alkohol

12 Portionen

Pro Portion: E: 43 g, F: 23 g, Kh: 48 g, kJ: 2545, kcal: 609, BE: 4,0

etwa 2,4 kg	*Schweineschulter*
	Salz
	gem. Pfeffer
1 gest. TL	*Pul Biber (geschrotete Pfefferschoten)*
300 g	*Backobst*
6 EL	*Speiseöl, z. B. Rapsöl*
3	*Zwiebeln*
700 ml	*trockener Rotwein*
700 ml	*Fleischbrühe*
500 g	*Backobst*
2 EL	*Speisestärke*
2 EL	*kaltes Wasser*
	gem. Piment (Nelkenpfeffer)

Zusätzlich:

Küchengarn

Zubereitungszeit: 30 Minuten
Garzeit: etwa 5 Stunden

1. Den Backofen bei Ober-/Unterhitze auf 80 °C vorheizen. Einen großen, feuerfesten Teller oder eine große Auflaufform mit flachem Rand auf dem Rost (mittlere Schiene) miterwärmen.

2. Von der Schweineschulter Fett und Sehnen entfernen. Schweineschulter mit Küchenpapier abtupfen und evtl. etwas flach klopfen. Mit Salz, Pfeffer und Pul Biber würzen.

3. Backobst in die Mitte des Fleischstückes legen. Das Fleisch von der breiten Seite aus aufrollen und mit Küchengarn fest zusammenbinden.

4. Das Speiseöl in einer großen Pfanne erhitzen. Den Rollbraten darin etwa 12 Minuten von allen Seiten gut anbraten. Den Rollbraten aus der Pfanne nehmen, auf dem vorgewärmten Teller oder in der Auflaufform in den heißen Backofen schieben. Den Rollbraten **etwa 5 Stunden garen.** Die Pfanne mit dem Bratensatz beiseitestellen.

5. Etwa 25 Minuten vor Ende der Garzeit Zwiebeln abziehen, halbieren und in kleine Würfel schneiden. Beiseitegestellte Pfanne mit dem Bratensatz erhitzen. Die Zwiebelwürfel darin anbraten. Mit Rotwein und Brühe ablöschen. Backobst in die Pfanne geben. Die Zutaten aufkochen lassen.

6. Speisestärke mit Wasser anrühren, in die Sauce rühren und unter Rühren kurz aufkochen lassen. Die Sauce mit Salz, Pfeffer, Pul Biber und Piment abschmecken.

7. Den gegarten Rollbraten aus dem Backofen nehmen, Küchengarn entfernen. Den Bratensaft in die Sauce rühren. Den gefüllten Rollbraten in Scheiben schneiden und mit der Sauce servieren.

Beilage: Böhmische Knödel.

Sechser Salat | Gut vorzubereiten

8 Portionen

Pro Portion: E: 13 g, F: 25 g, Kh: 27 g, kJ: 1645, kcal: 393, BE: 2,0

6 gegarte Pellkartoffeln (etwa 600 g)
6 kleine Äpfel (etwa 780 g)
6 hart gekochte Eier
6 abgetropfte Gewürzgurken (etwa 150 g)
6 Zwiebeln (etwa 300 g)
Salz
6 Scheiben Fleischwurst (etwa 300 g)

Für die Sauce:

150 g Salatmayonnaise (50 % Fett)
150 g Joghurt (3,5 % Fett)
1 gestr. EL mittelscharfer Senf
gem. Pfeffer
Zucker

Zubereitungszeit: 30 Minuten, ohne Durchziehzeit

1. Kartoffeln pellen und in Scheiben schneiden. Äpfel schälen, vierteln, entkernen und in Stücke schneiden. Eier pellen und in Scheiben schneiden. Gurken ebenfalls in Scheiben schneiden.

2. Die Zwiebeln abziehen, halbieren und in Streifen schneiden. Zwiebelstreifen in kochendem Salzwasser etwa 3 Minuten blanchieren, in ein Sieb geben, mit kaltem Wasser abschrecken und abtropfen lassen. Fleischwurst in Streifen schneiden.

3. Die vorbereiteten Salatzutaten in eine große Schüssel geben und vermischen.

4. Für die Sauce Mayonnaise mit Joghurt und Senf verrühren und mit Salz, Pfeffer und 1 Prise Zucker würzen.

5. Die Sauce auf den Salatzutaten verteilen und unterheben. Den Salat gut durchziehen lassen.

Sieben-Pfund-Topf I

Klassisch – für die Party

10–12 Portionen

Pro Portion: E: 38 g, F: 20 g, Kh: 13 g, kJ: 1609, kcal: 384, BE: 0,5

500 g Kasseler (Kotelettstück, ohne Knochen)
500 g Champignons
500 g Gemüsezwiebeln
500 g rote Paprikaschoten
500 g Rindergulasch
500 g Schweinegulasch
500 g Thüringer Mett (gewürztes Schweinemett)
250 ml Schaschliksauce (Fertigprodukt)
250 ml Zigeunersauce (Fertigprodukt)

Zubereitungszeit: 50 Minuten
Garzeit: etwa 90 Minuten

1. Kasseler mit Küchenpapier abtupfen und in etwa 1 ½ cm große Würfel schneiden.

2. Den Backofen vorheizen.
Ober-/Unterhitze: etwa 200 °C
Heißluft: etwa 180 °C

3. Champignons putzen, evtl. kurz abspülen, trocken tupfen und in Scheiben schneiden. Zwiebeln abziehen, halbieren und in Streifen schneiden. Paprikaschoten halbieren, entstielen, entkernen und die weißen Scheidewände entfernen. Die Schoten abspülen, abtropfen lassen und ebenfalls in Streifen schneiden.

4. Rinder- und Schweinegulasch mit dem Thüringer Mett vermischen. Schaschlik- und Zigeunersauce verrühren.

5. Die Gulasch-Mett-Mischung mit Kasselerwürfeln, Champignonscheiben, Zwiebel- und Paprikastreifen in einen großen Bräter schichten. Jeweils etwas von der Schaschlik-Zigeunersauce-Mischung auf die einzelnen Schichten geben.

6. Bräter mit dem Deckel verschließen und auf dem Rost in den vorgeheizten Backofen (untere Schiene) schieben. Den Sieben-Pfund-Topf **etwa 90 Minuten garen,** dabei die Zutaten nach jeweils etwa 20 Minuten umrühren.

Beilage: Salzkartoffeln.

Tipps: Statt Schaschliksauce kann auch eine Chilisauce verwendet werden. Den Pfundstopf mit etwa 100 g Schlagsahne verfeinern.

Spaghetti mit Pilzsauce

Schnell – für Gäste

4 Portionen

Pro Portion: E: 32 g, F: 34 g, Kh: 74 g, kJ: 3091, kcal: 741, BE: 6,0

Für die Pilzsauce:

750 g Champignons
75 g Schinkenspeck
1 Zwiebel
1 Knoblauchzehe
1–2 EL Olivenöl
Salz
gem. Pfeffer
150 g Crème fraîche
125 g Schlagsahne
80 g ger. Parmesan
2 EL Schnittlauchröllchen
2 EL klein geschnittene, glatte Petersilie
einige klein geschnittene Basilikumblättchen

4 l Wasser
4 gestr. TL Salz
400 g Spaghetti

Zum Garnieren:

Schnittlauchröllchen
klein geschnittene, glatte Petersilie
einige klein geschnittene Basilikumblättchen

Zubereitungszeit: 35 Minuten

1. Für die Sauce die Champignons putzen, evtl. kurz abspülen, trocken tupfen und in Scheiben schneiden. Schinkenspeck in Streifen schneiden. Zwiebel und Knoblauch abziehen, in kleine Würfel schneiden.

2. Olivenöl in einem Topf erhitzen. Die Speckstreifen, Zwiebel- und Knoblauchwürfel darin andünsten. Die Champignonscheiben hinzugeben und unter Rühren dünsten, bis die Flüssigkeit fast verdampft ist. Mit Salz und Pfeffer würzen.

3. Crème fraîche mit Sahne und Parmesan verrühren, zu den Champignonscheiben in den Topf geben und unter Rühren aufkochen lassen. Schnittlauchröllchen, Petersilie und Basilikum unterrühren. Die Sauce mit Salz und Pfeffer abschmecken und warm stellen.

4. Wasser in einem großen Topf zugedeckt zum Kochen bringen. Dann Salz und Spaghetti hinzugeben. Die Spaghetti im geöffneten Topf bei mittlerer Hitze nach Packungsanleitung bissfest kochen, dabei gelegentlich umrühren.

5. Anschließend die Spaghetti in ein Sieb geben, mit heißem Wasser abspülen und abtropfen lassen. Spaghetti mit der warm gestellten Pilzsauce vermengen, anrichten, mit Schnittlauchröllchen, Petersilie und Basilikum garniert sofort servieren.

Tipps: Statt Schinkenspeck können Sie auch 200 g Kochschinken in feinen Streifen zuletzt mit der Sauce und den Nudeln vermengen.

Spanische Bauernsuppe | Deftig

8–10 Portionen

Pro Portion: E: 31 g, F: 27 g, Kh: 16 g, kJ: 1845, kcal: 440, BE: 1,0

600 g	*Lammfleisch (aus der Keule, ohne Knochen)*
1	*Gemüsezwiebel*
3 EL	*Olivenöl*
	Salz
	gem. Pfeffer
	gerebelter Oregano
	gerebeltes Bohnenkraut
1 l	*Gemüsebrühe*
2 Stangen	*Porree (Lauch)*
etwa 400 g	*Wirsing*
500 g	*abgetropfte weiße Bohnen (aus Dosen)*
800 g	*geschälte Tomaten (aus der Dose)*
450 g	*Chorizo (spanische Knoblauchwurst)*
2 EL	*in Streifen geschnittene, glatte Petersilie*

Zubereitungszeit: 30 Minuten
Garzeit: etwa 55 Minuten

1. Lammfleisch mit Küchenpapier abtupfen und in Würfel oder Streifen schneiden. Gemüsezwiebel abziehen, vierteln und in Streifen schneiden.

2. Olivenöl in einem großen Topf erhitzen. Die Fleischwürfel oder -streifen darin von allen Seiten anbraten. Zwiebelstreifen hinzugeben und mitdünsten lassen. Mit Salz, Pfeffer, Oregano und Bohnenkraut würzen. Die Hälfte der Gemüsebrühe hinzugießen und zum Kochen bringen. Das Lammfleisch zugedeckt etwa 40 Minuten garen.

3. In der Zwischenzeit Porree putzen, die Stangen längs halbieren, gründlich waschen, abtropfen lassen und in Streifen schneiden. Von dem Wirsing die groben, äußeren Blätter entfernen. Den Wirsing vierteln und den Strunk herausschneiden. Wirsingviertel abspülen, abtropfen lassen und in Streifen schneiden.

4. Porree-, Wirsingstreifen, Bohnen und Tomaten mit der Flüssigkeit zu der Suppe in den Topf geben. Restliche Brühe hinzugießen und wieder zum Kochen bringen. Die Suppe weitere etwa 15 Minuten garen.

5. Knoblauchwurst in Scheiben schneiden, in die Suppe geben und kurz mit erhitzen. Die Suppe mit Petersilie bestreut servieren.

Steckrübenauflauf mit geräucherter Putenbrust

Einfach – würzig

4 Portionen

Pro Portion: E: 27 g, F: 30 g, Kh: 27 g, kJ: 2044, kcal: 488, BE: 2,0

600 g Steckrübe
600 g festkochende Kartoffeln
20 g Butter
Salz
gem. Pfeffer
1 TL gerebelter Majoran
200 g Schlagsahne
100 ml heiße Gemüsebrühe
150 g Porree (Lauch)
250 g geräucherter Putenbrust-Aufschnitt
70 g Frühstücksspeck, in Scheiben (Bacon)
50 g ger. Parmesan

Zubereitungszeit: 30 Minuten
Garzeit: 25–30 Minuten

1. Steckrübe putzen. Kartoffeln und Steckrübe schälen, abspülen, abtropfen lassen und in etwa ½ cm dicke Scheiben schneiden. Die Steckrübenscheiben in Stifte schneiden. Butter in einem weiten Topf zerlassen. Die Steckrübenstifte darin unter Rühren andünsten. Die Kartoffelscheiben hinzugeben, mit den Steckrübenstiften vermischen und alles noch weitere etwa 2 Minuten unter Rühren dünsten. Mit Salz, Pfeffer und Majoran würzen.

2. Sahne mit Brühe verrühren, zu der Kartoffel-Steckrüben-Mischung geben und unterrühren. Die Zutaten zum Kochen bringen und zugedeckt bei schwacher Hitze etwa 12 Minuten kochen lassen, dabei gelegentlich umrühren.

3. In der Zwischenzeit Porree putzen. Die Stange längs halbieren, gründlich waschen, abtropfen lassen und in dünne Streifen schneiden. Etwa 2 Minuten vor Ende der Garzeit die Porreestücke zur Kartoffel-Steckrüben-Masse geben und unterrühren.

4. Gleichzeitig den Backofen vorheizen.
Ober-/Unterhitze: etwa 200 °C
Heißluft: etwa 180 °C

5. Putenbrustscheiben in etwa 1 cm dicke Streifen schneiden. Die Kartoffel-Steckrüben-Masse abwechselnd mit den Putenbruststreifen in eine große, flache Auflaufform (gefettet) schichten. Speckscheiben in feine Streifen schneiden und darauf verteilen. Den Auflauf mit Parmesan bestreuen.

6. Die Form auf dem Rost in den vorgeheizten Backofen schieben. Den Auflauf **25–30 Minuten garen.**

Steckrüben-Kartoffel-Suppe

Einfach

4 Portionen

Pro Portion: E: 6 g, F: 12 g, Kh: 25 g, kJ: 974, kcal: 234, BE: 2,0

500 g	*festkochende Kartoffeln*
600 g	*Steckrübe*
1 l	*Gemüsebrühe*
1 kleines Bund	*Petersilie*
einige Stängel	*Majoran oder*
	1–2 TL gerebelter Majoran
	Salz
	gem. Pfeffer
150 g	*Crème fraîche*

Zubereitungszeit: 30 Minuten
Garzeit: etwa 20 Minuten

1. Kartoffeln schälen, abspülen, abtropfen lassen und in kleine Würfel schneiden. Steckrübe putzen, schälen, abspülen, abtropfen lassen, halbieren und ebenfalls klein würfeln.

2. Die Gemüsebrühe in einem Topf zum Kochen bringen. Die Kartoffel- und Steckrübenwürfel hinzugeben, wieder zum Kochen bringen und in etwa 20 Minuten gar kochen.

3. Petersilie und Majoran abspülen, trocken tupfen (vom Majoran einige kleine Stängel beiseitelegen). Die Blättchen jeweils von den Stängeln zupfen. Die Blättchen klein schneiden. Die Kräuter unter die Suppe rühren. Die Suppe mit Salz und Pfeffer abschmecken.

4. Die Suppe in tiefen Tellern anrichten und mit je einem Klecks Crème fraîche und den beiseitegelegten Majoranstängeln garniert servieren.

Beilage: Ofenwarmes Brot oder Brötchen mit Knoblauchbutter.

Steckrüben-Pastinaken-Topf

Macht richtig satt

4 Portionen

Pro Portion: E: 27 g, F: 35 g, Kh: 29 g, kJ: 2300, kcal: 551, BE: 2,5

500 g Schweinebauch (ohne Knochen und Schwarte)
500 g Steckrüben
250 g Pastinaken
500 g Kartoffeln
40 g Margarine
2 mittelgroße Zwiebeln
Salz, gem. weißer Pfeffer
375–500 ml heiße Fleischbrühe

Zum Bestreuen:

1 EL klein geschnittene, glatte Petersilie

Zubereitungszeit: 35 Minuten
Garzeit: etwa 50 Minuten

1. Den Backofen vorheizen.
Ober-/Unterhitze: etwa 200 °C
Heißluft: etwa 180 °C

2. Schweinebauch mit Küchenpapier abtupfen und in Würfel schneiden.

3. Die Steckrübe und Pastinaken putzen, schälen, abspülen, abtropfen lassen. Steckrübe in Stifte und Pastinaken in etwa 1 cm dicke Würfel schneiden. Kartoffeln schälen, abspülen, abtropfen lassen und ebenfalls in Stifte schneiden.

4. Margarine in einem Bräter zerlassen. Die Fleischwürfel darin von allen Seiten andünsten. Zwiebeln abziehen, klein würfeln, hinzufügen und kurz mitdünsten lassen. Fleischwürfel mit Salz und Pfeffer würzen. Einen Teil der heißen Brühe hinzugießen und zum Kochen bringen. Den Bräter zugedeckt auf dem Rost in den vorgeheizten Backofen schieben. Die Fleischwürfel **etwa 30 Minuten garen.**

5. Dann Steckrüben-, Kartoffelstifte und Pastinakenwürfel sowie restliche heiße Brühe hinzugeben, mit Salz und Pfeffer würzen. Den Bräter wieder zugedeckt auf dem Rost in den heißen Backofen schieben. Den Eintopf **bei gleicher Backofentemperatur in weiteren etwa 20 Minuten fertig garen.**

6. Den Eintopf mit Salz und Pfeffer abschmecken und mit Petersilie bestreut servieren.

Steckrübenschnitzel mit Feldsalat-Kartoffel-Püree

Macht richtig satt

4 Portionen

Pro Portion: E: 23 g, F: 52 g, Kh: 124 g, kJ: 4441, kcal: 1063, BE: 10,0

800 g Steckrübe
Salz
1,6 kg festkochende Kartoffeln
300 g Zwiebeln
40 g Butter
125 g Feldsalat
½ Bund Schnittlauch
300 g Crème fraîche
4 EL Sahnemeerrettich
100 g Weizenmehl
300 g Semmelbrösel
2 EL gem. Koriander
2 Eier (Größe M)
150 ml Speiseöl zum Braten, z. B. Maiskeimöl
gem. Pfeffer

Zubereitungszeit: 60 Minuten

1. Die Steckrübe putzen, schälen, abspülen, abtropfen lassen und in etwa 1 cm breite Scheiben schneiden. Steckrübenscheiben in kochendem Salzwasser etwa 13 Minuten weich kochen. Steckrübenscheiben mit einer Schaumkelle herausnehmen, in einem Sieb gut abtropfen und erkalten lassen.

2. Kartoffeln schälen, abspülen, abtropfen lassen und in grobe Stücke schneiden. Kartoffelstücke in etwas kochendem Salzwasser zugedeckt 15–20 Minuten garen.

3. In der Zwischenzeit Zwiebeln abziehen und in kleine Würfel schneiden. Butter in einer Pfanne zerlassen. Die Zwiebelwürfel darin unter Wenden goldbraun braten. Die Pfanne von der Kochstelle nehmen.

4. Den Backofen bei Ober-/Unterhitze auf etwa 80 °C vorheizen.

5. Den Feldsalat putzen und die Wurzelansätze abschneiden. Feldsalat in einzelne Blätter teilen. Salatblätter gründlich abspülen und gut abtropfen lassen. Schnittlauch abspülen, trocken tupfen und in feine Röllchen schneiden.

6. Zwei Drittel der Schnittlauchröllchen mit Crème fraîche, Salz und Meerrettich verrühren, in ein Schälchen geben und beiseitestellen.

7. Mehl in einen Teller geben. Semmelbrösel mit Koriander in einem tiefen Teller vermischen. Die Eier in einem zweiten, tiefen Teller verschlagen.

8. Die Steckrübenscheiben zuerst dünn in Mehl wenden, dann durch die verschlagenen Eier ziehen, am Tellerrand abstreifen und zuletzt in Semmelbröseln wenden, Panade leicht andrücken.

9. Jeweils die Hälfte des Speiseöls in zwei großen Pfannen erhitzen. Die Schnitzel darin von jeder Seite bei mittlerer bis starker Hitze goldbraun und knusprig braten.

10. Schnitzel herausnehmen, auf Küchenpapier abtropfen lassen und auf einem Backblech (mit Backpapier belegt) verteilen.

11. Das Backblech in den vorgeheizten Backofen schieben, die Schnitzel warm halten.

12. Die angebratenen Zwiebeln wieder in der Pfanne erhitzen. Die Feldsalatblätter hinzugeben und kurz zusammenfallen lassen.

13. Die Kartoffeln abgießen und wieder zurück in den Topf geben. Die Zwiebel-Feldsalat-Mischung hinzugeben und mit einem Kartoffelstampfer grob zerstampfen. Mit Salz und Pfeffer würzen.

14. Das Feldsalat-Kartoffel-Püree auf vorgewärmten Tellern anrichten. Die Steckrübenschnitzel gestapelt darauflegen.

15. Beiseitegestellte Meerrettich-Crème-fraîche mit den restlichen Schnittlauchröllchen bestreuen und dazu servieren.

Steckrübensuppe mit Salami und Petersilie

Zubereitung im Topf mit Dämpfeinsatz (Ø etwa 24 cm)

Gut vorzubereiten

4 Portionen

Pro Portion: E: 9 g, F: 32 g, Kh: 12 g, kJ: 1590, kcal: 382, BE: 1,0

400 g Steckrübe
200 g Möhren
1 Zwiebel
3 Schalotten
100 g Salami, im Stück
1 EL Butter
1 l Gemüsebrühe
150 g Crème fraîche
Salz
gem. Pfeffer
2 EL Butter
1 Topf glatte Petersilie

Zubereitungszeit: 40 Minuten
Dämpfzeit: etwa 15 Minuten

1. Steckrübe und Möhren putzen, schälen, abspülen, abtropfen lassen und in Würfel schneiden. Den Topf etwa 3 cm hoch mit Wasser füllen und zum Kochen bringen. Das Gemüse in den Dämpfeinsatz legen. Den Einsatz in den Topf hängen und mit einem Deckel zudecken. Gemüse etwa 15 Minuten dämpfen.

2. In der Zwischenzeit Zwiebel und Schalotten abziehen, halbieren und in Scheiben schneiden. Salami in etwa 1 cm große Würfel schneiden.

3. Butter in einem Topf zerlassen. Zwiebelscheiben darin andünsten. Gemüsebrühe hinzugießen und zum Kochen bringen. Gedämpftes Gemüse hinzufügen. Die Suppe pürieren, Crème fraîche unterrühren. Die Suppe mit Salz und Pfeffer abschmecken.

4. Butter in einer Pfanne zerlassen. Salamiwürfel und Schalottenscheiben darin anbraten. Petersilie abspülen und trocken tupfen. Die Blättchen von den Stängeln zupfen. Blättchen in feine Streifen schneiden. Die Suppe in Suppenschalen anrichten. Mit Salamiwürfeln, Schalottenscheiben und Petersilie bestreut servieren.

Beilage: Zwiebelbaguette.

Steinpilz-Crespelle | Raffiniert

4 Portionen

Pro Portion: E: 24 g, F: 30 g, Kh: 32 g, kJ: 2112, kcal: 504, BE: 2,5

15–20 g getrocknete Steinpilze
125 ml lauwarmes Wasser
150 g Weizenmehl
200 ml Milch (3,5 % Fett)
100 ml Pilz-Einweichwasser
½ gestr. TL Salz
3 Eier (Größe M)
300 g TK-Blattspinat
Salz
gem. Pfeffer
ger. Muskatnuss
150 g Cocktailtomaten
125 g Ricotta (ital. Frischkäse)
50 ml Mineralwasser mit Kohlensäure
4–5 TL Speiseöl
150 g Gorgonzola

Zubereitungszeit: 45 Minuten, ohne Einweich- und Quellzeit
Backzeit: etwa 15 Minuten

1. Steinpilze in lauwarmem Wasser nach Packungsanleitung einweichen. Anschließend die Pilze in einem Sieb abtropfen lassen, dabei 100 ml Einweichwasser auffangen. Ein Drittel der Pilze fein hacken.

2. Das Mehl mit Milch, Pilz-Einweichwasser, Salz und Eiern in einer Rührschüssel mit einem Mixer (Rührstäbe) gut verrühren. Dann den Teig zugedeckt etwa 30 Minuten quellen lassen.

3. In der Zwischenzeit TK-Spinat nach Packungsanleitung auftauen lassen. Spinat tropfnass in einen Topf geben und zugedeckt bei mittlerer Hitze zusammenfallen lassen. Spinat dabei gelegentlich umrühren, mit Salz, Pfeffer und Muskat würzen. Spinat in einem Sieb gut abtropfen lassen.

4. Tomaten abspülen, abtrocknen und die Stängelansätze herausschneiden. Die Tomaten vierteln. Spinat ausdrücken, grob hacken und mit Ricotta verrühren. Tomatenviertel und die ungehackten Pilze untermischen, mit Salz und Pfeffer würzen.

5. Den Backofen vorheizen.
Ober-/Unterhitze: etwa 200 °C
Heißluft: etwa 180 °C

6. Mineralwasser und gehackte Pilze unter den Crespelle-Teig rühren. Aus dem Teig 8–10 Crespelle backen. Dafür jeweils etwa ½ Teelöffel Speiseöl in einer mittelgroßen Pfanne erhitzen. Eine dünne Teiglage mit einer drehenden Bewegung gleichmäßig auf dem Boden der Pfanne verteilen. Crespelle von beiden Seiten bei mittlerer Hitze goldbraun backen. Bevor der Pfannkuchen gewendet wird, wieder etwas Speiseöl in die Pfanne geben.

7. Die Spinat-Ricotta-Masse auf den Crespelle verteilen. Die Crespelle aufrollen und nebeneinander in eine Auflaufform (gefettet) legen. Gorgonzola zerbröseln und daraufstreuen.

8. Die Form auf dem Rost in den vorgeheizten Backofen schieben. Crespelle **etwa 15 Minuten backen.**

Straußenfilet in Wacholdersahne mit Schwarzwurzelgemüse I

Für Gäste

10–12 Portionen

Pro Portion: E: 53 g, F: 21 g, Kh: 6 g, kJ: 1834, kcal: 438, BE: 0,5

2 ½ kg Straußenfilet
250 g Zwiebeln
2 TL Wacholderbeeren
2 TL Pimentkörner
5 EL Speiseöl, z. B. Rapsöl
Salz
gem. Pfeffer
1 EL Tomatenmark
1 Lorbeerblatt
500 ml Hühnerbrühe

Für das Schwarzwurzelgemüse:
2 ½ kg Schwarzwurzeln
Essigwasser (4 EL Weißweinessig auf 1 l Wasser)
250 g Schlagsahne
Saft von
1 Limette
2 EL Dijonsenf
etwas ger. Muskatnuss
1 Bund Petersilie

200 g Schlagsahne
1 EL Weizenmehl

Zubereitungszeit: 60 Minuten
Garzeit: etwa 3 Stunden

1. Den Backofen bei Ober-/Unterhitze auf 95 °C vorheizen. Straußenfilet mit Küchenpapier abtupfen. Zwiebeln abziehen und in kleine Würfel schneiden. Wacholderbeeren und Piment in einem Mörser fein zerstoßen oder zerdrücken.

2. Das Speiseöl in einem Bräter erhitzen. Das Straußenfilet mit Salz und Pfeffer würzen und in dem erhitzten Speiseöl etwa 10 Minuten von allen Seiten anbraten. Etwa zwei Drittel der Zwiebelwürfel mitbraten lassen, Tomatenmark unterrühren. Piment, Wacholderbeeren und Lorbeerblatt hinzufügen. Hühnerbrühe hinzugießen und aufkochen lassen.

3. Den Bräter auf dem Rost in den vorgeheizten Backofen (unteres Drittel) schieben. Das Straußenfilet **etwa 3 Stunden garen,** dabei 2–3-mal wenden.

4. Etwa 45 Minuten vor Ende der Garzeit das Schwarzwurzelgemüse zubereiten. Dafür die Schwarzwurzeln unter fließendem Wasser gründlich abbürsten, abtropfen lassen, schälen, nochmals abspülen und abtropfen lassen.

5. Schwarzwurzeln kurz in Essigwasser legen, damit die Stangen weiß bleiben. Dann die Stangen abtropfen lassen und in etwa 3 cm lange Stücke schneiden.

6. Sahne mit den restlichen Zwiebelwürfeln, Limettensaft und Senf unter gelegentlichem Rühren zum Kochen bringen. Die Schwarzwurzelstücke hinzufügen und zugedeckt 12–15 Minuten bei schwacher Hitze dünsten.

7. Schwarzwurzelgemüse mit Muskat abschmecken. Petersilie abspülen und trocken tupfen. Blättchen von den Stängeln zupfen. Blättchen klein schneiden und unter das Schwarzwurzelgemüse rühren.

8. Das gegarte Straußenfilet aus dem Bräter nehmen und warm stellen.

9. Die Sauce durch ein Sieb in einen Topf gießen. Die Sahne in die Sauce rühren und kurz aufkochen lassen. Mehl mit etwas kaltem Wasser anrühren, in die Sauce rühren und unter Rühren aufkochen lassen. Sauce etwa 5 Minuten bei schwacher Hitze kochen lassen, dann mit Salz und Pfeffer abschmecken.

10. Das Straußenfilet in Scheiben schneiden, auf einer vorgewärmten Platte anrichten, mit der Sauce und dem Schwarzwurzelgemüse servieren.

Beilage: Kräuterspätzle.

Tipp: Das Straußenfilet mit rosa Pfefferbeeren, Wacholderbeeren und Lorbeerblättern garniert servieren.

Süddeutscher Kartoffelsalat I

Klassisch – gut vorzubereiten

6 Portionen

Pro Portion: E: 3 g, F: 17 g, Kh: 24 g, kJ: 1110, kcal: 265, BE: 2,0

1 kg festkochende Kartoffeln
1 Lorbeerblatt
2 Zwiebeln
etwa 100 ml Rapsöl
4–5 EL Kräuteressig
125 ml heiße Gemüsebrühe
Salz, gem. Pfeffer
2 EL Schnittlauchröllchen

Zubereitungszeit: 50 Minuten, ohne Durchziehzeit

1. Die Kartoffeln gründlich waschen, mit dem Lorbeerblatt in einem Topf knapp mit Wasser bedeckt, zugedeckt zum Kochen bringen, bei schwacher Hitze in 20–25 Minuten gar, aber nicht zu weich kochen.

2. Zwiebeln abziehen, klein würfeln. 1 Esslöffel Rapsöl in einem Topf erhitzen, Zwiebelwürfel darin anbraten. Mit Essig und Brühe ablöschen, etwa 3 Minuten ziehen lassen. Die Sauce mit Salz und Pfeffer würzen.

3. Die gegarten Kartoffeln abgießen, abtropfen lassen, heiß pellen, in Scheiben schneiden und in eine hitzebeständige Schüssel geben. Die Zwiebelsauce vorsichtig unter die warmen Kartoffelscheiben mischen. Nach und nach das restliche Rapsöl hinzugeben. Anschließend den Kartoffelsalat einige Stunden durchziehen lassen.

4. Etwa 30 Minuten vor dem Servieren den Backofen vorheizen.
Ober-/Unterhitze: etwa 150 °C
Heißluft: etwa 130 °C

5. Den Salat mit Salz, Pfeffer und Essig nochmals abschmecken. Die Schüssel mit dem Salat auf dem Rost in den vorgeheizten Backofen schieben. Den Salat 15–20 Minuten wärmen, dabei gelegentlich durchschwenken.

6. Schnittlauchröllchen unterrühren. Den Salat warm servieren.

Rezeptvariante: Süddeutscher Kartoffelsalat mit Kürbiskernen. Zusätzlich 70 g Kürbiskerne in einer Pfanne ohne Fett rösten, herausnehmen und unter den warmen Kartoffelsalat mischen. Salat mit Kürbiskernöl beträufeln.

Südtiroler Zwiebelsuppe mit Bauernspeck I

Mit Alkohol

6 Portionen

Pro Portion: E: 10 g, F: 19 g, Kh: 5 g, kJ: 1095, kcal: 261, BE: 0,0

600 g Zwiebeln
120 g Südtiroler Bauernspeck, im Stück
4 EL Olivenöl
1 TL Fenchelsamen
250 ml trockener Weißwein
1 1/2 l Fleischbrühe
1 Bund Schnittlauch
Salz
gem. Pfeffer
100 g frischer Bergkäse, im Stück

Zubereitungszeit: 60 Minuten
Garzeit: etwa 30 Minuten

1. Zwiebeln abziehen, zuerst in Scheiben schneiden, dann in Ringe teilen. Speck in kleine Würfel schneiden. Olivenöl in einem Topf erhitzen. Zwiebelringe und Speckwürfel darin andünsten. Fenchelsamen hinzufügen, mit Wein ablöschen.

2. Brühe hinzugießen und zum Kochen bringen. Die Suppe zugedeckt etwa 30 Minuten garen, bis die Zwiebeln ganz weich sind.

3. Schnittlauch abspülen, trocken tupfen und in feine Röllchen schneiden.

4. Die Zwiebelsuppe mit Salz und Pfeffer abschmecken, in tiefen Tellern anrichten, mit Schnittlauchröllchen und geraspeltem Bergkäse bestreuen.

Süßkartoffel-Kürbis-Topf

Vegetarisch – scharf pikant

6–8 Portionen

Pro Portion: E: 12 g, F: 7 g, Kh: 32 g, kJ: 1072, kcal: 256, BE: 2,5

1 kleiner Hokkaido-Kürbis (etwa 1 kg)
4 Süßkartoffeln (etwa 800 g)
250 g kleine, rote Schalotten
2 Knoblauchzehen
2 grüne Chilischoten
2 EL Sesamöl
2 EL rote Currypaste (erhältlich im Asialaden)
4 l Gemüsebrühe
4 Limettenblätter (erhältlich im Asialaden)
Salz
250 g Tofu
4 EL süße Sojasauce
1 Bund Thai-Basilikum
1 Bund Koriander

Zubereitungszeit: 45 Minuten
Garzeit: etwa 20 Minuten

1. Kürbis schälen, halbieren und die Kerne mit einem Löffel herauskratzen. Kürbisfleisch in grobe Würfel schneiden. Süßkartoffeln schälen, abspülen, abtropfen lassen und ebenfalls grob würfeln. Schalotten und Knoblauch abziehen. Schalotten halbieren und Knoblauch durch eine Knoblauchpresse drücken. Die Chilischoten entstielen, abspülen, trocken tupfen und in feine Ringe schneiden.

2. Sesamöl in einem großen Topf erhitzen. Knoblauch und Chiliringe darin andünsten. Kürbis-, Kartoffelwürfel und Schalottenhälften portionsweise hinzugeben und mitdünsten lassen. Die Currypaste unterrühren. Gemüsebrühe hinzugießen. Limettenblätter abspülen, trocken tupfen, mit 1 Teelöffel Salz hinzufügen. Den Eintopf zum Kochen bringen und etwa 20 Minuten bei schwacher Hitze garen.

3. In der Zwischenzeit Tofu in Würfel schneiden und in eine Schüssel geben. Mit Sojasauce beträufeln und etwa 10 Minuten marinieren. Tofuwürfel in den Eintopf geben und mit erhitzen.

4. Basilikum und Koriander abspülen und trocken tupfen. Die Blättchen von den Stängeln zupfen. Basilikumblättchen klein schneiden. Kürbistopf vor dem Servieren mit Basilikum- und Korianderblättchen bestreuen.

Süßkartoffelsuppe mit Backobst und Bacon

Raffiniert

4 Portionen

Pro Portion: E: 5 g, F: 11 g, Kh: 29 g, kJ: 1017, kcal: 243, BE: 2,0

100 g	*Zwiebeln*
20 g	*frischer Ingwer*
300 g	*Süßkartoffeln*
8	*Pimentkörner*
5	*Wacholderbeeren*
30 g	*Butter*
150 ml	*Möhrensaft*
100 ml	*Orangensaft*
500 ml	*Geflügelbrühe*
	Salz
je 1 TL	*fein abgeriebene Bio-Orangen- und -Zitronenschale (unbehandelt, ungewachst)*
40 g	*frischer Meerrettich*
½ Bund	*Schnittlauch*
50 g	*gemischtes Backobst*
1 EL	*Speiseöl*
4 Scheiben	*Frühstücksspeck (Bacon)*

Zubereitungszeit: 35 Minuten
Garzeit: etwa 20 Minuten

1. Zwiebeln abziehen, klein würfeln. Ingwer abspülen, trocken tupfen und mit der Schale klein würfeln.

2. Süßkartoffeln dick schälen, abspülen, abtropfen lassen und in grobe Würfel schneiden. Pimentkörner und Wacholderbeeren grob zerstoßen. Butter in einem Topf zerlassen. Die vorbereiteten Zutaten darin kräftig unter Rühren andünsten. Möhren-, Orangensaft und Brühe hinzugießen, mit Salz würzen. Die Zutaten zum Kochen bringen und etwa 20 Minuten ohne Deckel kochen lassen.

3. Die Suppe fein pürieren und anschließend durch ein feines Sieb in einen Topf gießen. Die Rückstände im Sieb gut ausdrücken. Orangen- und Zitronenschale unterrühren. Evtl. mit Salz abschmecken.

4. Meerrettich putzen, schälen, abspülen und abtropfen lassen. Schnittlauch abspülen, trocken tupfen und in feine Röllchen schneiden. Backobst klein würfeln.

5. Speiseöl in einer Pfanne erhitzen. Die Baconscheiben darin von beiden Seiten knusprig ausbraten, herausnehmen und auf Küchenpapier abtropfen lassen.

6. Die Suppe nochmals erhitzen. Backobstwürfel hineingeben. Die Suppe anrichten. Meerrettich darüberschaben und mit Schnittlauchröllchen bestreuen. Die Baconscheiben dazureichen.

Tafelspitz mit Meerrettichsauce

Klassisch – für Gäste

4 Portionen

Pro Portion: E: 57 g, F: 20 g, Kh: 11 g, kJ: 1911, kcal: 458, BE: 1,0

1–1 ½ l Wasser
1 kg Rindfleisch (Tafelspitz)
1–1 ½ gestr. TL Salz
1 Lorbeerblatt
1 EL Pfefferkörner
2 große Zwiebeln
150 g Möhren
150 g Staudensellerie
200 g Porree (Lauch)

Für die Meerrettichsauce:

30 g Butter oder Margarine
25 g Weizenmehl
400 ml Tafelspitzbrühe
100 g Schlagsahne
20 g frisch ger. Meerrettich
Salz
etwas Zucker
etwa 1 TL Zitronensaft

Zum Bestreuen:

evtl. 1 EL klein geschnittene Petersilie

Zubereitungszeit: 20 Minuten
Garzeit: etwa 2 Stunden und 20 Minuten

1. Wasser in einem großen Topf zum Kochen bringen. Rindfleisch mit Küchenpapier abtupfen, mit Salz, Lorbeerblatt und Pfefferkörnern in das kochende Wasser geben. Rindfleisch zugedeckt etwa 2 Stunden bei schwacher bis mittlerer Hitze gar ziehen lassen.

2. In der Zwischenzeit Zwiebeln abziehen und würfeln. Möhren putzen, schälen, abspülen, abtropfen lassen. Sellerie putzen, abspülen, abtropfen lassen. Möhren und Sellerie in Scheiben schneiden. Porree putzen, die Stange längs halbieren, gründlich waschen, abtropfen lassen und in etwa 2 cm lange Stücke schneiden.

3. Das vorbereitete Gemüse nach Ende der Garzeit zum Fleisch geben und zugedeckt noch etwa 20 Minuten mitgaren.

4. Das gegarte Fleisch mit einer Schaumkelle aus der Brühe nehmen und vor dem Anschneiden zugedeckt etwa 10 Minuten ruhen lassen.

5. Die Brühe mit dem Gemüse in ein Sieb geben, dabei die Brühe auffangen und 400 ml für die Sauce abmessen. Das gegarte Gemüse zugedeckt warm stellen.

6. Während das Fleisch ruht, für die Meerrettichsauce Butter oder Margarine in einem kleinen Topf zerlassen. Mehl darin unter Rühren so lange erhitzen, bis es hellgelb ist.

7. Die abgemessene Tafelspitzbrühe und Sahne hinzugießen. Sauce mit einem Schneebesen gut durchschlagen, dabei darauf achten, dass keine Klümpchen entstehen. Die Sauce kurz aufkochen.

8. Meerrettich unterrühren. Die Sauce mit Salz, Zucker und Zitronensaft abschmecken.

9. Das Fleisch in Scheiben schneiden, auf einer vorgewärmten Platte anrichten, mit etwas heißer Brühe übergießen. Tafelspitz mit Gemüse und Sauce servieren, nach Belieben mit Petersilie bestreuen.

Beilage: Röstkartoffeln, grüner Salat oder Möhren.

Rezeptvarianten: **Kalte Meerrettichsauce** (im Bild oben in der Mitte). 150 g Crème fraîche mit 2 Esslöffeln Meerrettich aus dem Glas verrühren, mit etwas Zitronensaft, Salz, Pfeffer und Zucker abschmecken.
Schnittlauchsauce (im Bild oben rechts und links). 1 abgezogene Schalotte und 1 vorbereitete Möhre (etwa 100 g) in kleine Würfel schneiden. Möhre in kochendem Salzwasser etwa 1 Minute blanchieren, danach in Eiswasser abschrecken. 150 g Crème fraîche mit 4 Esslöffeln Olivenöl und 1 Esslöffel Weißweinessig verrühren. 1 Bund Schnittlauch abspülen, trocken tupfen und in Röllchen schneiden. Schnittlauch und Gemüse unter die Sauce rühren. Sauce mit Salz und Pfeffer abschmecken und zum Tafelspitz reichen.

Tandoori-Pastinaken-Gratin mit Schinken I

Asiatisch inspiriert

2 Portionen

Pro Portion: E: 28 g, F: 12 g, Kh: 35 g, kJ: 1559, kcal: 371, BE: 3,0

750 g	*Pastinaken (vorbereitet gewogen etwa 550 g)*
2 TL	*Sonnenblumenöl*
2 EL	*TK-Zwiebelwürfel*
3–4 TL	*Tandoori-Paste (indische Gewürzpaste, aus dem Glas)*
300 ml	*heiße Gemüsebrühe*
	Salz, gem. Pfeffer
60 g	*magerer Kochschinken (ohne Fettrand)*
100 g	*Gratin-Käse (etwa 12 % Fett)*

Zubereitungszeit: 20 Minuten
Überbackzeit: 8–10 Minuten

1. Pastinaken putzen, schälen, abspülen, abtropfen lassen und in etwa ½ cm dicke Scheiben schneiden. Sonnenblumenöl in einem Topf erhitzen. Die gefrorenen Zwiebelwürfel hinzugeben und unter Rühren andünsten. Pastinakenscheiben hinzugeben und kurz mitdünsten lassen.

2. Tandoori-Paste und heiße Gemüsebrühe unterrühren, zum Kochen bringen. Mit Salz und Pfeffer würzen. Die Pastinakenscheiben zugedeckt etwa 7 Minuten bei schwacher Hitze dünsten.

3. In der Zwischenzeit den Backofen vorheizen.
Ober-/Unterhitze: etwa 220 °C
Heißluft: etwa 200 °C

4. Schinken in Streifen schneiden und unter die Pastinakenscheiben mischen. Die Pastinaken-Schinken-Mischung mit dem Tandoori-Fond in 2 kleine Gratinformen füllen und mit dem Käse bestreuen. Die Formen auf dem Rost in den vorgeheizten Backofen schieben. Tandoori-Pastinaken-Gratin **8–10 Minuten überbacken.**

Beilage: Fladenbrot.

Tipps: Die indische Würzpaste ist recht scharf und intensiv im Geschmack, deshalb zunächst vorsichtig dosieren und evtl. nachwürzen. Statt der fertigen Würzpaste können Sie zum Würzen der Kochflüssigkeit auch Currypulver verwenden.

Terlaner Graupentopf mit Südtiroler Bauernspeck I

Mit Alkohol

4 Portionen

Pro Portion: E: 13 g, F: 15 g, Kh: 44 g, kJ: 1652, kcal: 394, BE: 3,5

2 Zwiebeln
1 Knoblauchzehe
2 Möhren
4 Stangen Staudensellerie
100 g Wirsingblätter
100 g Südtiroler Bauernspeck, im Stück
2–3 EL Olivenöl
200 g Perlgraupen
100 ml Terlaner Riesling
2 l Fleischbrühe
Salz, gem. Pfeffer
2 Lorbeerblätter
1 Bund Petersilie

Zubereitungszeit: 30 Minuten
Garzeit: etwa 50 Minuten

1. Zwiebeln und Knoblauch abziehen. Die Zwiebeln zuerst in Scheiben schneiden, dann in Ringe teilen. Knoblauch durch eine Knoblauchpresse drücken. Die Möhren putzen, schälen, abspülen, abtropfen lassen und in Scheiben schneiden. Sellerie putzen, abspülen, abtropfen lassen und in Würfel schneiden. Wirsingblätter abspülen, trocken tupfen und in etwa 2 cm große Quadrate schneiden.

2. Von dem Speck Schwarte und Knorpel abschneiden. Den Speck in feine Scheiben schneiden.

3. Das Olivenöl in einem Topf erhitzen. Zwiebelringe und den Knoblauch darin andünsten. Möhrenscheiben, Selleriewürfel, Kohlstücke und Speckscheiben portionsweise hinzugeben und mit andünsten.

4. Perlgraupen in ein Sieb geben, mit kaltem Wasser abspülen, abtropfen lassen und zu den angedünsteten Gemüsezutaten und Speckscheiben in den Topf geben. Mit Wein ablöschen. Fleischbrühe hinzugießen. Mit Salz und Pfeffer würzen. Lorbeerblätter hinzufügen. Die Zutaten zum Kochen bringen und zugedeckt etwa 50 Minuten bei mittlerer Hitze kochen lassen.

5. Petersilie abspülen und trocken tupfen. Die Blättchen von den Stängeln zupfen. Blättchen grob zerkleinern. Den Graupentopf mit Salz und Pfeffer abschmecken. Lorbeerblätter entfernen.

6. Den Graupentopf mit Petersilie bestreut servieren.

Tiroler Krautnudeln | Preiswert

4 Portionen

Pro Portion: E: 21 g, F: 44 g, Kh: 54 g,
kJ: 2970, kcal: 710, BE: 4,5

1 kg	*Weißkohl*
2	*große Zwiebeln*
75 g	*Schweine- oder Butterschmalz*
	Salz, gem. Pfeffer
2 ½ l	*Wasser*
2 ½ gestr. TL	*Salz*
250 g	*Bandnudeln*
250–300 g	*Mettwurst*
einige	*glatte Petersilienblättchen*

Zubereitungszeit: 55 Minuten
Garzeit: etwa 25 Minuten

1. Von dem Weißkohl die äußeren Blätter entfernen. Den Kohl vierteln und den Strunk herausschneiden. Kohlviertel in feine Streifen schneiden, abspülen und gut abtropfen lassen.

2. Zwiebeln abziehen und in kleine Würfel schneiden. Schmalz in einem Topf zerlassen, Zwiebelwürfel darin andünsten. Die Kohlstreifen hinzufügen, mit Salz und Pfeffer würzen. Die Zutaten unter ständigem Rühren etwa 25 Minuten leicht bräunen lassen.

3. In der Zwischenzeit Wasser in einem großen Topf zugedeckt zum Kochen bringen. Dann Salz und Nudeln hinzugeben. Die Nudeln im geöffneten Topf bei mittlerer Hitze nach Packungsanleitung bissfest kochen, dabei gelegentlich umrühren.

4. Anschließend die Nudeln in ein Sieb geben, mit heißem Wasser abspülen und abtropfen lassen.

5. Von der Mettwurst die Pelle abziehen. Mettwurst in Scheiben schneiden, mit den Nudeln zum Kohl (Kraut) geben und unter Rühren erhitzen. Mit Salz und Pfeffer kräftig abschmecken.

6. Die Krautnudeln auf Tellern anrichten und mit abgespülten, trocken getupften Petersilienblättchen garnieren.

Tiroler Speckknödelsuppe

Macht richtig satt

8–10 Portionen

Pro Portion: E: 10 g, F: 3 g, Kh: 21 g, kJ: 641, kcal: 152, BE: 1,5

Für die Speckknödel:

200 g Semmelknödel (in Kochbeuteln)
kochendes Salzwasser
200 g magerer Speck oder Schinken
1 EL Speiseöl

Für die Suppe:

1 kleiner Kopf Wirsing (etwa 400 g)
1 Bund Frühlingszwiebeln (etwa 250 g)
5 Fleischtomaten (etwa 750 g)
2 l Gemüsebrühe
Salz
gem. Pfeffer
ger. Muskatnuss
1 Bund Liebstöckel

Zubereitungszeit: 50 Minuten
Garzeit: etwa 20 Minuten

1. Für die Speckknödel die Semmelknödel in Wasser nach Packungsanleitung quellen lassen. Danach die Speckknödel in kochendes Salzwasser geben und ziehen lassen (aber nur die Hälfte der angegebenen Zeit ziehen lassen).

2. Speckknödel aus den Kochbeuteln nehmen und die Masse in eine Rührschüssel geben.

3. Speck oder Schinken klein würfeln. Speiseöl in einer Pfanne erhitzen. Speck- oder Schinkenwürfel darin anbraten, herausnehmen und etwas abkühlen lassen. Speck- und Schinkenwürfel unter die Knödelmasse rühren. Aus der Knödelmasse mit angefeuchteten Händen etwa 30 kleine Knödel formen.

4. Für die Suppe vom Wirsing die groben, äußeren Blätter lösen. Wirsing vierteln und den Strunk herausschneiden. Wirsing abspülen, abtropfen lassen und in breite Streifen schneiden. Wirsingstreifen quer halbieren. Frühlingszwiebeln putzen, abspülen, abtropfen lassen und in feine Scheiben schneiden.

5. Tomaten kreuzweise einschneiden und mit kochendem Wasser übergießen. Nach 1–2 Minuten herausnehmen und mit kaltem Wasser abschrecken. Tomaten häuten, halbieren und die Stängelansätze herausschneiden. Tomaten in Würfel schneiden.

6. Brühe in einem großen Topf zum Kochen bringen. Wirsingstreifen, Frühlingszwiebelscheiben und Tomatenwürfel hinzugeben, wieder zum Kochen bringen und etwa 10 Minuten bei schwacher Hitze kochen lassen. Die Suppe mit Salz, Pfeffer und Muskat würzen.

7. Liebstöckel abspülen und trocken tupfen. Die Blättchen von den Stängeln zupfen. Liebstöckelblättchen und Speckknödel in die Suppe geben. Speckknödel etwa 10 Minuten in der Suppe ziehen lassen.

Tomaten-Wirsing-Tarte

Für Gäste

6 Portionen

Pro Portion: E: 22 g, F: 47 g, Kh: 30 g, kJ: 2647, kcal: 633, BE: 2,5

Für den Teig:

200 g Weizenmehl
1 Prise Salz
1 Ei (Größe M)
125 g Butter
2 EL Wasser

Für die Füllung:

400 g Wirsing
600 g Tomaten
1–2 EL Olivenöl
250 g Gehacktes (halb Rind-, halb Schweinefleisch)
Salz
gem. Pfeffer
3 Eier (Größe M)
250 g Schlagsahne
50 g ger. Gouda
ger. Muskatnuss

Zusätzlich:

Backpapier

Zubereitungszeit: 30 Minuten
Backzeit: etwa 50 Minuten

1. Einen Bogen Backpapier auf den Boden einer Springform (Ø 26 cm) legen und mit dem Springformrand straff einspannen.

2. Für den Teig das Mehl in eine Rührschüssel geben. Restliche Teigzutaten hinzufügen und mit einem Mixer (Knethaken) zunächst kurz auf niedrigster, dann auf höchster Stufe gut durcharbeiten. Den Teig kurz auf der leicht bemehlten Arbeitsfläche zu einem glatten Teig verkneten.

3. Den Teig in die vorbereitete Springform geben und mit leicht bemehlten Händen zu einem Boden andrücken, dabei einen etwa 1 ½ cm hohen Rand am Springformrand hochziehen. Die Form in den Kühlschrank stellen.

4. Für die Füllung von dem Wirsing die groben, äußeren Blätter entfernen. Wirsing vierteln und den Strunk herausschneiden. Wirsing putzen, abspülen, abtropfen lassen und in feine Streifen schneiden.

5. Die Tomaten kreuzweise einschneiden und mit kochendem Wasser übergießen. Nach 1–2 Minuten herausnehmen und mit kaltem Wasser abschrecken. Tomaten häuten, halbieren und die Stängelansätze herausschneiden. Die Tomaten in Scheiben schneiden, evtl. nochmals halbieren.

6. Den Backofen vorheizen.
Ober-/Unterhitze: etwa 200 °C
Heißluft: etwa 180 °C

7. Olivenöl in einer Pfanne erhitzen. Gehacktes hinzugeben und unter Rühren anbraten, dabei die Fleischklümpchen mit einer Gabel zerdrücken.

8. Wirsingstreifen hinzugeben und etwa 5 Minuten unter gelegentlichem Rühren mit anbraten, mit Salz und Pfeffer würzen.

9. Die Eier mit Sahne verschlagen, Käse unterrühren. Eiersahne kräftig mit Salz, Pfeffer und Muskat abschmecken.

10. Hack-Wirsing-Masse in die Springform geben und auf dem Teigboden gleichmäßig verteilen. Die Tomatenscheiben kreisförmig nebeneinander darauflegen und leicht andrücken. Die Eiersahne darauf verteilen.

11. Die Form auf dem Rost in den vorgeheizten Backofen (unteres Drittel) schieben. Tomaten-Wirsing-Tarte **etwa 50 Minuten backen.**

12. Die Form auf einen Kuchenrost stellen. Die Tarte etwas abkühlen lassen, dann aus der Springform lösen. Die Tarte auf eine Platte setzen und lauwarm servieren.

Tipp: Ersetzen Sie das Gehackte durch Lammhack und geben Sie 1 zerdrückte Knoblauchzehe dazu.

Topinambur-Gratin

Einfach

4 Portionen

Pro Portion: E: 25 g, F: 54 g, Kh: 16 g, kJ: 2742, kcal: 656, BE: 1,5

1 1/4 kg Topinambur
Salz
gem. Pfeffer
1 TL Kümmelsamen
400 g Schlagsahne
3 Eier (Größe M)
200 g ger. Gouda
1 EL klein geschnittene Petersilie

Zubereitungszeit: 30 Minuten
Garzeit: etwa 30 Minuten

1. Topinambur unter fließendem kalten Wasser gründlich abbürsten, abtropfen lassen, evtl. dünn schälen. Topinambur in dünne Scheiben schneiden.

2. Wasser in einem großen Topf zum Kochen bringen, Salz hinzugeben. Die Topinambur-Scheiben darin kurz blanchieren. Anschließend in ein Sieb geben, mit kaltem Wasser abschrecken und gut abtropfen lassen.

3. Den Backofen vorheizen.
Ober-/Unterhitze: etwa 200 °C
Heißluft: etwa 180 °C

4. Topinambur-Scheiben in eine große, flache Auflaufform (gefettet) oder 4 feuerfeste, flache Portionsförmchen (gefettet) geben. Mit Salz, Pfeffer und Kümmel würzen.

5. Sahne mit Eiern verschlagen, mit Salz würzen. Die Eiersahne auf den Topinambur-Scheiben verteilen und mit Käse bestreuen.

6. Form oder Förmchen auf dem Rost in den vorgeheizten Backofen schieben. Das Gratin **etwa 30 Minuten garen.**

7. Das Gratin mit Petersilie bestreut servieren.

Tschechisches Bierfleisch

Raffiniert – mit Alkohol

6 Portionen

Pro Portion: E: 28 g, F: 28 g, Kh: 20 g, kJ: 1952, kcal: 467, BE: 1,5

800 g Schweineschulter
Salz
gem. Pfeffer
2 EL Butter
200 g Zwiebeln
2 Knoblauchzehen
1 TL gem. Kümmelsamen
1 TL Paprikapulver edelsüß
200 ml dunkles Bier
2 l Fleisch- oder Gemüsebrühe
1 Lorbeerblatt
2 Gewürznelken
1 dicke Möhre
etwa 400 g Weißkohl
4 große, festkochende Kartoffeln
250 g kleine Rispentomaten
1 Bund Petersilie

Zubereitungszeit: 45 Minuten
Garzeit: etwa 60 Minuten

1. Schweineschulter mit Küchenpapier abtupfen und in etwa 4 cm große Würfel schneiden. Fleischwürfel mit Salz und Pfeffer würzen. Butter in einem Topf zerlassen. Die Fleischwürfel darin von allen Seiten andünsten. Die Zwiebeln abziehen und in kleine Würfel schneiden. Knoblauch abziehen und durch eine Knoblauchpresse drücken. Zwiebelwürfel und Knoblauch zu den Fleischwürfeln in den Topf geben und mitdünsten lassen. Mit Kümmel und Paprika bestreuen. Mit Bier ablöschen.

2. Brühe hinzugießen und zum Kochen bringen. Mit Salz und Pfeffer würzen. Die Fleischwürfel zugedeckt etwa 30 Minuten bei schwacher Hitze kochen lassen. Lorbeerblatt und Gewürznelken hinzugeben.

3. Möhre putzen, schälen, abspülen, abtropfen lassen und in etwa 2 cm große Würfel schneiden. Von dem Weißkohl die äußeren Blätter entfernen. Weißkohl vierteln und den Strunk herausschneiden. Weißkohlviertel in Streifen schneiden. Kartoffeln schälen, abspülen, abtropfen lassen und in Würfel schneiden.

4. Möhrenwürfel, Kohlstreifen und Kartoffelwürfel zu den Fleischwürfeln in den Topf geben, wieder zum Kochen bringen. Den Eintopf zugedeckt weitere etwa 30 Minuten bei schwacher Hitze kochen lassen.

5. Tomaten abspülen, abtropfen lassen und die Stängelansätze herausschneiden. Tomaten zum Bierfleisch geben und mit erhitzen.

6. Petersilie abspülen und trocken tupfen. Die Blättchen von den Stängeln zupfen. Blättchen klein schneiden. Das Bierfleisch mit Petersilie bestreut servieren.

Beilage: Rustikales Landbrot und frisch gezapftes Bier (Pils).

Überbackene Kartoffelschnecken

Vegetarisch

4–6 Portionen

Pro Portion: E: 12 g, F: 15 g, Kh: 45 g, kJ: 1574, kcal: 377, BE: 4,0

1 kg mehligkochende Kartoffeln
2 Zwiebeln
1 rote Paprikaschote
2 EL Speiseöl
Salz
gem. Pfeffer
1 Ei (Größe M)
ger. Muskatnuss
etwa 80 g Weizenmehl
2 EL Kräuter Crème fraîche

Zum Bestreichen und Bestreuen:

1 Ei (Größe M)
60 g ger. Gruyère-Käse

Zubereitungszeit: 50 Minuten, ohne Abkühlzeit
Garzeit: etwa 20 Minuten

1. Die Kartoffeln gründlich waschen, abtropfen lassen, in einem Topf knapp mit Wasser bedeckt, zugedeckt zum Kochen bringen und in etwa 25 Minuten gar kochen. Kartoffeln abgießen, abdämpfen und heiß pellen. Kartoffeln sofort durch eine Kartoffelpresse drücken und abkühlen lassen.

2. Zwiebeln abziehen und klein würfeln. Paprikaschote halbieren, entstielen, entkernen und die weißen Scheidewände entfernen. Schote abspülen, abtropfen lassen und in Würfel schneiden. Speiseöl in einer Pfanne erhitzen. Zwiebel- und Paprikawürfel darin andünsten, mit Salz und Pfeffer würzen.

3. Den Backofen vorheizen.
Ober-/Unterhitze: etwa 180 °C
Heißluft: etwa 160 °C

4. Unter die abgekühlte Kartoffelmasse Ei, Salz, Pfeffer und Muskat rühren. So viel Mehl unterarbeiten, bis ein fester Teig entstanden ist.

5. Den Kartoffelteig auf einer gut bemehlten Arbeitsfläche zu einem Rechteck (etwa 40 x 25 cm) ausrollen. Crème fraîche daraufstreichen, dann die Zwiebel- und Paprikawürfel darauf verteilen.

6. Den Kartoffelteig von der langen Seite aus vorsichtig aufrollen. Die Teigrolle in 10 Scheiben schneiden und in eine Gratinform (gefettet) legen.

7. Die Kartoffelschnecken mit verschlagenem Ei bestreichen und mit Käse bestreuen. Die Form auf dem Rost in den vorgeheizten Backofen schieben. Die Kartoffelschnecken **etwa 20 Minuten garen.**

Tipp: Nach Belieben mit abgespülten und trocken getupften Kräuterblättchen garnieren.

Ungarisches Gulasch I

Klassisch – mit Alkohol

4 Portionen

Pro Portion: E: 25 g, F: 17 g, Kh: 12 g, kJ: 1373, kcal: 328, BE: 1,0

400 g Rindergulasch
2 Zwiebeln
2 Knoblauchzehen
2 große, gelbe Paprikaschoten (je etwa 250 g)
1 große, grüne Paprikaschote (etwa 250 g)
1 Peperoni
4 EL Speiseöl
Salz, gem. Pfeffer
2 gestr. EL Paprikapulver edelsüß
2 EL Tomatenmark
1 1/2 l Fleischbrühe
125 ml Rotwein
Cayennepfeffer

Zubereitungszeit: 45 Minuten
Garzeit: 45–60 Minuten

1. Gulasch mit Küchenpapier abtupfen. Fleischwürfel evtl. etwas kleiner schneiden. Zwiebeln und Knoblauch abziehen, in kleine Würfel schneiden.

2. Paprikaschoten halbieren, entstielen, entkernen und die weißen Scheidewände entfernen. Schoten abspülen, abtropfen lassen und in Würfel schneiden. Die Peperoni längs halbieren, entstielen und entkernen. Peperonihälften abspülen, trocken tupfen und in Streifen schneiden.

3. Den Backofen vorheizen.
Ober-/Unterhitze: etwa 200 °C
Heißluft: etwa 180 °C

4. Jeweils etwas Speiseöl in einem Bräter erhitzen. Gulasch darin portionsweise von allen Seiten anbraten. Mit Salz, Pfeffer und Paprika würzen.

5. Zwiebel-, Knoblauch-, Paprikawürfel und Peperonistreifen portionsweise zum Gulasch in den Bräter geben und unter Rühren mit andünsten. Tomatenmark unterrühren. Brühe und Rotwein hinzugießen, zum Kochen bringen.

6. Den Bräter auf dem Rost in den vorgeheizten Backofen schieben. Gulasch zugedeckt **45–60 Minuten garen.**

7. Gulasch kräftig mit Salz, Pfeffer, Paprika und Cayennepfeffer würzen.

Beilage: Reis.

Viktoriabarsch mit Roter Bete, Feldsalat und Dillcreme I

Für Gäste

4 Portionen

Pro Portion: E: 44 g, F: 36 g, Kh: 18 g, kJ: 2401, kcal: 575, BE: 1,5

Für den Rote-Bete-Salat:

1 Bio-Orange (unbehandelt, ungewachst)
250 g gegarte Rote Bete (vakuumverpackt)
2 EL Himbeeressig
1 EL flüssiger Honig
2 EL mildes Olivenöl
Salz
gem. Pfeffer

Für den Feldsalat:

400 g Feldsalat
2 EL Weißweinessig
1 EL flüssiger Honig
5 EL Walnussöl

Für die Dillcreme:

½ Bund Dill
150 g Crème fraîche

Für den Fisch:

800 g Viktoriabarschfilet
2 EL Sonnenblumenöl zum Anbraten

Zubereitungszeit: 45 Minuten
Bratzeit: 8–10 Minuten

1. Für den Rote-Bete-Salat Orange heiß abwaschen und abtrocknen. Die Schale mit einem Zestenreißer abziehen oder die Schale mit einer kleinen Reibe abreiben. Orange halbieren und den Saft auspressen.

2. Rote Bete in Spalten schneiden und in eine Schüssel geben. Orangenschale und -saft mit Himbeeressig und Honig verrühren. Olivenöl unterschlagen. Mit Salz und Pfeffer würzen. Die Marinade zu den Rote-Bete-Spalten geben und vorsichtig untermengen.

3. Für den Feldsalat den Feldsalat verlesen und die Wurzelansätze abschneiden. Den Salat gründlich waschen und abtropfen lassen.

4. Essig mit Honig verrühren, Walnussöl unterschlagen. Mit Salz und Pfeffer würzen.

5. Für die Dillcreme den Dill abspülen und trocken tupfen. Die Spitzen von den Stängeln zupfen. Spitzen klein schneiden. Anschließend die Crème fraîche glatt rühren, Dill unterrühren. Mit Salz und Pfeffer würzen.

6. Für den Fisch Viktoriabarschfilet kurz unter fließendem kalten Wasser abspülen, trocken tupfen und in 4 gleich große Portionen teilen.

7. Sonnenblumenöl in einer Pfanne erhitzen. Viktoriabarschstücke darin von jeder Seite 4–5 Minuten braten. Mit Salz und Pfeffer würzen.

8. Den Feldsalat in eine Schüssel geben und mit dem Dressing vermischen.

9. Die Viktoriabarschstücke mit dem Rote-Bete-Salat, der Dillcreme und Feldsalat servieren.

Tipps: Servieren Sie den Viktoriabarsch statt mit Feldsalat mit einem Salat aus Chicorée, Orangen und gehackten Walnüssen. Statt Dillcreme schmeckt auch eine Creme aus Crème fraîche und geschnittenem Schnittlauch zum Fisch.

Weißkohl-Kartoffel-Gulasch mit Speck | Einfach

4 Portionen

Pro Portion: E: 16 g, F: 10 g, Kh: 32 g, kJ: 1206, kcal: 287, BE: 2,5

500 ml	*Wasser*
1 gestr. TL	*Salz*
1	*Lorbeerblatt*
2	*Gewürznelken*
1 TL	*schwarze Pfefferkörner*
200 g	*mild geräucherter, magerer Schinkenspeck*
1 kleiner Kopf	*Weißkohl (etwa 750 g)*
750 g	*festkochende Kartoffeln*
1	*Gemüsezwiebel (etwa 250 g)*
2 EL	*Sonnenblumenöl*
100 ml	*Gemüsebrühe*
½ TL	*Kümmelsamen*
	Salz, gem. Pfeffer
einige	*Petersilienblättchen*
1–2 EL	*Schnittlauchröllchen*

Zubereitungszeit: 40 Minuten
Garzeit: etwa 25 Minuten

1. Wasser in einem Topf zum Kochen bringen. Salz, Lorbeerblatt, Gewürznelken, Pfefferkörner und Speck hinzufügen, zum Kochen bringen und zugedeckt etwa 15 Minuten kochen.

2. In der Zwischenzeit von dem Weißkohl die äußeren Blätter entfernen. Weißkohl vierteln, abspülen, abtropfen lassen und den Strunk herausschneiden. Kohl in Streifen schneiden.

3. Kartoffeln schälen, abspülen, abtropfen lassen und in kleine Würfel schneiden. Die Zwiebel abziehen und würfeln.

4. Sonnenblumenöl in einem Bräter oder Topf erhitzen. Die Zwiebelwürfel darin glasig dünsten. Die Kohlstreifen hinzufügen und unter Rühren anbraten. Etwas von der Gemüsebrühe hinzugießen. Kartoffelwürfel hinzugeben und von allen Seiten mitbraten lassen. Kümmelsamen, Salz und Pfeffer hinzugeben. Restliche Brühe hinzugießen und alles zum Kochen bringen.

5. Den gekochten Speck aus dem Specksud nehmen. Etwa die Hälfte des Specksuds zum Kartoffel-Kohl-Gemüse geben und unterrühren. Den gekochten Speck darauflegen. Weißkohl-Kartoffel-Gulasch zugedeckt etwa 25 Minuten garen, dabei gelegentlich umrühren. Evtl. verkochte Flüssigkeit durch restlichen Specksud ersetzen. Dann den gegarten Speck herausnehmen, in dünne Scheiben schneiden, wieder zum Weißkohl-Kartoffel-Gulasch geben und unterrühren.

6. Petersilienblättchen abspülen und trocken tupfen. Weißkohl-Kartoffel-Gulasch mit Schnittlauchröllchen bestreuen und mit Petersilie garniert servieren.

Tipp: Wenn Sie den Speck lieber knusprig mögen, dann den gekochten Speck in Scheiben schneiden und in einer erhitzten Pfanne knusprig ausbraten. Die Speckscheiben dann erst zum Servieren auf das Gulasch legen.

Weißkohl-Mett-Lasagne I

Macht richtig satt – preiswert

6 Portionen

Pro Portion: E: 31 g, F: 45 g, Kh: 21 g, kJ: 2651, kcal: 634, BE: 1,5

1 Weißkohl (etwa 1,2 kg)
1–2 gestr. TL Salz
500 g Kartoffeln
2 Zwiebeln
1 rote Paprikaschote
150 g geräucherter Bauchspeck, im Stück
500 g gewürztes Schweinemett
3 Eier (Größe M)
200 g Schlagsahne
Salz
gem. Pfeffer
Kümmelsamen
125 g abgetropfter Mozzarella

Zubereitungszeit: 35 Minuten
Garzeit: 50–60 Minuten

1. Weißkohl putzen, vierteln und den Strunk herausschneiden. Den Kohl abspülen und abtropfen lassen. Wasser in einem großen Topf zum Kochen bringen. Salz hinzufügen.

2. Die Weißkohlviertel darin nacheinander blanchieren, bis die äußeren Blätter sich lösen. Dann die Kohlviertel in ein Sieb geben, mit kaltem Wasser abschrecken und abtropfen lassen. Einige Kohlblätter ablösen und beiseitelegen.

3. Den Backofen vorheizen.
Ober-/Unterhitze: etwa 200 °C
Heißluft: etwa 180 °C

4. Die Kartoffeln schälen, abspülen, abtropfen lassen und in dünne Scheiben schneiden. Zwiebeln abziehen und in kleine Würfel schneiden.

5. Die Paprikaschote halbieren, entstielen, entkernen und die weißen Scheidewände entfernen. Schote abspülen, abtropfen lassen und klein würfeln.

6. Speck zuerst in dünne Scheiben, dann in Streifen schneiden. Speckstreifen mit den Kartoffelscheiben in eine große, flache Auflaufform (gefettet) geben. Kohlviertel darauflegen. Schweinemett und Zwiebelwürfel darauf verteilen, mit den beiseitegelegten Kohlblättern zudecken und fest andrücken. Die Paprikawürfel streifenförmig auf die Lasagne streuen.

7. Eier mit Sahne verschlagen, mit Salz und Pfeffer würzen. Die Eiersahne auf der Lasagne verteilen und mit Kümmel bestreuen. Mozzarella in Scheiben schneiden und auf den Paprikawürfeln verteilen.

8. Die Form auf dem Rost in den vorgeheizten Backofen (unteres Drittel) schieben. Die Lasagne **50–60 Minuten garen.**

Weißkohlrouladen mit Spinat

Vegetarisch

12 Portionen

Pro Portion: E: 4 g, F: 10 g, Kh: 16 g, kJ: 738, kcal: 176, BE: 1,0

450–500 g TK-Blattspinat
1 großer Weißkohl (etwa 1 ½ kg)
1 Gemüsezwiebel (etwa 200 g)
80 g Butter
Salz
gem. Pfeffer
1,2 kg festkochende Kartoffeln
3 dicke Möhren (etwa 300 g)
2 Bund Majoran
5 EL Speiseöl
500 ml Gemüsebrühe

Zusätzlich:

Küchengarn

Zubereitungszeit: 70 Minuten, ohne Auftauzeit
Schmorzeit: etwa 45 Minuten

1. Blattspinat nach Packungsanleitung auftauen lassen. Vom Weißkohl die groben, äußeren Blätter lösen. Kohl abspülen, abtropfen lassen und den Strunk herausschneiden. Den Kohlkopf in reichlich kochendem Wasser etwa 20 Minuten garen. Anschließend mit kaltem Wasser abschrecken und 6 Blätter vorsichtig vom Kopf lösen, damit sie nicht beschädigt werden. Den Kohlkopf nochmals etwa 10 Minuten garen, abschrecken und weitere 6 Blätter lösen.

2. Aufgetauten Blattspinat in einem Sieb abtropfen lassen. Gemüsezwiebel abziehen, halbieren und in kleine Würfel schneiden. Butter in einem Topf zerlassen. Die Zwiebelwürfel darin andünsten, Spinat hinzugeben und mitdünsten lassen. Mit Salz und Pfeffer würzen.

3. Kartoffeln schälen, abspülen, abtropfen lassen und klein würfeln. Möhren putzen, schälen, abspülen, abtropfen lassen und ebenfalls in kleine Würfel schneiden. Majoran abspülen und trocken tupfen. Die Blättchen von den Stängeln zupfen, Blättchen klein schneiden.

4. Die Rippen der Weißkohlblätter flach schneiden und die Blätter auf einer Arbeitsplatte ausbreiten. Mit Salz und Pfeffer bestreuen. Die Spinatmasse auf den Blättern verteilen und dann zu Rouladen aufrollen oder falten. Die Rouladen mit Küchengarn fest verschnüren.

5. Speiseöl in einem großen Bräter erhitzen. Die Rouladen darin in 2 Portionen von allen Seiten anbraten und herausnehmen. Möhren- und Kartoffelwürfel in den Bräter geben und etwa 5 Minuten anbraten. Die Rouladen wieder in den Bräter geben. Gemüsebrühe hinzugießen. Die Rouladen zugedeckt etwa 45 Minuten schmoren.

6. Die Weißkohlrouladen aus dem Bräter nehmen und das Küchengarn entfernen. Majoran unter die Kartoffel-Möhren-Mischung rühren, mit Salz und Pfeffer würzen. Die Weißkohlrouladen mit der Kartoffel-Möhren-Mischung anrichten und servieren.

Weißkohlsalat mit Shiitakepilzen I

Für Gäste

4 Portionen

Pro Portion: E: 2 g, F: 14 g, Kh: 17 g, kJ: 829, kcal: 198, BE: 1,5

400 g Weißkohl
Salz
250 g Shiitakepilze
5 EL Speiseöl

Für die Salatsauce:

2 EL Himbeeressig
1–2 EL flüssiger Honig
gem. Pfeffer
1 EL Sojasauce
5 EL Walnussöl
2 Frühlingszwiebeln

Zubereitungszeit: 30 Minuten

1. Weißkohl putzen, abspülen, abtropfen lassen und den Strunk herausschneiden. Kohl in feine Streifen schneiden. Die Kohlstreifen in kochendem Salzwasser etwa 2 Minuten blanchieren, in ein Sieb geben, mit kaltem Wasser abschrecken und abtropfen lassen.

2. Pilze putzen, evtl. kurz abspülen, gut trocken tupfen und halbieren. Speiseöl in einer Pfanne erhitzen. Die Pilze darin etwa 5 Minuten unter gelegentlichem Rühren anbraten und herausnehmen. Pilze mit den Kohlstreifen vermischen.

3. Für die Salatsauce Essig mit Honig in einer Schüssel verrühren, mit Salz, Pfeffer und Sojasauce würzen, Walnussöl unterschlagen. Frühlingszwiebeln putzen, abspülen, abtropfen lassen, in feine Scheiben schneiden und unter die Salatsauce rühren.

4. Pilze und Kohlstreifen in die Schüssel geben und mit der Salatsauce gut vermischen. Zugedeckt etwa 1 Stunde im Kühlschrank durchziehen lassen.

Weißkohlsalat mit Speck I

Klassisch – schnell

6 Portionen

Pro Portion: E: 4 g, F: 11 g, Kh: 8 g, kJ: 621, kcal: 148, BE: 0,5

1	*kleiner Weißkohl (etwa 750 g)*
2	*rote Paprikaschoten*
	Salz
	gem. Pfeffer
100 g	*fetter Speck, im Stück*
1 gestr. TL	*mittelscharfer Senf*
etwas	*Weißweinessig*
½ TL	*Zucker*

Zubereitungszeit: 25 Minuten

1. Weißkohl putzen, vierteln und den Strunk herausschneiden. Weißkohlviertel abspülen, abtropfen lassen, fein hobeln oder schneiden. Weißkohl in ein Sieb geben, mit kochendem Wasser übergießen und gut abtropfen lassen.

2. Paprikaschoten halbieren, entstielen, entkernen und die weißen Scheidewände entfernen. Die Schoten abspülen, abtropfen lassen und in Streifen schneiden. Den Weißkohl in eine Schüssel geben und mit den Paprikastreifen gut vermischen. Den Salat mit Salz und Pfeffer würzen.

3. Speck in kleine Würfel schneiden, in einer Pfanne ohne Fett goldbraun ausbraten und zu der Weißkohl-Paprika-Mischung geben. Salat mit Senf, Essig und Zucker würzen, mit Salz und Pfeffer abschmecken.

Weißkohltopf mit Petersilienpesto I

Raffiniert

6–8 Portionen

Pro Portion: E: 37 g, F: 26 g, Kh: 23 g, kJ: 2069, kcal: 495, BE: 2,0

2 Zwiebeln
2 Knoblauchzehen
2 EL Butter
1 kg Lammgulasch
Salz
gem. Pfeffer
etwa 1 1/2 l Gemüsebrühe
1 1/2 kg Weißkohl
800 g festkochende Kartoffeln

Für das Petersilienpesto:

1 Knoblauchzehe
60 g Pecorino, im Stück
1 großes Bund glatte Petersilie
40 g geröstete Mandeln
4 EL Olivenöl

Zubereitungszeit: 60 Minuten
Garzeit: 90–100 Minuten

1. Zwiebeln und Knoblauch abziehen, jeweils in feine Scheiben schneiden. Die Butter in einem großen Topf zerlassen. Die Zwiebel- und Knoblauchscheiben darin andünsten. Lammgulasch mit Küchenpapier abtupfen, mit Salz und Pfeffer würzen, hinzugeben und mitbraten lassen. So viel Gemüsebrühe hinzugießen, dass die Fleischwürfel bedeckt sind. Lammgulasch zugedeckt etwa 60 Minuten garen.

2. In der Zwischenzeit von dem Weißkohl die äußeren Blätter entfernen. Kohlkopf vierteln und den Strunk herausschneiden. Kohlviertel in etwa 3 cm große Würfel schneiden. Kartoffeln schälen, abspülen, abtropfen lassen und grob würfeln.

3. Nach etwa 60 Minuten Garzeit die Kartoffelwürfel auf dem Lammfleisch verteilen, leicht mit Salz würzen. Dann den Kohl daraufgeben. So viel von der restlichen Gemüsebrühe hinzugießen, dass die Kohlschicht bedeckt ist. Den Kohltopf wieder zum Kochen bringen und zugedeckt weitere 30–40 Minuten garen.

4. In der Zwischenzeit für das Pesto Knoblauch abziehen und den Pecorino fein reiben. Petersilie abspülen und trocken tupfen oder trocken schleudern. Grobe Stängel entfernen. Knoblauch, Petersilie und Mandeln in einen hohen Rührbecher geben und mit einem Pürierstab fein pürieren. Olivenöl und den geriebenen Käse unterrühren. Mit Salz und Pfeffer abschmecken.

5. Den Weißkohltopf anrichten. Petersilienpesto dazureichen.

Wild-Cassoulet mit Polenta

Mit Alkohol

6 Portionen

Pro Portion: E: 39 g, F: 21 g, Kh: 71 g, kJ: 2857, kcal: 682, BE: 6,0

Für die Polenta:

1 l	*Wasser*
250 g	*Maisgrieß*
50 g	*ger. Parmesan*
	Salz
	ger. Muskatnuss

Für das Wild-Cassoulet:

je 250 g	*Hirsch-, Reh- und Hasenfleisch*
30 g	*Butterschmalz*
200 ml	*Portwein*
250 g	*Preiselbeeren (aus dem Glas)*
5	*Wacholderbeeren*
2	*Gewürznelken*
2	*Lorbeerblätter*
	gem. Pfeffer
	Zucker
500 ml	*Wildfond*
1	*Orange*
200 g	*Zwiebeln*
500 g	*grüne und blaue Weintrauben*
400 g	*Austernpilze*
500 g	*Brokkoli*
500 g	*Möhren*
40 g	*Butterschmalz*

Zubereitungszeit: 40 Minuten
Garzeit: etwa 45 Minuten

1. Für die Polenta Wasser in einem Topf zum Kochen bringen. Grieß einrühren und etwa 3 Minuten unter Rühren kochen lassen. Käse unterrühren. Die Masse mit Salz und Muskat würzen, in eine flache Form (gefettet) geben, glatt streichen und erkalten lassen.

2. In der Zwischenzeit für das Wild-Cassoulet das Fleisch mit Küchenpapier abtupfen, evtl. enthäuten, in kleine, gleich große Stücke schneiden. Butterschmalz in einem Bräter zerlassen. Das Fleisch darin von allen Seiten gut anbraten, mit Portwein ablöschen. Preiselbeeren unterrühren. Wacholderbeeren, Gewürznelken und Lorbeerblätter hinzugeben. Mit Salz, Pfeffer und Zucker würzen.

3. Das Cassoulet zugedeckt bei mittlerer Hitze etwa 30 Minuten garen. Nach und nach den Fond hinzugießen.

4. Orange halbieren und den Saft auspressen. Die Zwiebeln abziehen, in dünne Scheiben schneiden und mit dem Orangensaft zum Cassoulet geben.

5. Weintrauben abspülen, abtropfen lassen, entstielen, halbieren und entkernen. Pilze putzen, evtl. kurz abspülen, trocken tupfen und in Stücke schneiden.

6. Vom Brokkoli die Blätter entfernen und den Strunk abschneiden. Brokkoli in Röschen teilen. Möhren putzen, schälen, abspülen, abtropfen lassen und in kleine Würfel schneiden.

7. Weintrauben, Möhren, Brokkoli und Austernpilze zum Wildfleisch geben und unterrühren. Cassoulet weitere etwa 15 Minuten garen.

8. Die Polenta aus der Form stürzen. Mit Ausstechförmchen kleine Figuren ausstechen.

9. Butterschmalz in einer Pfanne zerlassen. Polenta-Figuren darin etwa 3 Minuten von jeder Seite braten und zu dem Cassoulet reichen.

Wildente, gebraten

Mit Alkohol

2–3 Portionen

Pro Portion: E: 57 g, F: 49 g, Kh: 5 g, kJ: 3153, kcal: 753, BE: 0,5

1 küchenfertige Wildente (etwa 1 kg)
Salz
gem. Pfeffer
etwa 50 ml Wasser
150 ml heiße Gemüsebrühe oder Entenfond
50 ml Wasser
½ gestr. TL Salz

Für die Sauce:

250 ml trockener Weißwein
100 ml Gemüsebrühe oder Entenfond
1 geh. EL Weizenmehl
50 ml kaltes Wasser

Zubereitungszeit: 35 Minuten
Garzeit: etwa 70 Minuten

1. Den Backofen vorheizen.
Ober-/Unterhitze: etwa 200 °C
Heißluft: etwa 180 °C

2. Wildente innen und außen mit Küchenpapier abtupfen. Wildente innen und außen mit Salz und Pfeffer einreiben.

3. Etwa 50 ml Wasser in einen großen Bräter oder in eine Fettpfanne gießen. Die Ente mit der Brust nach unten hineinlegen. Den Bräter auf dem Rost oder die Fettpfanne in den vorgeheizten Backofen schieben. Die Wildente **etwa 70 Minuten garen.**

4. Sobald der Bratensatz anfängt zu bräunen, etwas von der heißen Brühe oder dem Fond hinzugießen. Verdampfte Flüssigkeit nach und nach durch Brühe oder Fond ersetzen. Die Wildente vorsichtig ab und zu mit dem Bratensatz begießen. Nach etwa 45 Minuten Garzeit die Wildente wenden.

5. Etwa 10 Minuten vor Ende der Garzeit die Backofentemperatur um etwa 20 °C erhöhen, damit die Haut schön kross wird. Die Ente wieder umdrehen. Wasser mit Salz verrühren, die Ente damit bestreichen und fertig garen.

6. Die gegarte Wildente aus dem Bräter oder der Fettpfanne nehmen und zugedeckt warm stellen.

7. Für die Sauce Weißwein und Brühe oder Fond in den Bräter oder in die Fettpfanne gießen. Den Bratensatz loskochen und evtl. in einen Topf gießen.

8. Mehl mit Wasser anrühren, in die kochende Sauce rühren und unter Rühren nochmals aufkochen lassen. Die Sauce mit Salz und Pfeffer abschmecken. Wildente tranchieren und mit der Sauce servieren.

Beilage: Böhmische Knödel und Rotkohl.

Wildgulasch mit Pilzen

Raffiniert – mit Alkohol

8–10 Portionen

Pro Portion: E: 30 g, F: 17 g, Kh: 5 g, kJ: 1319, kcal: 315, BE: 0,5

20 g	*getrocknete Steinpilze*
1 kg	*Wildfleisch, z. B. Reh, Hirsch, Wildschwein (ohne Knochen)*
120 g	*durchwachsener Speck, im Stück*
2 EL	*Speiseöl*
4	*Zwiebeln*
2	*Knoblauchzehen*
1 TL	*gerebelter Thymian*
	Salz, gem. Pfeffer
500 ml	*Fleischbrühe*
500 ml	*dunkles Bier*
2 Bund	*glatte Petersilie*
2	*Lorbeerblätter*
500 g	*Champignons*
500 g	*Tomaten*
150 g	*Crème fraîche*

Zubereitungszeit: 45 Minuten
Garzeit: etwa 60 Minuten

1. Steinpilze in kaltem Wasser nach Packungsanleitung einweichen.

2. Wildfleisch mit Küchenpapier abtupfen und in Würfel schneiden. Speck in kleine Würfel schneiden. Speiseöl in einem Bräter erhitzen. Die Speckwürfel darin auslassen und herausnehmen. Fleischwürfel zum Speckfett in den Bräter geben und von allen Seiten braun anbraten.

3. Zwiebeln und Knoblauch abziehen, in kleine Würfel schneiden, zu den Fleischwürfeln geben und mit anbraten. Mit Thymian, Salz und Pfeffer würzen. Brühe und Bier hinzugießen. Eingeweichte Steinpilze abtropfen lassen und hinzugeben. Petersilie abspülen, trocken tupfen, zu einem Sträußchen zusammenbinden, mit den Lorbeerblättern ebenfalls hinzufügen. Die Zutaten zum Kochen bringen und zugedeckt etwa 60 Minuten garen.

4. In der Zwischenzeit Champignons putzen, evtl. kurz abspülen, trocken tupfen und halbieren. Die Champignonhälften nach etwa 45 Minuten Garzeit zum Gulasch in den Bräter geben und mitgaren lassen.

5. Tomaten kreuzweise einschneiden und mit kochendem Wasser übergießen. Nach 1–2 Minuten herausnehmen und mit kaltem Wasser abschrecken. Tomaten häuten, vierteln und die Stängelansätze herausschneiden. Tomatenviertel kurz vor Ende der Garzeit zum Gulasch geben und mit erhitzen.

6. Lorbeerblätter und Petersiliensträußchen entfernen. Crème fraîche unterrühren. Das Wildgulasch unter Rühren nochmals kurz aufkochen lassen. Gulasch mit Salz und Pfeffer abschmecken und servieren.

Beilage: Semmelknödel und grüner Blattsalat.

Wildschwein-Geschnetzeltes mit Waldpilzen I

Mit Alkohol

4 Portionen

Pro Portion: E: 45 g, F: 37 g, Kh: 11 g, kJ: 2538, kcal: 605, BE: 1,0

300 g	*frische, gemischte Pilze*
800 g	*Fleisch von der Wildschweinkeule*
2	*Zwiebeln*
1 kleines	
Bund	*Suppengrün (Sellerie, Möhren, Porree)*
5–6	*Wacholderbeeren*
2 EL	*Butterschmalz*
1 EL	*Weizenmehl*
1 EL	*Tomatenmark*
	Salz
	gem. Pfeffer
350 ml	*Gemüse- oder Fleischbrühe*
250 ml	*trockener Rotwein*
100 g	*Schlagsahne*

Zubereitungszeit: 20 Minuten
Garzeit: etwa 40 Minuten

1. Pilze putzen, evtl. kurz abspülen und trocken tupfen. Das Fleisch mit Küchenpapier abtupfen und in Streifen schneiden.

2. Die Zwiebeln abziehen und in schmale Spalten schneiden. Suppengrün putzen, abspülen, abtropfen lassen und klein schneiden. Wacholderbeeren grob zerdrücken.

3. Butterschmalz in einem Topf erhitzen. Die Fleischstreifen darin portionsweise von allen Seiten gut anbraten und alles wieder zurück in den Topf geben. Fleischstreifen mit Mehl bestäuben und unter Rühren kurz andünsten. Tomatenmark, Zwiebelspalten und Suppengrünstücke hinzugeben, unter Rühren mit andünsten.

4. Wacholderbeeren unterrühren, mit Salz und Pfeffer würzen. Brühe und Wein und hinzugießen, zum Kochen bringen. Die Fleischstreifen mit den Gemüsestücken zugedeckt etwa 40 Minuten bei schwacher Hitze garen.

5. Nach etwa 30 Minuten Garzeit die Pilze hinzugeben und das Geschnetzelte fertig garen. Sahne unterrühren. Geschnetzeltes mit Salz und Pfeffer abschmecken.

Beilage: Rosenkohl und Spätzle.

Tipps: Bestellen Sie das Fleisch am besten bei Ihrem Metzger vor. Ideal für dieses Gericht ist zartes Fleisch von jungen Wildschweinen oder von der Frischlingskeule. Fleisch von älteren Tieren ist kräftiger im Geschmack. Um den intensiven Wildgeschmack zu mildern, das Fleisch über Nacht in Buttermilch einlegen.

Wildschweinkeule

Für Gäste

4 Portionen

Pro Portion: E: 64 g, F: 41 g, Kh: 7 g, kJ: 2769, kcal: 661, BE: 0,5

60 g Zwiebeln
3 Stangen Staudensellerie
500 g braune Champignons
50 g abgetropfte, getrocknete Tomaten in Öl
1 Wildschweinkeule (ohne Knochen, 1–1,2 kg)
Salz
gem. Pfeffer
2 EL Olivenöl
50 g gewürfelter Katenschinken (aus dem Kühlregal)
250 ml Fleischbrühe
100 g Crème fraîche

Zusätzlich:

Küchengarn

Zubereitungszeit: 40 Minuten
Garzeit: etwa 4 1/2 Stunden

1. Zwiebeln abziehen und in grobe Würfel schneiden. Staudensellerie putzen, abspülen, abtropfen lassen und in etwa 1 cm große Stücke schneiden. Champignons putzen, evtl. kurz abspülen, gut abtropfen lassen und halbieren. Die Tomaten in feine Streifen schneiden.

2. Den Backofen bei Ober-/Unterhitze auf 95 °C vorheizen.

3. Wildschweinkeule mit Küchenpapier abtupfen, evtl. von Fett und Sehnen befreien, das Fleisch mit Küchengarn zu einem Rollbraten verschnüren. Den Rollbraten mit Salz und Pfeffer einreiben.

4. Olivenöl in einem Bräter erhitzen. Rollbraten darin 5–6 Minuten von allen Seiten anbraten. Zwiebelwürfel, Selleriestücke, Schinkenwürfel und Champignonhälften evtl. portionsweise hinzufügen und 3–4 Minuten unter Rühren mitbraten lassen. Tomatenstreifen hinzugeben und die Fleischbrühe hinzugießen. Die Zutaten aufkochen lassen.

5. Den Bräter auf dem Rost in den vorgeheizten Backofen (unteres Drittel) schieben. Den Rollbraten **etwa 4 1/2 Stunden garen,** dabei den Braten 2–3-mal wenden.

6. Den gegarten Rollbraten aus dem Backofen nehmen und warm stellen. Die Sauce mit der Gemüse-Schinken-Mischung kurz aufkochen lassen, Crème fraîche unterrühren.

7. Den Rollbraten (Küchengarn entfernen) in Scheiben schneiden. Evtl. ausgetretenen Fleischsaft unter das Gemüse rühren. Die Wildschweinkeule mit dem Gemüse anrichten und servieren.

Wildschweinrücken mit Pastinakengemüse I

Mit Alkohol – raffiniert

4 Portionen

Pro Portion: E: 46 g, F: 62 g, Kh: 34 g, kJ: 3853, kcal: 920, BE: 3,0

750 g Wildschweinrücken (ohne Knochen)
Salz, gem. Pfeffer
4 EL Speiseöl, z. B. Rapsöl
2 Möhren
2 Eigelb (Größe M)
4 EL gehackte Haselnusskerne
4 EL Semmelbrösel
800 g Pastinaken
6 EL Wasser
40 g Butter
400 ml Wildfond
200 ml trockener Rotwein
60 g eiskalte Butter

Zubereitungszeit: 40 Minuten
Garzeit: etwa 70 Minuten

1. Den Backofen bei Ober-/Unterhitze auf 95 °C vorheizen. Eine Auflaufform oder eine hitzebeständige Platte mit Rand auf dem Rost (unteres Drittel) miterwärmen.

2. Wildschweinrücken mit Küchenpapier abtupfen, evtl. enthäuten, mit Salz und Pfeffer würzen. Speiseöl in einer Pfanne erhitzen. Den Wildschweinrücken darin 5–6 Minuten von allen Seiten gut anbraten, herausnehmen und in die vorgewärmte Auflaufform oder auf die Platte legen. Den Wildschweinrücken **etwa 70 Minuten garen.**

3. Möhren putzen, schälen, abspülen, abtropfen lassen und in kleine Würfel schneiden. Möhrenwürfel mit Eigelb, Haselnusskernen und Semmelbröseln vermischen, mit Salz und Pfeffer würzen.

4. Etwa 15 Minuten vor Ende der Garzeit des Wildschweinrückens die Pastinaken putzen, schälen, abspülen, abtropfen lassen und in dünne Scheiben schneiden. Die Pastinakenscheiben mit Wasser und der Butter in einem Topf zum Kochen bringen und etwa 5 Minuten kochen lassen, mit Salz würzen. Pastinakengemüse warm stellen.

5. Den Wildfond mit Rotwein in einem Topf zum Kochen bringen und etwas einkochen lassen.

6. Form oder Platte mit dem gegarten Wildschweinrücken aus dem Backofen nehmen. Den Backofengrill auf etwa 240 °C vorheizen. Die Möhren-Haselnuss-Masse auf den Wildschweinrücken streichen und fest andrücken. Die Form oder Platte wieder auf dem Rost unter den vorgeheizten Backofengrill schieben. Wildschweinrücken 5–10 Minuten goldgelb überbacken.

7. Den Topf mit dem eingekochten Wild-Rotwein-Fond von der Kochstelle nehmen und die eiskalte Butter in Stücken unterschlagen (nicht mehr kochen lassen).

8. Den Wildschweinrücken in Scheiben schneiden, mit dem Pastinakengemüse und der Sauce servieren.

Beilage: Kroketten oder Petersilienkartoffeln.

Winterlicher Puteneintopf I

Macht richtig satt

4 6 Portionen

Pro Portion: E: 35 g, F: 16 g, Kh: 14 g, kJ: 1501, kcal: 359, BE: 1,0

2	*Putenunterkeulen*
1 ½ l	*Wasser*
	Salz
300 g	*Kartoffeln*
350 g	*Möhren*
400 g	*Blumenkohl*
400 g	*Wirsing*
	gem. Pfeffer
	gekörnte Hühnerbrühe (Instant)
1 Bund	*glatte Petersilie*

Zubereitungszeit: 75 Minuten
Garzeit: etwa 80 Minuten

1. Die Putenunterkeulen mit Küchenpapier abtupfen. Das Wasser in einem Topf zum Kochen bringen, Salz hinzugeben. Die Putenunterkeulen in dem kochenden Salzwasser bei schwacher Hitze etwa 60 Minuten ziehen lassen.

2. In der Zwischenzeit Kartoffeln schälen, abspülen, abtropfen lassen und in Würfel schneiden. Möhren putzen, schälen, abspülen, abtropfen lassen und ebenfalls würfeln.

3. Vom Blumenkohl die Blätter und schlechten Stellen entfernen, den Strunk abschneiden. Blumenkohl in Röschen teilen, abspülen und abtropfen lassen.

4. Vom Wirsing die groben, äußeren Blätter lösen und den Strunk herausschneiden. Wirsing abspülen, abtropfen lassen und in Streifen schneiden.

5. Die gegarten Putenunterkeulen aus der Brühe nehmen und etwas abkühlen lassen. Kartoffeln, Möhren, Blumenkohl und Wirsing in die Brühe geben, zum Kochen bringen und etwa 20 Minuten garen.

6. Das Putenfleisch von den Knochen lösen, in Stücke schneiden, nach Ende der Garzeit in den Eintopf geben und mit erhitzen. Mit Salz, Pfeffer und Hühnerbrühe würzen.

7. Petersilie abspülen und trocken tupfen. Die Blättchen von den Stängeln zupfen, Blättchen in feine Streifen schneiden und in den Eintopf geben.

Winterliches Ratatouille

Vegetarisch

4 Portionen

Pro Portion: E: 13 g, F: 9 g, Kh: 34 g, kJ: 1161, kcal: 276, BE: 2,5

300 g Porree (Lauch)
300 g Fenchelknollen
250 g Möhren
2 Stangen Staudensellerie
500 g Rosenkohl
1 Zwiebel
1 TL Fenchelsamen
3 EL Olivenöl
1 TL getrocknete Kräuter der Provence
100 g Perlgraupen (mittel)
1 l heiße Gemüsebrühe
1 Lorbeerblatt
Salz, gem. Pfeffer
einige Stängel frischer Thymian
450 g stückige Tomaten (aus der Dose)
Kräutersalz

Zubereitungszeit: 35 Minuten
Garzeit: etwa 18 Minuten

1. Porree putzen, die Stangen längs halbieren, gründlich waschen und abtropfen lassen. Porree in Streifen schneiden. Fenchelknollen putzen, abspülen, abtropfen lassen, halbieren und in kleine Stücke schneiden.

2. Die Möhren putzen, schälen, abspülen, abtropfen lassen und in Scheiben schneiden. Staudensellerie putzen, abspülen, abtropfen lassen und in Scheiben schneiden.

3. Rosenkohl putzen, abspülen, abtropfen lassen und am Strunk kreuzweise einschneiden. Zwiebel abziehen und klein würfeln. Den Fenchelsamen in einem Mörser zerdrücken.

4. Olivenöl in einem großen Topf erhitzen. Die Zwiebelwürfel darin hellgelb andünsten. Fenchelsamen, Kräuter der Provence, Fenchelstücke, Rosenkohl, Möhren- und Selleriescheiben hinzugeben und unter Rühren andünsten.

5. Perlgraupen, Gemüsebrühe und Lorbeerblatt hinzugeben, zum Kochen bringen, mit Salz und Pfeffer würzen. Die Zutaten zugedeckt bei mittlerer Hitze etwa 8 Minuten kochen lassen.

6. Thymian abspülen und trocken tupfen. Die Blättchen von den Stängeln zupfen.

7. Tomatenstücke und Porreestreifen in die Suppe geben. Die Suppe wieder zum Kochen bringen und zugedeckt weitere etwa 10 Minuten kochen. Die Suppe mit Kräutersalz und Pfeffer würzen. Winterliches Ratatouille in tiefen Tellern oder Suppentassen verteilen, mit Thymianblättchen bestreut servieren.

Winterwurzel-Kartoffel-Gemüse aus dem Bratschlauch | Fettarm

4 Portionen

Pro Portion: E: 6 g, F: 1 g, Kh: 42 g, kJ: 863, kcal: 206, BE: 3,5

400 g Pastinaken
600 g Möhren
750 g festkochende Kartoffeln
1 Zwiebel
3 Stängel Dill
1 TL Kümmelsamen
Salz, gem. Pfeffer
½ TL Kurkuma (Gelbwurz)
250 ml Gemüsebrühe

Zusätzlich:
2 Bratschläuche

Zubereitungszeit: 30 Minuten
Garzeit: etwa 40 Minuten

1. Pastinaken und Möhren putzen. Pastinaken, Möhren und Kartoffeln schälen, abspülen und abtropfen lassen. Pastinaken und Möhren in Scheiben schneiden. Kartoffeln würfeln.

2. Zwiebel abziehen und würfeln. Dill abspülen und trocken tupfen. Die Spitzen von den Stängeln zupfen (einige Spitzen zum Garnieren beiseitelegen), Spitzen klein schneiden.

3. Gemüsescheiben und Kartoffelwürfel mit den Zwiebelwürfeln in eine Schüssel geben. Dill und Kümmel untermischen. Mit Salz, Pfeffer und Kurkuma würzen.

4. Den Backofen vorheizen.
Ober-/Unterhitze: etwa 200 °C
Heißluft: etwa 180 °C

5. Die Bratschläuche zunächst von einer Seite nach Packungsanleitung fest verschließen. Jeweils die Hälfte der Gemüse-Kartoffel-Mischung und der Brühe in die Bratschläuche füllen. Die Bratschläuche nach Packungsanleitung verschließen und nebeneinander auf ein Backblech legen.

6. Das Backblech in den vorgeheizten Backofen schieben. Das Gemüse mit den Kartoffeln **etwa 40 Minuten garen.**

7. Zum Servieren die Bratschläuche öffnen und das Winterwurzel-Kartoffel-Gemüse auf Tellern anrichten, mit den beiseitegelegten Dillspitzen bestreuen.

Wirsingeintopf mit grünen Bohnen, Kartoffeln und Kasseler I

Klassisch

4 Portionen

Pro Portion: E: 23 g, F: 14 g, Kh: 18 g, kJ: 1242, kcal: 297, BE: 1,5

½ Kopf Wirsing (etwa 400 g)
150 g grüne Bohnen
400 g vorwiegend festkochende Kartoffeln
400 g ausgelöstes Kasselerfleisch
1 l Fleischbrühe
2 EL Speiseöl
Salz, gem. Pfeffer
ger. Muskatnuss

Zubereitungszeit: 25 Minuten
Garzeit: etwa 25 Minuten

1. Vom Wirsing die äußeren Blätter entfernen und den Strunk herausschneiden. Wirsing halbieren, in schmale Streifen schneiden, abspülen und abtropfen lassen. Von den Bohnen die Enden abschneiden, evtl. abfädeln. Bohnen abspülen, abtropfen lassen und in Stücke schneiden oder brechen. Kartoffeln schälen, abspülen, abtropfen lassen und in Würfel schneiden.

2. Kasselerfleisch mit Küchenpapier abtupfen. Brühe in einem Topf zum Kochen bringen. Kasseler hinzugeben und zugedeckt etwa 25 Minuten garen.

3. In der Zwischenzeit das Speiseöl in einem zweiten Topf erhitzen. Wirsingstreifen und Bohnenstücke darin 5–8 Minuten unter gelegentlichem Rühren andünsten.

4. Nach etwa 10 Minuten Fleischgarzeit das angedünstete Gemüse mit den Kartoffelwürfeln zum Kasseler in den Topf geben. Mit Salz und Pfeffer würzen. Den Eintopf zugedeckt in weiteren etwa 15 Minuten bei schwacher Hitze fertig garen.

5. Das gegarte Kasseler aus der Suppe nehmen und etwas abkühlen lassen. Das Fleisch in kleine Würfel schneiden, wieder in den Eintopf geben und kurz erwärmen. Nochmals mit Salz, Pfeffer und Muskat abschmecken.

Tipp: Statt frischer Bohnen können Sie ebenso gut TK-Bohnen verwenden. Die angetauten, klein geschnittenen Bohnen dann nicht mit andünsten.

Wirsingeintopf mit Mettwurst, Kümmel und Birnen

Raffiniert – mit Alkohol

4 Portionen

Pro Portion: E: 27 g, F: 56 g, Kh: 36 g, kJ: 3251, kcal: 782, BE: 3,0

600 g Wirsing
1 Gemüsezwiebel (etwa 150 g)
100 g Frühstücksspeck, im Stück
2 Möhren
2 festkochende Kartoffeln
1 EL Kümmelsamen
3 EL Butter
800 ml Geflügelbrühe
Salz
gem. Pfeffer
ger. Muskatnuss
2 Birnen
2 EL Zucker
2 cl Birnenschnaps
4 kleine, geräucherte Mettwürste (Mettenden, je etwa 100 g)
6 Stängel Thymian

Zubereitungszeit: 40 Minuten
Garzeit: etwa 30 Minuten

1. Von dem Wirsing die groben, äußeren Blätter entfernen. Den Wirsing vierteln und den Strunk herausschneiden. Wirsingviertel abspülen, abtropfen lassen und in Rauten schneiden.

2. Gemüsezwiebel abziehen, halbieren und in kleine Würfel schneiden. Frühstücksspeck ebenfalls klein würfeln. Möhren putzen, schälen, abspülen, abtropfen lassen. Kartoffeln schälen, abspülen, abtropfen lassen. Möhren und Kartoffeln in Würfel schneiden. Kümmel und etwas Butter auf ein Schneidbrett geben, Kümmel fein hacken.

3. Restliche Butter in einem großen Topf zerlassen. Speck- und Zwiebelwürfel darin andünsten. Kümmelbutter, Möhren- und Kartoffelwürfel hinzufügen, kurz mitdünsten lassen. Brühe hinzugießen, mit Salz, Pfeffer und Muskat würzen. Die Zutaten kräftig aufkochen lassen. Wirsingrauten hinzugeben und wieder zum Kochen bringen. Den Eintopf zugedeckt etwa 30 Minuten bei mittlerer Hitze garen.

4. In der Zwischenzeit Birnen schälen, vierteln und entkernen. Birnenviertel in Würfel schneiden. Zucker in einer Pfanne hellbraun karamellisieren, Birnenwürfel hinzugeben und darin schwenken. Mit Birnenschnaps ablöschen. Birnenwürfel warm halten.

5. Mettwürste in Scheiben schneiden. Thymian abspülen und trocken tupfen. Die Blättchen von den Stängeln zupfen.

6. Mettwurstscheiben und Thymian in den Eintopf geben und kurz erhitzen. Den Eintopf mit den Gewürzen abschmecken.

7. Kurz vor dem Servieren die Birnenwürfel unter den Eintopf rühren.

Wirsinggemüse I

Vegetarisch – einfach

4 Portionen

Pro Portion: E: 5 g, F: 9 g, Kh: 6 g, kJ: 539, kcal: 129, BE: 0,5

1 kg Wirsing
1 Zwiebel
40 g Butter oder Margarine
etwa 125 ml Gemüsebrühe
Salz
gem. Pfeffer
ger. Muskatnuss

Zubereitungszeit: 40 Minuten
Garzeit: etwa 15 Minuten

1. Von dem Wirsing die groben, äußeren Blätter entfernen. Den Wirsing vierteln, abspülen, abtropfen lassen und den Strunk herausschneiden. Wirsingviertel in feine Streifen schneiden. Zwiebel abziehen und würfeln.

2. Butter oder Margarine in einem Topf zerlassen. Die Zwiebelwürfel darin kurz dünsten. Die Kohlstreifen hinzugeben und mitdünsten. Gemüsebrühe hinzugießen, mit Salz, Pfeffer und Muskat würzen. Die Kohlstreifen zugedeckt etwa 15 Minuten bei schwacher Hitze garen.

3. Das Wirsinggemüse mit Salz, Pfeffer und Muskatnuss abschmecken.

Tipp: Kohl mit etwas zerstoßenem oder gemahlenem Kümmel-, Anis- oder Fenchelsamen würzen. Dadurch wird der Kohl leichter verdaulich.

Rezeptvariante: **Rahmwirsing** (Foto). 1 kg Wirsing wie unter Punkt 1 beschrieben zubereiten. 1 Esslöffel Butter in einem Topf zerlassen. Wirsingstreifen darin kurz dünsten, mit Salz, Muskatnuss und Pfeffer würzen. 125 ml Gemüsebrühe hinzugießen, Wirsing etwa 15 Minuten garen. 75 g Schlagsahne oder 2 Esslöffel Crème fraîche unterrühren und kurz miterwärmen. Vor dem Servieren den Rahmwirsing mit 1 Esslöffel Schnittlauchröllchen bestreuen.

Wirsing-Möhren-Auflauf mit Speck | Gut vorzubereiten

4 Portionen

Pro Portion: E: 30 g, F: 39 g, Kh: 18 g, kJ: 2290, kcal: 548, BE: 1,5

800 g Wirsing
400 g Möhren
2 rote Paprikaschoten (je etwa 200 g)
150 g magerer, durchwachsener Speck
Salz, gem. Pfeffer
ger. Muskatnuss
4 Eigelb (Größe M)
4 Eier (Größe M)
250 ml Milch (3,5 % Fett)
200 g Schlagsahne
4 Eiweiß (Größe M)

Zubereitungszeit: 30 Minuten
Garzeit: etwa 35 Minuten

1. Von dem Wirsing die groben, äußeren Blätter entfernen. Wirsing vierteln und den Strunk herausschneiden. Wirsingviertel abspülen, abtropfen lassen und in feine Streifen schneiden.

2. Möhren putzen, schälen, abspülen, abtropfen lassen und in Stifte schneiden.

3. Paprikaschoten halbieren, entstielen, entkernen und die weißen Scheidewände entfernen. Schoten abspülen, abtropfen lassen und in Streifen schneiden.

4. Den Backofen vorheizen.
Ober-/Unterhitze: etwa 200 °C
Heißluft: etwa 180 °C

5. Speck in feine Streifen schneiden. Eine Pfanne ohne Fett erhitzen. Die Speckstreifen darin knusprig ausbraten.

6. Wirsingstreifen, Möhrenstifte, Paprika- und Speckstreifen mischen, mit Salz, Pfeffer und Muskat würzen. Die Gemüse-Speck-Mischung in eine große, flache Auflaufform (gefettet) schichten.

7. Eigelb mit Eiern, Milch und Sahne verschlagen. Eiweiß steif schlagen und unterheben. Den Auflauf mit der Eier-Sahne-Masse übergießen.

8. Die Form auf dem Rost in den vorgeheizten Backofen schieben. Den Wirsing-Möhren-Auflauf **etwa 35 Minuten garen.**

Wirsingrouladen | Klassisch

4 Portionen

Pro Portion: E: 25 g, F: 25 g, Kh: 16 g, kJ: 1649, kcal: 394, BE: 1,5

	Salz
1 Kopf	*Wirsing (etwa 1 1/2 kg)*

Für die Füllung:

1	*Brötchen (Semmel) vom Vortag*
1	*Zwiebel*
375 g	*Rindergehacktes*
1	*Ei (Größe M)*
etwa 1 TL	*mittelscharfer Senf*
	gem. Pfeffer
4 EL	*Speiseöl, z. B. Sonnenblumenöl*
375 ml	*Gemüsebrühe*
20 g	*Weizenmehl*
2 EL	*kaltes Wasser*

Zusätzlich:

Küchengarn oder Rouladennadeln

Zubereitungszeit: 40 Minuten
Garzeit: etwa 45 Minuten

1. In einem großen Topf reichlich Wasser zum Kochen bringen. Salz hinzufügen (auf 1 l Wasser 1 Teelöffel Salz). In der Zwischenzeit von dem Wirsing die äußeren welken Blätter entfernen. Den Kohl abspülen, abtropfen lassen und den Strunk keilförmig herausschneiden. Den Kohlkopf so lange in das kochende Salzwasser legen, bis sich die äußeren Blätter lösen. Diesen Vorgang wiederholen, bis sich etwa 12 große Blätter lösen lassen und etwas weich sind. Die Kohlblätter abtropfen lassen, mit Küchenpapier trocken tupfen und anschließend die dicken Blattrippen flach schneiden.

2. Für die Füllung das Brötchen in kaltem Wasser einweichen. Zwiebel abziehen und fein würfeln. Gehacktes in eine Schüssel geben. Eingeweichtes Brötchen gut ausdrücken, mit Zwiebelwürfeln, Ei und Senf zum Gehackten geben und gut unterarbeiten. Mit Salz und Pfeffer würzen.

3. Jeweils 2–3 große Kohlblätter übereinanderlegen, einen Teil der Füllung daraufgeben, die Kohlblätter seitlich einschlagen und aufrollen. Die Rouladen mit Küchengarn zusammenbinden oder mit Rouladennadeln feststecken.

4. Das Speiseöl in einem Bratentopf erhitzen. Die Rouladen darin von allen Seiten braun anbraten. Gut die Hälfte der Gemüsebrühe hinzugießen. Rouladen zugedeckt bei schwacher Hitze etwa 45 Minuten schmoren, dabei gelegentlich wenden. Verdampfte Flüssigkeit nach und nach durch restliche Gemüsebrühe ersetzen.

5. Die gegarten Rouladen aus dem Topf nehmen, Küchengarn oder Rouladennadeln entfernen. Die Rouladen auf einer vorgewärmten Platte anrichten und warm stellen.

6. Das Mehl mit Wasser anrühren. Den Bratensud aufkochen lassen, das angerührte Mehl mit einem Schneebesen unterrühren, nochmals aufkochen und etwa 5 Minuten bei schwacher Hitze unter gelegentlichem Rühren kochen lassen. Die Sauce mit Salz und Pfeffer abschmecken und zu den Rouladen servieren.

Beilage: Salzkartoffeln, Kartoffelpüree, Semmelknödel oder Kartoffelklöße.

Wirsingsuppe mit Kräuterpesto

Gut vorzubereiten – für Kinder

4 Portionen

Pro Portion: E: 39 g, F: 21 g, Kh: 34 g, kJ: 2003, kcal: 478, BE: 2,5

1,3 l heißes Wasser
2 EL körnige Brühe (Instant)
1 Lorbeerblatt
2 Gewürznelken
2 Pimentkörner
1 Zwiebel
Salz, gem. Pfeffer
1 Hähnchenbrust (mit Knochen, etwa 500 g)
1 mittelgroßer Kohlrabi (etwa 450 g)
3 Möhren (etwa 300 g)
500 g Wirsing
125 g Suppennudeln

Für das Pesto:

1 großes Bund glatte Petersilie
6 EL Olivenöl
2 EL Brühe (von der Suppe)
1 TL abgeriebene Schale von 1 Bio-Zitrone (unbehandelt, ungewachst)
2 EL ger. Parmesan

Zubereitungszeit: 25 Minuten
Garzeit: etwa 30 Minuten

1. Heißes Wasser, Brühe, Lorbeerblatt, Gewürznelken und Pimentkörner in einem Topf zum Kochen bringen. Zwiebel abziehen, in Spalten schneiden und hinzugeben. Mit 1 1/2 gestrichenen Teelöffeln Salz und Pfeffer würzen.

2. Hähnchenbrust mit Küchenpapier abtupfen und in die kochende Brühe geben. Die Hähnchenbrust etwa 20 Minuten bei schwacher Hitze kochen lassen.

3. In der Zwischenzeit Kohlrabi schälen, abspülen und abtropfen lassen. Die Möhren putzen, schälen und abtropfen lassen. Kohlrabi und Möhren in kleine Stücke schneiden. Kohlrabi- und Möhrenstücke nach etwa 10 Minuten Garzeit der Hähnchenbrust in die Brühe geben und mitgaren lassen.

4. Wirsing putzen, halbieren und den Strunk herausschneiden. Kohlhälften abspülen, abtropfen lassen und in grobe Streifen schneiden. Kohlstreifen und Nudeln in die Suppe geben, wieder zum Kochen bringen und weitere etwa 8 Minuten mitgaren lassen.

5. Hähnchenbrust mit einer Schaumkelle aus der Brühe nehmen und kurz abkühlen lassen. Fleisch von den Knochen lösen und die Haut entfernen. Das Fleisch in Scheiben schneiden, in die Suppe geben und nochmals kurz erhitzen. Von der Brühe etwa 2 Esslöffel abnehmen.

6. Für das Pesto Petersilie abspülen und trocken tupfen. Die groben Stiele abschneiden. Petersilie, Olivenöl, Brühe und Zitronenschale in einen hohen Rührbecher geben und mit einem Pürierstab pürieren. Parmesan unterrühren, mit Salz und Pfeffer würzen.

7. Die Suppe mit den Fleischscheiben in tiefen Tellern anrichten. Das Kräuterpesto nach Geschmack daraufgeben oder dazureichen.

Wurzel-Wirsing-Gemüse mit gelacktem Spanferkel

Etwas Besonderes

4 Portionen

Pro Portion: E: 32 g, F: 40 g, Kh: 31 g, kJ: 2568, kcal: 613, BE: 2,5

Für das Spanferkel:

600 g Karree vom Spanferkel (mit Schwarte, ohne Knochen)
Salz, gem. Pfeffer
4 EL Crema di Balsamico
2 EL Rapsöl

Für das Wurzel-Wirsing-Gemüse:

250 g Herbstrübchen oder Teltower Rübchen
300 g Möhren
400 g festkochende Kartoffeln
400 g Wirsing
4 Schalotten
einige Stängel Petersilie
1 Bund Schnittlauch
40 g Butterschmalz
200 ml Gemüsebrühe

Zubereitungszeit: 30 Minuten
Garzeit: etwa 50 Minuten

1. Den Backofen vorheizen.
Ober-/Unterhitze: etwa 180 °C
Heißluft: etwa 160 °C

2. Das Fleischstück mit Küchenpapier abtupfen. Die Spanferkelschwarte mit einem scharfen Messer längs und quer einritzen, mit Salz und Pfeffer bestreuen und mit etwas Crema di Balsamico einstreichen.

3. Das Rapsöl in einer hitzebeständigen Pfanne erhitzen. Das Fleisch darin von allen Seiten anbraten. Die Pfanne auf dem Rost in den vorgeheizten Backofen (unteres Drittel) schieben. Das Fleisch **etwa 50 Minuten garen.** Dabei die Schwarte alle 10 Minuten mit dem austretenden Bratenfond und Crema di Balsamico einstreichen.

4. In der Zwischenzeit Rübchen und Möhren putzen. Rübchen, Möhren und Kartoffeln schälen, abspülen, abtropfen lassen und in etwa gleich große Würfel schneiden.

5. Wirsing putzen, abspülen, abtropfen lassen, vierteln und den Strunk herausschneiden. Wirsing in Streifen schneiden. Die Schalotten abziehen und anschließend längs halbieren.

6. Wasser in einem Topf zum Kochen bringen, Salz hinzugeben. Die Kartoffel-, Gemüsewürfel, Wirsingstreifen und Schalotten darin nacheinander kurz blanchieren.

7. Das Gemüse und die Schalotten anschließend mit kaltem Wasser abschrecken und in einem Sieb abtropfen lassen.

8. Petersilie und Schnittlauch abspülen und trocken tupfen. Die Blättchen von den Stängeln zupfen. Die Blättchen klein schneiden. Einige Schnittlauchhalme zum Garnieren beiseitelegen. Restlichen Schnittlauch in feine Röllchen schneiden.

9. Das Butterschmalz in einer Pfanne zerlassen. Zuerst die Kartoffelwürfel darin unter Rühren anbraten. Dann die Gemüsewürfel, Wirsingstreifen und Schalottenhälften hinzugeben und ebenfalls leicht anbraten.

10. Die Brühe hinzugießen. Das Gemüse kurz unter Rühren garen, mit Salz und Pfeffer abschmecken.

11. Das Fleisch aus dem Backofen nehmen, zugedeckt kurz ruhen lassen und danach in 4 Stücke schneiden.

12. Das Wurzel-Wirsing-Gemüse mit der Petersilie und den Schnittlauchröllchen bestreuen, mit den beiseitegelegten Schnittlauchhalmen garnieren und mit den gelackten Spanferkelstücken servieren.

Tipps: Statt der Möhren können Sie für das Gemüse auch Petersilienwurzeln oder Pastinaken verwenden. Das Gemüse schmeckt auch zu Schweinesteaks oder gebratenen Hähnchenbrustfilets sehr gut.

Würzige Möhrensuppe

Mit leichter Schärfe – schnell

4 Portionen

Pro Portion: E: 10 g, F: 31 g, Kh: 30 g, kJ: 1890, kcal: 452, BE: 2,5

Für die Suppe:

1 Zwiebel
1 rote Chilischote
600 g Möhren
1 kleine Stange Porree (Lauch)
3 EL Olivenöl
400 ml Gemüsebrühe
400 ml Möhrensaft
1 Stängel Zitronenthymian
Salz

Für die Croûtons:

1 Baguettebrötchen (etwa 100 g)
25 g Butter
4 Scheiben Frühstücksspeck (Bacon, etwa 100 g)

100 g Schlagsahne
1 EL Zitronensaft
gem. Pfeffer
1 TL Butter
einige Thymianblättchen und Estragonspitzen

Zubereitungszeit: 25 Minuten
Garzeit: etwa 15 Minuten

1. Für die Suppe die Zwiebel abziehen und in kleine Würfel schneiden.

2. Chilischote längs halbieren, entstielen und entkernen. Schote abspülen, trocken tupfen und sehr klein schneiden.

3. Möhren putzen, schälen, abspülen, abtropfen lassen und in etwa 1 cm große Würfel schneiden. Porree putzen. Stange längs halbieren, gründlich waschen, abtropfen lassen und in dünne Streifen schneiden.

4. Olivenöl in einem großen Topf erhitzen. Zwiebelwürfel, Chili, Möhrenwürfel und Porreestreifen darin unter Rühren gut andünsten. Brühe und Möhrensaft hinzugießen. Thymian abspülen, trocken tupfen und hinzufügen. Mit Salz würzen.

5. Die Zutaten zum Kochen bringen und zugedeckt etwa 15 Minuten bei schwacher Hitze kochen lassen.

6. Für die Croûtons in der Zwischenzeit Baguettebrötchen in etwa 1 cm kleine Würfel schneiden.

7. Butter in einer Pfanne zerlassen. Brötchenwürfel hinzugeben und von allen Seiten goldbraun rösten. Brötchenwürfel herausnehmen und auf einen Teller legen.

8. Die Frühstücksspeckscheiben in breite Streifen schneiden und in der erhitzten Pfanne ohne Fett goldbraun braten. Frühstücksspeckstreifen herausnehmen.

9. Den Thymianstängel aus der gegarten Suppe entfernen. Die Suppe mit einem Pürierstab grob pürieren.

10. Sahne und Zitronensaft unterrühren, unter Rühren kurz aufkochen lassen. Die Suppe mit Salz und Pfeffer abschmecken. Butter kurz unterrühren.

11. Die Möhrensuppe in Tellern verteilen. Mit den Croûtons, Frühstücksspeckstreifen und abgespülten, trocken getupften Thymianblättchen und Estragonspitzen garniert servieren.

Zander mit Speck und Kraut

Mit Alkohol – für Gäste

4 Portionen

Pro Portion: E: 43 g, F: 22 g, Kh: 5 g, kJ: 1782, kcal: 426, BE: 0,5

200 g	*Zwiebeln*
100 g	*geräucherter, durchwachsener Speck*
1 EL	*Speiseöl*
800 g	*Sauerkraut (aus der Dose)*
2	*Gewürznelken*
6	*Wacholderbeeren*
1	*Lorbeerblatt*
100 ml	*trockener Weißwein, z. B. Riesling*
etwa 125 ml	*Gemüse- oder Fischfond*
	Salz
	Zucker
4	*Zanderfilets (je etwa 180 g)*
	gem. Pfeffer
125 g	*Schlagsahne*
1 Bund	*glatte Petersilie*

Zubereitungszeit: 60 Minuten
Garzeit: 35–40 Minuten

1. Zwiebeln abziehen, halbieren und in schmale Streifen schneiden. Speck in Würfel schneiden. Speiseöl in einem großen Bräter erhitzen. Die Speckwürfel darin anbraten, die Zwiebelstreifen hinzugeben und mit andünsten. Dann das Sauerkraut hinzugeben und unter Rühren mitdünsten lassen.

2. Gewürznelken, Wacholderbeeren und Lorbeerblatt in ein Gewürzsäckchen geben und zum Sauerkraut geben. Wein und Gemüse- oder Fischfond hinzugießen. Mit Salz und Zucker würzen. Zutaten zum Kochen bringen. Sauerkraut zugedeckt etwa 25 Minuten dünsten.

3. Zanderfilets kurz unter fließendem kalten Wasser abspülen und trocken tupfen. Mit Salz und Pfeffer würzen.

4. Die Sahne unter das vorgegarte Sauerkraut rühren und die Zanderfilets auf dem Sauerkraut verteilen. Den Bräter wieder mit dem Deckel verschließen. Den Zander und das Sauerkraut in weiteren 10–15 Minuten fertig garen. Gewürzsäckchen entfernen.

5. Petersilie abspülen und trocken tupfen. Die Blättchen von den Stängeln zupfen, Blättchen klein schneiden. Zander mit Speck und Kraut auf Tellern anrichten und mit Petersilie bestreut servieren.

Beilage: In Butter geschwenkte Kartoffeln.

Tipp: Geben Sie 1 geschälten, entkernten, gewürfelten Apfel mit dem Sauerkraut und den Zwiebelstreifen in den Bräter.

Zigeunerhuhn mit Paprika

(Römertopf® 4 Liter Inhalt)

Für Gäste

4 Portionen

Pro Portion: E: 65 g, F: 68 g, Kh: 17 g, kJ: 3975, kcal: 950, BE: 1,5

1	*küchenfertige Poularde (etwa 1 1/2 kg)*
	Salz
	gem. Pfeffer
1 EL	*Paprikapulver edelsüß*
150 g	*Zwiebeln*
2	*Knoblauchzehen*
je 2	*große, rote und gelbe Paprikaschoten*
je 2 Stängel	*Thymian und Rosmarin*
2 EL	*Olivenöl*
2 EL	*Rosinen*
2 EL	*Pinienkerne*

Zubereitungszeit: 40 Minuten
Garzeit: etwa 90 Minuten

1. Die Poularde in 8 Stücke teilen (Brust und Keulen jeweils halbieren). Poulardenstücke mit Küchenpapier trocken tupfen. Mit Salz, Pfeffer und Paprika würzen.

2. Zwiebeln und Knoblauch abziehen. Zwiebeln in grobe Würfel schneiden und Knoblauch durch eine Knoblauchpresse drücken. Paprikaschoten halbieren, entstielen, entkernen und die weißen Scheidewände entfernen. Schoten abspülen, trocken tupfen und in mundgerechte Stücke schneiden. Thymian und Rosmarin abspülen und trocken tupfen.

3. Poulardenstücke, Zwiebelwürfel, Knoblauch und Paprikastücke in einen gewässerten Römertopf geben und gut vermengen. Olivenöl, Thymian und Rosmarin unterrühren. Mit Salz und Pfeffer würzen.

4. Den Römertopf® mit dem Deckel verschließen und auf dem Rost in den kalten Backofen schieben.
Ober-/Unterhitze: etwa 200 °C
Heißluft: etwa 180 °C

5. Das Zigeunerhuhn **etwa 90 Minuten garen.**

6. Nach etwa 75 Minuten Garzeit Rosinen und Pinienkerne dazugeben und das Zigeunerhuhn in weiteren etwa 15 Minuten ohne Deckel fertig garen.

Beilage: Röstkartoffeln.

Tipp: Sie können das Gericht auch mit 4 halbierten Hähnchenschenkeln zubereiten.

Zwiebelsuppe

Mit Alkohol

2 Portionen

Pro Portion: E: 20 g, F: 47 g, Kh: 31 g, kJ: 2682, kcal: 641, BE: 1,0

2	*große Gemüsezwiebeln oder 4 kleine Zwiebeln*
50 g	*Butter*
	Salz
1 EL	*Port- oder Weißwein*
1 EL	*Balsamico-Essig*
600 ml	*Gemüsebrühe*
1	*Lorbeerblatt*
1 ganz kleines Bund	*Suppengrün (Möhre, Sellerie, Porree)*
1 Stängel	*Thymian*

Für die Käsecroûtons:

4 Scheiben	*Baguette oder 2 Scheiben Toastbrot*
etwa 90 g	*frisch ger. Gruyère-Käse oder ein anderer würziger Käse*
	gem. Pfeffer
2 TL	*klein geschnittene Petersilie*

Zubereitungszeit: 25 Minuten
Garzeit: 45–60 Minuten

1. Die Zwiebeln abziehen, zuerst in dünne Scheiben schneiden, dann in Ringe teilen. Butter in einem Topf zerlassen und leicht bräunen lassen. Zwiebelringe darin unter Rühren 10–15 Minuten anbraten, bis sie weich und braun sind. Mit Salz würzen.

2. Mit Wein und Essig ablöschen. Darauf achten, dass sich die Röststoffe vom Boden lösen. Evtl. mit einem Holzschaber/-spachtel loskratzen. Brühe und Lorbeerblatt hinzugeben.

3. Suppengrün putzen, abspülen und abtropfen lassen. Thymian abspülen und trocken tupfen. Suppengrün und Thymianstängel mit Küchengarn zusammenbinden, in die Suppe geben und zum Kochen bringen. Die Suppe 45–60 Minuten mit schräg aufliegendem Deckel kochen lassen.

4. Den Backofen vorheizen.
Ober-/Unterhitze: etwa 220 °C
Heißluft: etwa 200 °C

5. In der Zwischenzeit die Käsecroûtons vorbereiten. Dafür die Baguette- oder Toastbrotscheiben dick mit dem geriebenen Käse bestreuen und auf ein Backblech legen.

6. Das Backblech kurz vor Ende der Zwiebelsuppen-Kochzeit in den vorgeheizten Backofen schieben. Die Brotscheiben so lange überbacken, bis der Käseberg flach geschmolzen ist. Das Backblech aus dem Backofen nehmen.

7. Nach Belieben den geschmolzenen Käse so lange mit einem Küchenbrenner bearbeiten, bis der Käse Blasen wirft, braun wird und an einigen Stellen sogar verbrennt.

8. Suppengrün mit dem Thymianstängel und Lorbeerblatt aus der Suppe entfernen. Zwiebelsuppe nochmals mit Salz und Pfeffer abschmecken.

9. Die Zwiebelsuppe in Suppentassen oder -teller füllen. Jeweils einen gebrannten Croûton in der Suppe schwimmen lassen. Mit Petersilie bestreut servieren.

Salate

Suppen und Eintöpfe

Aufläufe und Gebackenes

Mit Fisch

Mit Fleisch

Vegetarisch

Beilagen, Saucen und Dips

Desserts und süße Mahlzeiten

Für Fragen, Vorschläge oder Anregungen steht Ihnen
der Verbraucherservice der Dr. Oetker Versuchsküche
Telefon: 00 800 71 72 73 74 Mo.–Fr. 8:00–18:00 Uhr,
Sa. 9:00–15:00 Uhr (gebührenfrei in Deutschland) zur Verfügung.

ISBN 978-3-7670-1737-5
2. Auflage 2016

Redaktion Carola Reich, Annette Riesenberg

Innenfotos Walter Cimbal, Hamburg (S. 99, 165)
Fotostudio Diercks (Thomas Diercks, Kai Boxhammer, Christiane Krüger), Hamburg (S. 9, 10, 12, 14–17, 19, 24, 26, 27, 32, 42, 46, 48, 52, 53, 55, 62, 68, 73, 79–87, 90, 92, 94, 96, 102–104, 106–111, 113, 114, 117, 118, 122, 124, 127, 128, 140, 142, 144, 149–154, 156, 159, 160, 164, 167, 168, 174, 177, 178, 180, 183, 185–190, 194, 196–199, 206, 208, 209, 210, 212, 213, 219, 221, 222, 223, 225, 226, 227, 230, 234, 235, 236, 239–242, 245, 246, 247, 251, 254, 255, 257, 259, 261, 267, 269, 270, 274, 277, 278)
Eising Studio Food Photo & Video, München (S. 28)
Ulli Hartmann, Halle/Westf. (S. 5, 7, 20, 25, 33, 34, 40, 41, 43, 51, 54, 57, 71, 75, 76, 78, 97, 98, 105, 112, 130, 141, 143, 145, 146, 148, 169, 172, 181, 182, 184, 192, 200, 202, 207, 217, 252, 256, 265, 271, 272)
Ulrich Kopp, Sindelfingen (S. 65, 193, 204, 248)
Bernd Lippert (S. 21, 171, 224, 243, 276)
Janne Peters, Hamburg (S. 6, 18, 67, 101, 115, 121, 157, 228, 237, 281)
Antje Plewinski, Berlin (S. 13, 29, 30, 58, 60, 61, 89, 93, 132, 138, 147, 158, 173, 233)
Hans-Joachim Schmidt, Hamburg (S. 8, 22, 23, 38, 39, 47, 49, 116, 125, 131, 136, 137, 162, 195, 211, 231, 253, 262, 263, 268, 279)
Axel Struwe, Bielefeld (S. 11, 35, 36, 63, 66, 70, 176, 215, 216, 220, 250, 258, 260)
Norbert Toelle, Bielefeld (S. 31, 50, 77, 100, 163, 170, 249, 280)
Brigitte Wegner, Bielefeld (S. 64, 69, 72, 74, 91, 95, 119, 123, 129, 133, 134, 135, 155, 191, 201, 203, 218, 264)
Winkler-Studios, Bremen (S. 266, 273)
Bernd Wohlgemuth, Hamburg (S. 45)

Lektorat no:vum, Susanne Noll, Hennef

Nährwertberechnungen Nutri Service, Hennef

Grafisches Konzept, Gestaltung und Satz MDH Haselhorst, Bielefeld
Titelgestaltung MDH Haselhorst, Bielefeld
Herstellung Jan Russok, Frank Jansen
Druck und Bindung optimal media GmbH, Röbel

Die Bücher und E-Books unter der Marke Dr. Oetker Verlag
erscheinen als Lizenz in der ZS Verlag GmbH.
www.oetker-verlag.de
www.facebook.de/Dr.OetkerVerlag
Die ZS Verlag GmbH ist ein Unternehmen der Edel AG, Hamburg.
www.zsverlag.de
www.facebook.de/zs-verlag

Die Autoren haben dieses Buch nach bestem Wissen und Gewissen erarbeitet. Alle Rezepte,
Tipps und Ratschläge sind mit Sorgfalt ausgewählt und geprüft.